读客文化

华杉讲透

资治通鉴 5

通篇大白话，拿起来你就放不下；

古人真智慧，说不定你一看就会。

华杉 著

江苏凤凰文艺出版社
JIANGSU PHOENIX LITERATURE AND
ART PUBLISHING, LTD

图书在版编目（CIP）数据

华杉讲透《资治通鉴》. 5 / 华杉著. -- 南京 : 江苏凤凰文艺出版社, 2020.5（2024.4重印）
ISBN 978-7-5594-4762-3

Ⅰ. ①华… Ⅱ. ①华… Ⅲ. ①中国历史 - 古代史 - 编年体②《资治通鉴》- 研究 Ⅳ. ①K204.3

中国版本图书馆CIP数据核字 (2020) 第057143号

华杉讲透《资治通鉴》. 5

华杉 著

责任编辑 丁小卉
特约编辑 周 喆 蔡若兰
封面设计 温海英
责任印制 刘 巍
出版发行 江苏凤凰文艺出版社
南京市中央路165号，邮编：210009
网 址 http://www.jswenyi.com
印 刷 三河市龙大印装有限公司
开 本 710 毫米 × 1000 毫米 1/16
印 张 17.5
字 数 237 千字
版 次 2020 年 5 月第 1 版
印 次 2024 年 4 月第 9 次印刷
书 号 ISBN 978-7-5594-4762-3
定 价 48.80 元

目　录

编者注：为了保证阅读流畅性，本书目录列出每卷“主要历史事件”和“主要学习点”的页码，方便读者查找，不在内文中另设标题，仅在“主要学习点”处划线提示。

卷第三十六 汉纪二十八

（公元3年—公元8年，共6年）/ 029

【主要历史事件】

【主要学习点】

卷第三十七　汉纪二十九
（公元9年—公元14年，共6年）/ 061

【主要历史事件】

【主要学习点】

卷第三十九 汉纪三十一
（公元23年—公元24年，共2年）/ 129

【主要历史事件】

【主要学习点】

卷第四十 汉纪三十二
（公元25年—公元26年，共2年）/ 163

卷第四十一 汉纪三十三

（公元27年—公元29年，共3年）/ 195

【主要历史事件】

【主要学习点】

卷第四十二　汉纪三十四

（公元30年—公元35年，共6年）/ 233

【主要历史事件】

【主要学习点】

卷第三十五 汉纪二十七

（公元前2年—公元2年，共4年）

主要历史事件

主要学习点

孝哀皇帝下

元寿元年（己未，公元前2年）

1 春，正月初一，皇上下诏请将军、中二千石官员举荐明习兵法者各一人，根据推选结果，拜孔乡侯傅晏为大司马、卫将军，阳安侯丁明为大司马、骠骑将军。

2 就在当天（正月初一），发生日食。皇上下诏让公卿大夫悉心陈述过失，又下令举荐贤良方正能直言者各一人。大赦天下。

丞相王嘉上亲启密奏说：

“孝元皇帝当年奉承大业，温恭少欲，都内（京师储藏皇帝私人财物的处所）存款达到四十亿。元帝曾经行幸上林苑，冯贵人陪同到兽园，猛兽突然出笼，冯贵人上前用身体挡住猛兽，保护元帝。元帝嘉奖她的义勇，赏钱五万。掖庭宫人有亲戚来见，有给赏赐的，元帝总是嘱咐她不要在众人面前谢恩。元帝重视公平，避免偏爱，以免失了众心，赏赐也很节约。当时外戚资产能到一千万的很少，所以少府和水衡（都是管理皇室私财的机构）的存钱很多。虽然遭遇初元、永光年间的饥荒，和西羌事变，外奉军旅，内赈灾民，都没有倾危之忧，就是因为府库充实。

“孝成皇帝的时候，谏臣们多言成帝微服出游之害，以及女宠专爱，沉湎酒色，损德伤身，直言恳切，但成帝始终也没有怨怒。宠臣淳于长、张放、史育，史育数次被贬退，家产不满千万；张放被斥逐回封国，淳于长被拷打死于监狱，成帝不以私爱而害公义，所以虽然成帝因宠爱内宫而遭受了很多讥议，但朝廷上则始终保持安平，这才得以传业于陛下您。

“陛下在藩国之时，好诗书，尚节俭，被征召进京的时候，沿途的百姓都称颂陛下的美德，所以天下人都将他们爱戴先帝之心，转以爱戴陛下。陛下初继位之时，易帷帐，去锦绣，御车坐席，仅仅以绸缎包边而已。共皇的寝庙本来应该修建，您因为忧悯百姓的疾苦，担心用度不足，以义割恩，暂且停息，到现在才动工。但是，驸马都尉董贤，却在上林苑盖起官衙。皇上又为董贤修建大宅，大门对着皇宫北门，引王渠之水，灌入他家花园水池，皇上的使者为他监工，赏赐吏卒，比修建宗庙还上心。董贤的母亲生病，由长安的厨官在道路上摆设祠具，施舍食物，为她祈福，过路行人都得以饮食。又为董贤制作各种器具，制成之后，要报告陛下检查通过，才送过去，如果制作精美，还赏赐工匠，就是贡献宗庙、三宫（太皇太后王政君的长信宫、皇太太后傅太后的永信宫、皇太后赵飞燕的中宫），也不至于此。董贤家有婚事或亲戚来客，都有朝廷各部门负责张罗接待和供应财物，赏赐给奴仆丫鬟的钱都达到十万之多。在皇帝使者的监护之下，董贤的家人到街市征购物资，商人震动，道路喧哗，群臣惶惑。皇上下诏停建皇家苑林之时，又赏赐董贤田地两千余顷，均田制度（各级官吏所拥有的田地都有最高限额）由此破坏。如此奢侈、僭越、放纵，变乱阴阳，灾异众多，百姓以讹传讹，以至于行西王母筹，惊恐奔走，这是天变迷惑了他们的心意，不能控制自已。陛下一向仁智谨慎，如今却造成如此讽刺的局面。

“孔子说：‘危而不持，颠而不扶，则将安用彼相矣！’（有危险不去解除，见跌倒不去扶持，还要丞相做什么呢？）我有幸处在丞相的位置，内心非常悲伤，不能让陛下信任我的愚忠，如果我的死能有益于国家，我也不敢爱惜自己的生命。希望陛下检讨自己的专断，考察众人的疑惧！从前，邓通、韩嫣，娇贵失度，贪得无厌，小人不能节制自己的情欲，以至于犯下罪行，乱国亡躯，不能保全富贵（文帝宠爱邓通，赐他铜山铸钱，景帝继位后，邓通被没收全部财产，最终饿死；武帝宠爱韩嫣，与其共卧，韩嫣可随意出入皇宫，后来被揭发与宫女奸情，被太后处死）。这正是‘爱之适足以害之’者也！陛下应该吸取前朝教训，节制对董贤的宠爱，才能保全他的性命。”

皇上由此对王嘉不满。

前凉州刺史杜邺，以方正对策中说：“臣听说，阳尊阴卑，这是天道。所以男人虽然卑贱，仍是各自家中之阳；女子社会地位再高，也是一国之阴。礼教有三从（女子在家从父，既嫁从夫，夫死从子）之义，就算有文王母亲那样的盛德，也得依从儿子。当年郑庄公顺从姜氏的私欲，最终导致叔段篡国之祸（郑庄公的母亲武姜生了两个儿子，长子郑庄公姬寤生，次子姬段。武姜喜爱姬段，厌恶姬寤生，要求把姬段封在京邑。大臣祭仲警告说：‘这可是国之大害。’姬寤生说：‘母亲要求，有什么办法？’后来姬段果然集结部队准备突袭都城，郑庄公反击，姬段逃亡）。周襄王为母亲惠后所迫，逃亡郑国（周惠王二子，长子姬郑，次子姬带，姬郑继位为周襄王。周惠王正妻惠后，厌恶姬郑，喜爱姬带。姬带联合狄人攻陷京师，周襄王逃亡郑国）。汉朝建国之后，吕太后把权力交给她的亲属，差点倾危国家。如今陛下节约俭朴，端正自身，本想为天下革新而治，但是，上天却没有回报以任何祥瑞，反而是日食、地震等灾异不断。《春秋》上记载，灾异是上天根据人间事变，所指示的一种警告。日食，是阳为阴所侵。地震呢，坤，是地，是土，是母亲的象征，以安静为德，地震，就是不尊阴道的表现了。这占象非常明确，臣不敢不直言其事！从前，曾子问孔子说：‘听从父亲的话，算孝道吗？’孔子说：‘这是什么话！’孔子特别赞赏闵子骞，遵守礼教，不苟且盲从父母之言，所作所为，没有一件不符合正理，不受他的父母兄弟影响。而如今皇亲国戚，各外戚兄弟，无论贤与不肖，一律身居高位，事奉在朝，或者典兵为卫尉，或者驻屯为将军，恩宠集于一家，尊贵之势，世所罕见，闻所未闻。以至于包揽大司马、将军等高位，就算当年皇甫之盛，三桓之隆，把持鲁国三军，也没有今天这么严重（皇甫是周朝初期最有权势的家族。三桓是春秋时鲁国三家权臣，分别掌握鲁国军队和政权。杜邺此处说得有点夸张，丁、傅两家的权势还不能和三桓相提并论）！

“在任命他们的当天，发生日食。这日食不前不后，就在那一天发生，就是上天指明陛下太谦逊，不能执行自己的意志，独行专断（而是被太后控制），（太后）所言则听，（太后）所欲则从，有罪恶的人不被处罚，没功劳的人得到官爵，上天的种种变异，原因在此。而天象昭明，就是希望陛下觉悟。诗人的讽刺，《春秋》的讥议，指向都在这里，不在别处。后人看前人，悲愤前人的错误。可是，自己去做的时候，又见不到自己的行为，自以为正确的，恰恰是重复过去的错误。希望陛下加倍精诚，不忘初心，稽考古人经验教训，以满足安定百姓的心意，则黎庶众生无不喜悦，上帝百神收还威怒，何愁得不到吉祥福禄的回报呢！”

皇上又征召孔光，询问关于日食的事，拜孔光为光禄大夫，级别中二千石，任给事中，地位仅次于丞相。

当初，王莽被遣返他的封国，闭门自守。他的次子王获杀死家奴，王莽切责王获，并下令他自杀。王莽在封国三年，官吏百姓上书为他鸣冤者数以百计。这年，贤良周护、宋崇等在应对策问时，又为王莽鸣冤，颂其功德，皇上于是征召王莽及平阿侯王仁返京，侍奉太皇太后（王政君）。

3 董贤将日食之变，归咎于傅晏、息夫躬试图破坏和匈奴关系的缘故。正月十一日，皇上收回傅晏印绶，罢官回家。

4 正月十七日，皇太太后傅氏崩，与元帝合葬于渭陵，称孝元傅皇后。

【胡三省曰】

元帝正妻、如今的太皇太后王政君还在，傅太后以侧室与元帝合葬，以后王政君葬在哪里呢？她心里怎么想呢？这就为以后王莽发动政变提供了把柄。

5 丞相王嘉、御史大夫王崇上奏息夫躬、孙宠等的罪过，皇上于是罢免息夫躬、孙宠等人的官职，遣返各自的封国。又罢免侍中、诸曹、黄门郎等数十人。

【柏杨曰】

都是傅氏、丁氏家族成员。如今祖母傅太后、母亲丁姬都死了，哀帝无所顾忌，而他的皇后董氏家族，取而代之。

鲍宣上书说："陛下把上天当作父亲，把大地当作母亲来侍奉，把百姓当作子女来抚养，而即位以来，天不明，地震动，黎民传谣而相惊恐，如今正月初一发生日食，发生的时间属于"三始"（一年之始，一月之始，一日之始），诚可畏惧。小民在这一天，也忌讳毁坏器物，更何况是发生日食了！陛下深刻地自责，上朝不坐正殿，举拔直言之士，请他们指出自己的过失，又罢退外戚及身边尸位素餐的人，征召孔光，拜为光禄大夫，揭发孙宠、息夫躬的恶劣过错，将他们免职遣返封国，众庶翕然，无不喜悦。天人同心，人心既然喜悦，按理说天心也该开解了。但是，二月十六日，白虹贯日（白虹是日晕，白虹穿日而过，意味着有臣属冒犯君王），天气又连续阴天，不下雨，这表明天下忧结未解，百姓的怨恨还未平息。侍中、驸马都尉董贤，和陛下没有一丁点亲戚关系，但以阿谀奉承和巧言媚态自进，陛下将三个住宅合并为一个，赏赐给他，他还嫌小，又拆毁暴室（宫廷内染织之所），都合并到他的住宅里去。董贤父子坐着驱使天子使者，将作大匠（掌管皇家建筑工程的官员）去为他主持住宅修建，巡夜的小吏和士兵，都得到赏赐，每次到他家祖坟祭奠，都由太官（掌皇上膳食、燕享及器物的官员）供应器物和祭品。全国百姓的赋税贡献，应该是供应皇上一人，如今却反而全送去董贤家里，这是天意，还是民意？对上天不可长期辜负，对董贤如此优厚，恰恰是害了他！如果真的关心爱护董贤，就应该为他向天地谢罪，解开全国百姓对他的仇怨，将他免职，遣返他的封国，将他僭越的乘舆器物，交回宫廷，这样，他们父子才能保全性命。不然，在海内仇视之下，不可能长久平安。孙宠、息夫躬不宜再拥有封国，罢官之外，爵位也应该免除，以昭示天下。重新征召何武、师丹、彭宣、傅喜，让百姓一目了然，以应天心，建立大政，兴天下太平之祥瑞。”

皇上有感于天象变异的严重性，采纳了鲍宣的意见，召回何武、彭宣，拜鲍宣为司隶。

6 皇上假托傅太后遗诏，令太皇太后下书给丞相、御史，加封董贤二千户。再赏赐孔乡侯傅晏、汝昌侯傅商、阳新侯郑业三人封国。丞相王嘉将皇上的诏书封起来退回，呈上亲启密奏说：“臣听说，爵位、俸禄、土地，都是上天所有。《尚书》说：‘天命有德，五服五章哉（上天命有德之人居于高位，有五种不同等级的服装以区别尊卑，天子、诸侯、卿、大夫、士，服装用料、颜色、图案都不相同）。’王者代表上天，替上天封爵，尤其应该谨慎。裂土而封，如果不公平合理，则众庶不服，乱了阴阳之气，就更加伤害君王的身体健康。如今陛下久病不愈，这正是我所深为恐惧的。高安侯董贤，只是一个佞幸之臣，陛下倾爵位以贵之，尽货财以富之，损至尊以宠之，君主的威严已经受损，国库的财物已经枯竭，还唯恐不足。财富都是民力所为，当初孝文皇帝想要修建一个露台，仅仅百金之费，他还克制自己，放弃不建了。如今董贤拿公家的钱去散财以施私惠，一家所接受的馈赠就多至千金，古往今来，贵臣还没有到这种地步的，流闻四方，天下怨愤。俗话说：‘千人所指，无病而死。’臣常为之寒心！如今太皇太后以永信太后

（傅太后）的遗诏，下诏给丞相、御史，要给董贤增加封地，又要赐给傅晏、傅商、郑业三侯国邑，臣王嘉深感困惑。山崩、地动、正月初一的日食，都是阴侵犯阳的警戒。之前董贤已经封了两次（先封关内侯，再封高安侯），傅晏、傅商也已经换过封地，至于郑业，则利用私情，横求不已，对他们的恩情，已经太厚了，还要恣意妄求，不知满足，这实在是伤害了当初封他们以尊傅太后的本意，不可昭示天下，因为影响太坏，危害太大！臣子骄纵，阴阳失节，气感相动，就会危害陛下的身体健康！陛下久病不愈，又还没有生下子嗣，应该思考如何将国事纳入正轨，顺应天心人心，以求福佑。为何不顾自己的身体，放肆自己的私意，不念及高祖当年创业勤苦，垂立制度，是为了传之于无穷呢？臣斗胆将皇上的诏书封存送回，不敢让它被人看见，我不敢以违抗圣旨之罪来弹劾自己，因为我如果弹劾自己，那天下人都知道这件事了。”

【华杉讲透】

傅太后与元帝合葬也好，董贤封侯也好，都证明了追求利益最大化，就是给自己招祸掘墓。获得人生成就之道，不是追求大获全胜，而是追求终身不败。其区别就在于你看待自己成就和命运的时间长度，只看一年，就拼命作死；看三十年，就懂得永远比自己“该得的”少拿一点。因为没有什么是“该得的”，一切都是难能可贵，没有什么是理所应当。

当初，廷尉梁相审理东平王刘云一案的时候，冬季只剩下二十天，而梁相怀疑东平王冤枉，所以上奏案情时有假饰之辞，说希望把刘云押解到长安，交给公卿们共同审理。尚书令鞠谭、仆射（尚书五人，一人为仆射，位仅次尚书令）宗伯凤都认为可以这么办。哀帝认为梁相等人见皇上身体不好，内外观望，怀有二心，希望能把刘云案拖过冬天（春天不执行死刑，就可以免死），没有讨伐贼寇，痛恨坏人，为主上复仇的心意，将三人都免为庶人。后来过了几个月，大赦，王嘉进言说：“梁相等人都有才干和品行，圣王总是记着臣子的功劳，忘记他们的过失，臣为朝廷惋惜这三个人！”奏书递上去，皇上愤愤不平。又过了二十多天，发生王嘉封还皇上益封董贤诏书的事。皇上于是发怒，召王嘉到尚书府，让尚书责问他：“梁相等人之前因为不忠而被免，罪恶昭彰，你当时已经自我弹劾，现在怎么又称誉他们，说什么‘为朝廷惜之’，这是为何？”王嘉免冠谢罪。

皇上就把这件事交给将军和朝中大臣办理，光禄大夫孔光等人弹劾说：“王嘉迷乱国家，欺罔君上，是‘不道’之罪，请谒者召王嘉到廷尉监狱。”议郎龚（姓不详）等人认为：“王嘉在事情前后意见不一致，应该褫夺他的爵位和封邑，免为庶人。”永信宫少府猛（姓不详）等人认为：“王嘉之罪，虽然依法应该下狱，但是，将大臣束起头发，戴上刑具，光着脊背拷打，不是尊重国家，褒美宗庙之道。”皇上不听，下诏：“给谒者符节，召丞相到廷尉府监狱。”

使者到了丞相府，丞相府掾（助理）、史（秘书）一起涕泣，共同向王嘉奉上毒药。王嘉不肯服毒。主簿（丞相属下掌管文书的佐吏）说：“宰相、大将一旦受到皇上指控，从不到廷尉为自己诉冤，这已经成为惯例（将相有罪则自杀，不受刑），君侯应该自决！”使者则严肃地坐在丞相府大门（逼促王嘉自杀）。主簿又上前递药。王嘉把装药的杯子砸碎在地上，对下属们说：“丞相幸得备位三公，担负国家重任，如果有罪，当伏刑于都市，以示万众。丞相岂是女子吗？自己喝毒药而死？”王嘉于是穿上丞相官服，出见使者，再拜受诏，乘坐小吏们坐的小车，去掉车盖，不戴帽子，跟着使者到廷尉监狱报到。廷尉收缴王嘉丞相和新甫侯印绶，将王嘉捆绑到都船诏狱（都船是执金吾下属部门，执掌治水）。

皇上听说王嘉竟然拒绝自杀，自己到监狱报到，大怒，下令除五位二千石官员外，再加派将军一起会审王嘉（汉朝治大臣狱，由五位二千石官员共同审理，皇上再加派一位将军，是暴怒）。官吏诘问王嘉，王嘉说：“审理案件，都希望得到实情真相，我看之前梁相等人审理东平王一案，并不是认为刘云没有死罪，而是希望公开在公卿大臣之前，以示慎重，并没有两头观望，阿附刘云的意思。后来既然又有了大赦令，梁相等人都是好官，我为国家爱惜人才，也并不是对这三人有私心。”狱吏说：“既然如此，那当初你又为什么弹劾自己呢？那还是有辜负国家之罪，不是冤枉入狱。”狱吏于是开始侵辱王嘉。王嘉喟然仰天长叹说：“幸得备位宰相，不能进用贤才，罢退不肖小人，这就是我辜负国家之处，死有余辜！”狱吏问谁是贤才，谁是不肖。王嘉说：“贤才如前丞相孔光、前大司空何武，我不能让他们得到进用；不肖如董贤父子乱朝，我不能把他们罢退。这就是我的死罪，死无所恨！”王嘉系狱二十余日，绝食，呕血而死。

皇上看了王嘉的问询笔录，考虑他的话，正好御史大夫贾延被免职，于是，夏，五月十七日，任命孔光为御史大夫。秋，七月初九，再擢升孔光为丞相，恢复他之前的博山侯爵位和封国。又以范乡侯何武为御史大夫。皇上于是知道孔光之前被免，并不是真的有罪，而是问责当初诋毁孔光的近臣，说：“傅嘉之前为侍中，诋毁仁贤，诬陷大臣，使得俊杰之人，久失其位，免傅嘉为庶人，遣返故乡。”

7 八月，任命何武为前将军。八月二十四日，任命光禄大夫彭宣为御史大夫。

8 司隶校尉鲍宣因为侮辱丞相，闭门拒绝使者，无人臣礼而获罪，被免除死罪，判处髡钳（剃发并身戴刑具服役）。

9 大司马丁明一向敬重王嘉，怜悯他的死亡。九月十九日，皇上下诏将丁明免职，遣返家宅。

10 冬，十一月壬午日（十一月无此日），以前任定陶太傅、光禄大夫韦赏为大司马、车骑将军。己丑日（十一月无此日），韦赏去世。

11 十二月初六，以侍中、驸马都尉董贤为大司马、卫将军，下诏说：“建尔于公，以为汉辅！往悉尔心，匡正庶事，允执其中！”董贤时年二十二岁，虽然已经贵为三公，但仍然在禁中随侍，而领尚书事，百官奏事，都通过董贤。董贤的父亲、卫尉董恭，不宜再在卿位，故擢升为光禄大夫，级别中二千石。董贤的弟弟董宽信接替了董贤之前驸马都尉的位置。董氏亲属都担任侍中、诸曹、奉朝请，恩宠在丁氏、傅氏之上。

【胡三省曰】

审食其为丞相，却在宫禁近侍，因为吕后嬖幸他；董贤位列三公，也在宫禁中近侍，因为哀帝嬖幸他。论道经邦之任安在哉！

【华杉讲透】

哀帝任命董贤为大司马的诏书，非常刺眼。刺眼在哪儿呢？他是仿照尧赐给舜的诏书写的！《论语·尧曰》中讲道：

> 尧曰："咨！尔舜，天之历数在尔躬，允执其中。四海困穷，天禄永终。"

咨，是语气词，嗟叹声。意思是，舜啊，你过来，我跟你说！我要传位给你，上天的历数命运在你身上了！你要好好地把握那中道！如果天下百姓都困苦贫穷，那就是你的问题！你的这一份天禄，就永远完结了！

舜就按照尧的教诲，兢兢业业地干。等他退休，要传位给大禹时，又把尧的这一句教诲嘱咐给了禹。

这里的中道，就是中庸之道。一般人以为，中庸之道就是中不溜，那是大误解，是由"庸"字想到"平庸"带来的误解。中庸是什么意思呢？程颐说：

> 不偏之谓中，不易之谓庸。中者，天下之正道；庸者，天下之定理。

简单地说，中，就是要走正道；庸，就是定理、常识，就是不要违背常识。

哀帝任命董贤的诏书："建尔于公，以为汉辅！往悉尔心，匡正庶事，允执其中！"上天赐下你，作为汉朝辅政大臣！希望你尽心尽力，匡正国事，执守中道！

哀帝把尧禅位于舜的诏书，抄来任命他的嬖幸之臣，实在是荒唐！这就不是中庸之道，而他却还教导董贤要"允执其中"。读书不能真正理解，不能知行合一，不能身体力行，只用来装点门面，实在是不伦不类，滑天下之大稽，贻笑万年！自己拿来教训别人的话，自己都不知道是什么意思，这是常见病，现在也比比皆是。

当初，丞相孔光为御史大夫，董贤的父亲董恭为御史，是孔光的下属。如今董贤为大司马，与孔光并列三公。皇上故意让董贤私下拜访孔光（试探孔光对董贤的态度）。孔光为人，一向恭谨，也知道皇上要尊崇董贤，听说董贤要来了，孔光衣冠整齐在大门口等候，等到看见董贤车队，才退入。董贤车到中门，孔光又退入内阁。董贤下车，孔光再迎出来，拜谒、送迎，都非常恭谨，不敢以平起平坐的宾客之礼。

皇上听说后，非常高兴，马上拜孔光两个哥哥的儿子为谏大夫、常侍。

从此，董贤的权势几乎和皇上相等了。

这时候，成帝的外家王氏势力衰废，只有平阿侯王谭的儿子王去疾为侍中，弟弟王闳为中常侍。王闳的岳父是中郎将萧咸，前将军萧望之之子。董贤的父亲董恭仰慕萧家，想要为儿子董宽信求萧咸的女儿为媳，让王闳去帮他传话。萧咸惶恐不敢当，私下对王闳说："董公为大司马，委任的册文说'允执其中'，这是尧禅位于舜的话，任命三公从来没有这样说的，长者见了，无不心惧，这岂是一般人当得起的吗？"王闳一向有智略，听了萧咸的话，也有所醒悟，于是回报董恭，深深地表达萧咸不敢高攀的歉意。董恭很不高兴，说："我家有什么地方得罪天下，让人如此畏惧！"

后来，皇上在麒麟殿设酒宴，与董贤父子、亲属宴饮，侍中、中常侍都在旁边，皇上有了酒意，从容看着董贤，笑道："我想要效法尧禅舜，如何？"王闳进言说："天下，是高皇帝的天下，不是陛下私有的！陛下承宗庙，当传子孙于无穷，统业至重，天子无戏言！"皇上默然不悦，左右皆恐，于是皇上让王闳出去，回到郎署（不能再出入宫禁了）。

过了很久，太皇太后（王政君）为王闳谢罪，才又把王闳召回来。王闳于是上书说："臣听说，王者立三公，法三光（日、月、星），居于三公之位的，必须是贤德之人。《易经》说：'鼎折足，覆公餗（指鼎中的食物）。'如果鼎断了一只脚，里面的食物就倾覆了，用以比喻三公选错了人。当初孝文皇帝宠幸邓通，不过是中大夫之位；武帝宠幸韩嫣，也不过赏赐而已，都不在大位。如今大司马、卫将军董贤，无功于汉朝，又没有一点血缘关系，更没有名迹高行傲然于世，却在几年之间，成为鼎足之臣，典卫禁兵，无功封爵，父子、兄弟悉数提拔，赏赐空竭库藏，万民喧哗，在道路上三三两两，议论纷纷，这不合乎上天的心意！当初褒国的神灵变化为人，生下褒姒，祸乱周国。我恐怕陛下的过失受到讥刺，也担心董贤小人不知进退之祸，这不是垂法后世的榜样。"

皇上虽然不听王闳的话，也赞许他年少志强，不以为罪。

【华杉讲透】

小人不知进退之祸。知进退，是大智慧。权力游戏有若干的参与方，还不停地有人加入，有人退出。得势的时候，只看到皇上对自己的宠幸，以为一切都是应得的，不知道那大祸已经非常明显了。所以萧咸都不敢把女儿往火坑里送，因为皇上可能会去世，他去世，就退出了游戏，其他所有人就会反弹。皇上即使长寿，他的爱也会改变。所以，参与游戏要推演各方棋局，找到自己的安全线。

元寿二年（庚申，公元前1年）

1 春，正月，匈奴单于和乌孙大昆弥伊秩靡同时入朝，汉朝君臣都引以为荣。当时西域五十个国家，从译长（翻译）到将、相、侯、王，佩戴汉朝印绶的，有三百七十六人，而康居、大月氏、安息、罽宾、乌戈等国，因为路途绝远，还不包含在内，只有当他们来朝贡的时候，才给予报聘之礼，平时不归西域都护管辖。从宣帝黄龙年间以来，单于每次入朝，给他赏赐的锦绣丝绸，都比前次更丰厚，以示慰抚。这次在接待单于的国宴上，群臣在前，单于看见董贤年少，非常奇怪，问翻译。皇上让翻译回答说："大司马年少，但是有大贤，所以居于高位。"单于于是起身，拜贺汉朝得到贤臣。当时，因为太岁压胜在上林苑蒲陶宫，就特意安排单于也住那里，告诉他这是加敬于单于。但是单于却知道那是压胜所在，很不高兴。

【华杉讲透】

太岁压胜，太岁又称肉灵芝，古人认为是一种长生不老药；压胜，是压镇凶神的巫术。皇上一直生病，皇宫中就行使各种巫术鬼符为皇上驱邪求福，在上林苑蒲陶宫，就用太岁来压镇凶神。大概觉得单于也是一尊凶神，可以以毒攻毒，让他也来帮忙压一压。单于应该住国宾馆，不应该住在宫中，所以向他谎称这是一种特别的尊敬和荣耀。单于却知道真相，当然大不高兴。

哀帝堂堂大国天子，却做这些鸡贼的事。

2 夏，四月壬辰晦日（四月无此日。柏杨注：根据《汉书·五行志》，应为三月二十九日），发生日食。

3 五月初二，正式确定三公官名与职权分工。大司马、卫将军董贤为大司马，丞相孔光为大司徒，彭宣为大司空，封长平侯。

4 六月二十六日，帝崩于未央宫（得年二十五岁。二十岁即位，在位六年）。

哀帝亲眼看到成帝时期，皇权衰微，国政都在王氏家族手中。即位之后，屡次诛杀大臣（朱博、王嘉等人），希望向武帝、宣帝学习，加强皇帝的权威。但是，哀帝宠幸谗谄（赵昌、董贤、息夫躬等人），憎恨忠直（师丹、傅喜、郑崇等人），汉朝由此衰落。

太皇太后（王政君）听说皇帝驾崩，即日驾临未央宫，收取皇帝玺绶。太皇太后召大司马董贤，在东厢接见，问他丧事如何调度。董贤还在替自己忧愁，不能回答，只是脱下帽子谢罪。太皇太后说："新都侯王莽，之前以大司马身份主持先帝丧事，熟悉事务，可以让他来辅佐你。"董贤磕头说："幸甚！"太皇太后遣使者召王莽，又下诏给尚书，所有发兵符节、百官奏事、中黄门、期门禁兵，全部统归王莽掌管。王莽遵照太皇太后指示，让尚书弹劾董贤，在皇帝生病时没有亲自侍奉医药，禁止董贤进入皇宫内门。董贤不知道该怎么办，只是脱下帽子，光着脚，徒步到宫门前叩头谢罪。六月二十七日，王莽派谒者拿着太皇太后的诏书到宫门前向董贤宣布："董贤年少，不明事理，为大司马，不合众心，收缴董贤大司马印绶，罢免回家。"当天，董贤和妻子都自杀了，全家惶恐，连夜下葬。王莽怀疑董贤诈死，让有司奏请开棺查验。王莽亲自到监狱验尸，验明正身后，就埋在监狱中。

太皇太后下诏，让公卿举荐可以担任大司马的人。王莽之前就是大司马，为了避开丁氏、傅氏而辞职去位。朝野官民，都认为王莽贤德，又是太皇太后近亲，所以自大司徒孔光以下，举朝都举荐王莽。唯独前将军何武、左将军公孙禄二人商议，认为："之前惠帝、昭帝之世，外戚吕氏、霍氏、上官氏掌权，几乎倾危社稷，如今成帝、哀帝接连两代都没有后嗣，如今应当选立近亲来辅佐幼主，不宜再令外戚执掌大权。亲疏交错（亲，是外戚；疏，是异姓为将军、公卿者。亲疏交错，可以分权，相互牵制），才是为国之计。"于是何武举荐公孙禄为大司马，而公孙禄也举荐何武为大司马。

六月二十八日，太皇太后任命王莽为大司马，领尚书事。

【华杉讲透】

哀帝刘欣，大司马董贤，两个不懂事的小孩，只是娱乐至死。刘欣驾崩之时，没有任何政治安排，董贤也完全没有搞政治的能力，只能为皇上殉葬。其他大臣呢，手里都没有权力，可以说政府之前已经被皇上摧毁了。而这时候，就体现出历代政治斗争常见的现象，活在最后，才能笑在最后，关键是看谁活得长。太皇太后王政君还健在，她不用一兵一卒，一切都不过是她一句话的事儿。

太皇太后与王莽商议立嗣。安阳侯王舜，是王莽堂弟，为人自律严正，为太皇太后所信任亲爱，王莽推荐他为车骑将军。秋，七月，派王舜与大鸿胪（九卿之一，掌管诸侯及藩属国事务）持节迎中山王刘箕子为嗣。

王莽又向太皇太后报告，下诏给有司，认为皇太后（赵飞燕）与妹妹昭仪（赵合德）把持专宠，堵塞后宫其他嫔妃侍寝之路，残灭先帝继嗣，贬为孝成皇后，迁居北宫；又以定陶共皇太后（傅太后）与孔乡侯傅晏合谋，背恩忘本，专恣不轨；孝哀皇后（哀帝正妻傅氏）退居桂宫；傅氏、丁氏家族大小官员，一律免去官职和爵位，遣返故乡；傅晏连同妻子儿女，流放到合浦。唯独下诏褒扬傅喜说："高武侯傅喜，端正谨慎，议论忠直，虽然是故定陶太后亲属，但始终不顺指从邪，介然守节，并因此被斥逐回到自己封国。古书上不是说了吗，'岁寒然后知松柏之后凋也'（《论语》里孔子的话，比喻有节操的人），现在，请傅喜回到长安，位特进，奉朝请。"傅喜虽然表面上受到褒赏，但是孤立于朝，十分忧惧。后来，再被遣返封国，得以寿终。

【华杉讲透】

王莽给傅喜"特进"之位，朝会时位置在三公之下，侯爵之上，可以"奉朝请"，定时参加御前会见。但是，并没有给任何官职，就是装点门面，在当时显示他的公平和赏罚分明，之后还是要把他撵走。不过，傅喜得到高寿，死后王莽还给他谥号为"贞侯"。而王莽却得不到善终了。

王莽又将傅太后“皇太太后”尊号撤销，改为“定陶共王母”，撤销丁太后“帝太后”尊号，改为“丁姬”。王莽又上奏董贤父子骄恣奢僭，请没收全部财产，所有因董贤关系而当官的，全部免职。其父亲董恭、弟弟董宽信与家属流放合浦。母亲特许回到故乡巨鹿。长安小民喧哗，聚集在董宅门口假装哭泣，实际上是想进去盗取财物。朝廷变卖董氏家产，得钱四十三亿。董贤所亲厚的官吏沛郡朱诩弹劾自己，辞去大司马府官职，买了棺材寿衣，收殓董贤尸体安葬。王莽听说后，找其他罪名将朱诩击杀。

王莽因为孔光是当世名儒，先后在成帝、哀帝及平帝三朝为相，太皇太后尊敬他，天下人信任他，于是，非常尊敬侍奉孔光，举荐孔光的女婿甄邯为侍中、奉车都尉。

其他所有王莽不喜欢的人，都罗织罪名，写好弹劾奏章，让甄邯拿给孔光，说是太皇太后的旨意。孔光一向胆小怕事，不敢不以自己名义上奏太皇太后，王莽跟太皇太后一说，就批准奏书。于是弹劾何武、公孙禄互相举荐，都免去官职，何武遣返封国。又弹劾董宏的儿子、高昌侯董武，因为他的父亲是佞邪（当初请立丁姬为帝太后），夺取侯爵。又弹劾南郡太守毋将隆，之前在担任冀州牧时，治中山冯太后狱，冤陷无辜；关内侯张由，诬告皇家骨肉（冯太后），中山太仆史立、泰山太守丁玄共同判人死刑；河内太守赵昌诬陷害死郑崇；算他们幸运，这些事都发生在大赦令之前，但是，他们也不宜再居于中土，被免为庶人，流放到合浦。

中山冯太后冤狱，本来是史立、丁玄自己主持查究的，但是与毋将隆联名奏事。王莽年轻的时候，仰慕毋将隆，想要和他结交，但是毋将隆不怎么依附他。所以王莽找这个借口把他排挤出去。

红阳侯王立，是太皇太后的亲弟弟，虽然没有具体官位，但是王莽因为他是叔父，对他尊敬忌惮，担心王立跟太皇太后可以随时说得上话，让自己不能肆意而为，于是让孔光弹劾王立：“之前，王立明知定陵侯淳于长犯下大逆之罪，却收受贿赂，替他说话，误导君王。后来，又报告说以官婢杨寄所生的儿子为皇子。大家都说：‘吕后时期的少帝又出现了（意思是说吕后把其他的儿子拿来假称是惠帝之子）。’幸而天下已起疑窦，他不敢公开，这才破坏了他成就辅佐幼主于襁褓之功的幻想。应该将王立遣返封国。”

太皇太后不听。

王莽说：“如今汉家衰微，接连几代都没有继嗣，唯独太皇太后代幼主统治，这种局面，十分危急可惧。全力以公正先天下，还担心大家不服从。如果以私恩而背逆大臣的意见，恐怕群下倾邪，乱从此起。应该立即将王立遣返封国，局势稳定后，可以再将他召回来。”

太皇太后不得已，将王立遣返封国。王莽挟持上下，就是这种手段。

于是，阿附王莽的，全都擢升；忤恨王莽的，一律诛灭，以王舜、王邑为心腹，甄丰、甄邯负责举劾断狱，平晏（平当之子）掌管宫廷机要，刘歆写文章，孙建为爪牙。甄丰的儿子甄寻、刘歆的儿子刘棻、涿郡人崔发、南阳人陈崇都凭才能为王莽所宠幸。王莽脸色凛厉，说话方直，要有所行动时，稍微示意，党羽们就按他的意思上奏。王莽却叩头涕泣，坚决推让，上以迷惑太皇太后，下以愚弄群众，他就是这副做派。

5 八月，王莽再上奏太皇太后，废孝成皇后（赵飞燕）、孝哀皇后（傅氏）为庶人，分别遣送到成帝和哀帝陵园守陵。当天，二人都自杀了。

6 大司空彭宣见王莽专权，于是上书说：“三公如鼎足，承奉君王。一只足不胜任，则有倾覆之危。臣资性浅薄，年齿衰老，长期患病，昏乱遗忘，愿意交还大司空、长平侯印绶，退休回家，填补沟壑（指等待死亡）。”王莽向太皇太后汇报，将彭宣免职，遣返封国。王莽恨彭宣不配合，故意不按惯例赏赐给他黄金、安车、驷马。彭宣回封国，数年薨。

【班固赞叹曰】

薛广德保“悬车”之荣（将皇上赐给他退休的安车悬挂起来，留给子孙荣耀），平当拒绝封爵，明礼知耻，彭宣见险而止，与那些患得患失之辈，大不一样！

7 八月二十七日，任命右将军王崇为大司空，光禄勋、东海人马宫为右将军，左曹、中郎将甄丰为光禄勋。

8 九月初一，中山王刘箕子即皇帝位，大赦天下（是为汉平帝，距哀帝崩逝六十四天）。

平帝时年九岁，太皇太后临朝听政，大司马王莽秉政。百官都由王莽统辖。王莽权势日盛，孔光忧惧，不知道该怎么办，上书请求退休。王莽向太皇太后汇报说，皇帝年少，应该设置师傅，于是任命孔光为帝太傅，位居四辅（古代天子有三公，还有四辅：前疑、后丞、左辅、右弼。王莽给孔光为四辅之位，是他全面复古，恢复各种古官名的开始），兼给事中、领宿卫、负责皇上的日常饮食起居用度等。

任命马宫为大司徒，甄丰为右将军。

9 冬，十月十二日，葬孝哀皇帝于义陵。

孝平皇帝上

元始元年（辛酉，公元1年）

1 春，正月，王莽指使益州官吏，让塞外蛮夷自称越裳氏，通过几重翻译，奉献白雉（野鸡）一只，黑雉两只。王莽向太皇太后汇报，太皇太后下诏，将白雉祭献给宗庙。于是群臣盛赞王莽的功德，就像当年周公给周王朝带来白雉祥瑞一样，王莽也给汉朝带来了白雉的祥瑞，比照当年周公因为在朝为辅佐，以周公为号，王莽也应该加尊号为安汉公，并加封采邑封地（由侯爵进为公爵，当增加封地）。太皇太后下诏让尚书具体落实。王莽上书说：“臣与孔光、王舜、甄丰、甄邯共同定策，希望只封赏孔光等人，不要封赏我！”

太皇太后下诏说：“无偏无党，王道荡荡（出自《尚书·洪范》，意思是没有偏私），君有安宗庙之功，不能因为是我的骨肉之亲，就故意隐蔽不扬，你不要推辞！”王莽再反复四次上书，坚决推辞，并且称病不起。左右向太皇太后说：“看来还是尊重王莽的意见，只封赏孔光等人，王莽才肯出来视事。”

二月，太皇太后下诏：“以太傅、博山侯光为太师，车骑将军、安阳侯舜为太保，皆加封万户。左将军、光禄勋丰为少傅，封广阳侯。皆授四辅之职。侍中、奉车都尉邯封承阳侯。”四人既已受赏，王莽还是不起来，群臣复上言：“王莽克制谦让，这正是朝廷应该表彰的，应该再加赏，表明重视他的大功，不要让百官和百姓失望！”太皇太后于是下诏：“以大司马、新都侯莽为太傅，行四辅之事，号曰安汉公，加封二万八千户。”于是王莽惶恐，不得已而起，受太傅、安汉公号，推辞了加封的封地，说：“希望在天下百姓家家富足之后，再给我加赏。”群臣又力争，太皇太后下诏说：“您自己期望在百姓富足之后再加封，所以听你的，现在，给你的供奉先增加一倍，等到百姓家给人足，大司徒、大司空再汇报上来。”王莽又辞让不接受，而谏言褒赏宗室群臣。于是，立故东平王刘云的儿子刘开明为王；又以故东平思王之孙刘成都为中山王，奉中山孝王，为其后嗣；封宣帝耳孙（九世孙）刘信等三十六人皆为列侯；太仆王恽等二十五人皆赐爵关内侯。又令诸侯王公、列侯、关内侯，如果没有嫡子，但有庶子生的孙辈，或者同母兄弟的儿子，也能继承爵位和封地；宗室皇族因为犯罪被免为庶人的，恢复他的宗室身份；全国二千石以上的官员年老退休的，参照他在任时的俸禄，按三分之一终身领取退休金。下及庶民鳏寡，恩泽之政，无所不施。

【华杉讲透】

王莽的表演令人作呕，可他的战略却非常清晰：一是窃取名誉和权位；二是慷天下之慨，买通所有人，而他最后要买的，就是帝位。

王莽媚悦吏民之后，又想要独裁专断，知道太皇太后年老（王政君本年72岁），厌倦政事，于是教唆公卿们再上奏说："之前大小官吏，以资历和考绩，依次升迁到二千石，而各部刺史所推荐的茂才（即秀才，东汉时因为避讳光武帝刘秀的名字，改称茂才）和优异官吏，往往并不称职，应该在提拔前都经过安汉公亲自接见审察。又，太皇太后春秋已高，不宜再亲自过问小事。"于是让太皇太后下诏说："从今天开始，只有封爵的才向我汇报，其他事都由安汉公与四辅裁决。州牧、二千石以及茂才新任官吏第一次来奏事的，就带去见安汉公，由安汉公考察他在过去的职务上有没有成绩，问他对新职务有什么开展工作的计划和想法，看看他是否称职胜任。"于是王莽与每个人一一长谈，细密地致以恩情厚意，赠送厚厚的财礼。而对不迎合他意旨的人，则上奏太皇太后，予以免职。王莽的权力就和皇上相等了。

【柏杨曰】

这是一个重大的转折点，从此，大小官员的任命大权，不动声色就轻轻滑入王莽之手。一旦掌握官员的任命大权，就等于掌握了政府。

2 设置"羲和"一官，级别二千石。

【柏杨曰】

羲和是尧舜时代的首席部长，稍后将大司农改为羲和，是王莽一连串复古行动的第二件事。第一件事是设立四辅。

3 夏，五月初一，日食，大赦天下。命公卿以下每人举荐一名敦厚能直言的人。

4 王莽担心皇帝外家卫氏夺了他的权力（皇帝是中山卫姬所生），向太皇太后汇报说："之前哀帝即位之后，背弃恩义，使他的外家丁氏、傅氏显贵，扰乱国家，倾危社稷。如今皇帝以幼年奉承大宗，为成帝之后，应该彰明一统之义（既然奉大宗，以子继父，正统相承，就不能再顾自己的亲生父母），以前事为教训，为后代建立可以效法的榜样。"

六月，派甄丰带着玺绶到中山，拜皇帝生母卫姬为中山孝王后，赐皇帝的舅舅卫宝，卫宝的弟弟卫玄为关内侯，皇帝的三个妹妹赐号为"君"，都留在中山，不许到京师。

右扶风功曹申屠刚在要求"直言"的对策上说："臣听闻当年周成王幼少之时，周公摄政，谦逊地听取下贤的意见，分割权力，广布恩宠，一举一动都顺应天地，举措恰当而没有过失。但是，近则召公不悦，远则四国流言（召公认为，周公应该还政于成王，自己退休。而管、蔡、商、奄四国，则散布流言，说周公将不利于成王，后来发生管蔡之乱）。如今圣主刚刚免于襁褓（皇帝本年十岁），即位以来，至亲分离，外戚杜隔，恩不得通。况且汉家制度，虽然任用英贤，但也援立外戚，亲疏交错，互相牵制，堵塞不良意图，这才是安宗庙、重社稷的制度安排。赶快派遣使臣，征召中山太后到京师，住在别宫，让他们母子能时时相见，又征召冯、卫两大家族子弟（冯，是皇上祖母家；卫，是皇上母亲家），给他们闲散官职，让他们能执戟亲奉宿卫，以抑制祸患之端，上安社稷，下保四辅。"

王莽令太皇太后下诏说："申屠刚所言，僻经妄说，违背大义！"将申屠刚免职归田。

5 五月二十日，封鲁顷公（春秋时鲁国末代国君）八世孙公子宽为褒鲁侯，奉周公祭祀。封褒成君孔霸曾孙孔均为褒成侯，奉孔子祭祀。

6 太皇太后下诏说："凡是已经判做苦役的女犯人，可以每月出三百钱雇人代替自己服劳役，自己就可以回家。又，每乡核定一名事迹最突出的贞节女子，免除赋税差役。派遣大司农部丞十三人，每人负责一个州，劝勉农桑。”

7 秋，九月，赦免天下囚犯。

元始二年（壬戌，公元2年）

1 春，黄支国进献犀牛。黄支国在南海中，距京师三万里（柏杨注：在越南最南部）。王莽为了炫耀他的威德，厚厚地贿赂黄支国王，让他遣使贡献。

2 越嶲郡（在四川西昌）发现有黄龙在长江中，太师孔光、大司徒马宫等都说："王莽功德可以和周公相比，应该告祠宗庙。"大司农孙宝说："周公上圣，召公大贤，但是他们之间还有矛盾，其经过情形，著于经典，但是，也并不损害他们的形象。如今风不调，雨不顺，百姓不足，而每有一事，群臣都异口同声（雷同阿附，妄说福祥），恐怕你们赞美的，是不该赞美的东西吧？"在场的大臣们听了这话，尽皆失色。甄邯当即说："奉圣旨，停止讨论此事。"

正好孙宝派小吏去接他的母亲来京。母亲在路上生病，就留在他弟弟家，只有妻子儿女来京。司直陈崇就弹劾孙宝（不孝）。事情交给三公调查。孙宝说："我年已七十，糊涂昏聩，不知道供养母亲，只知道照顾妻子儿女，奏章所弹劾属实！"于是孙宝因此被免职，终老于家。

【柏杨曰】

孙宝的悲愤和急于求去的心情，跃然纸上。他知道任何答辩都没有用，又知道即令留下来，祸事更大。

3 皇帝（刘箕子）更名为刘衎。

4 三月二十一日，大司空王崇为避开王莽，称病辞职。

5 夏，四月十六日，朝廷任命左将军甄丰为大司空，右将军孙建为左将军，光禄勋甄邯为右将军。

6 封代孝王刘参玄孙的儿子刘如意为广宗王，江都易王刘非的孙子盱台侯刘宫为广川王，广川惠王刘越的曾孙刘伦为广德王。又下诏恢复汉兴以来，丧失爵位的大功臣后裔周共（周勃的玄孙）等一百一十七人为列侯、关内侯。

7 郡国大旱，又有蝗灾，青州尤其严重，百姓逃荒流亡。王莽向太皇太后汇报说，应该改穿没有花纹的素色衣服，减少御膳，以示天下。王莽又上书，愿捐款一百万，田三十顷，给大司农赈济贫民。于是公卿们纷纷效仿，捐献田宅的有二百三十人，按照贫民家庭人口数分配田宅。又在长安修建五个里弄的民宅二百座，安置贫民。

王莽率领群臣向太皇太后上奏说："幸赖陛下德泽，最近风调雨顺，甘露下，灵芝生，蓂荚（蓂是传说中的一种瑞草）、朱草（传说中的一种红色瑞草，王者有盛德则此草生）、嘉禾（指一株多穗的谷子、稻子、麦子等，一般以九穗以上者为瑞；或称生长特别茁壮的禾稻，古时认为是吉祥的征兆）等美好的征兆同时而至。请陛下恢复帝王正常的服装和御膳，让臣子们能各自欢欣，全力供养！"王莽又令太皇太后下诏推辞不许。

每当有水灾旱灾，王莽就素食，左右的人告诉太皇太后。太皇太后遣使者下诏给王莽说："听说你只吃素食，忧国忧民太深了！今年秋天幸得丰收，你应该即时吃肉，为国家保重身体！"

8 六月，两颗陨石坠落在巨鹿。

9 光禄大夫、楚人龚胜，太中大夫琅琊人邴汉，无法忍受王莽的专政，都申请退休。王莽令太皇太后下诏说：“我不忍心以官职之事烦扰你们，你们修身守道，以终天年吧！”都加以优厚的礼遇，遣送回家。

10 梅福知道王莽一定会篡汉，有一天突然抛弃妻子儿女而去，不知所终。后来，有人在会稽郡见到梅福，他已改名换姓，在吴县做城门守卒。

【华杉讲透】

梅福是名儒，少年求学于长安，初为郡文学，后补南昌县尉，因上书得罪王凤挂印而去。此时已经没有官职，预见王莽篡汉，再次避世。

11 秋，九月三十日，出现日食，赦免天下囚犯。

12 王莽派执金吾（执金吾府的侦察官）陈茂，游说江湖大盗成重等二百余人，都出来自首，分别遣送回各自家乡，成重则迁徙到云阳县，赐给公田和住宅。

13 王莽想要讨太皇太后欢心，显示她的威德至盛，超过了从前，于是又教唆单于，派王昭君的女儿须卜居次云入侍太皇太后，因此给单于的赏赐十分丰厚。

14 车师后国有一条新路通往玉门关，往来比现在的大道近，戊己校尉徐普就想将此路拓宽。车师后王姑句觉得他正处在通往中原的要道上，如果再拓宽成大道，光是供应汉朝来往使节，就不堪负担，所以很不情愿。徐普想要勘明路线，然后向朝廷上奏，召姑句来说明情况，姑句不肯。徐普将姑句扣押。姑句的妻子股紫陬对姑句说：“之前车师前王被都护司马所杀，如今您被关押，时间长了必死无疑，不如投降匈奴！”于是疾驰突破高昌郡军垒，逃入匈奴。

又有去胡来王唐兜，与赤水羌族不断互相攻击，唐兜挫败，向西域都护告急。都护但钦未能及时救助。唐兜被困危急，怨恨但钦，想要向东据守玉门关。但是汉军不开关让他进去。于是唐兜率妻子儿女、百姓一千余人投降匈奴。单于接收了他们，安置在左谷蠡王的属地。

匈奴上书向朝廷汇报姑句、唐兜二人的情形，说："臣谨已接受他们。"汉廷下诏，派遣中郎将韩隆等出使匈奴，责备单于。单于叩头谢罪，将二人捆绑交给汉使。汉廷再命中郎将王萌在匈奴恶都奴山谷边界等候，单于遣使送回姑句、唐兜，请求赦免他们叛逃之罪。使者向长安汇报，王莽不许，下诏集合西域诸国国王，在汉军阵前，当众斩杀姑句、唐兜示众。又宣布以下四种人，匈奴不得接收：

一、逃亡到匈奴的汉人。

二、逃亡投降匈奴的乌孙国人。

三、西域诸国中佩戴汉朝印绶逃亡投降匈奴的人。

四、逃亡到匈奴的乌桓国人。

王莽派遣中郎将王骏、王昌、副校尉甄阜、王寻出使匈奴，将四项规定颁布给单于，与玺书一起封在一个信函里，交付单于，让他奉行。又将当年宣帝与单于的条约收缴带回。（当年宣帝与单于约，长城以南为汉，长城以北为匈奴，不能接受投降人员。王莽认为约束不够明确，所以以新的四条规定替换原来的约束。）

当时王莽认为汉朝人不应该有两个字的名字（王莽激进地想要复古，古人都是单名，如孔丘、孟轲，现在有两个字的名字，比如刘如意），于是又派使者去启发单于，让他上书说向慕汉朝教化，要改为单名，一定会有重赏。单于听从，上书说："幸得备位藩臣，窃乐太平圣制，臣故名囊知牙斯，今谨更名为知。"王莽大悦，向太皇太后汇报，遣使者答谕单于，厚加赏赐。

【华杉讲透】

王莽的表演令人眼花缭乱。你想得到他能买通宗室和百官，能假惺惺地扶穷救困，能谎称祥瑞并至，但是你想不到他还能买通盗贼，能买通单于，给太皇太后创造各种惊喜。惊不惊喜？意不意外？他的想象力真是让人望尘莫及。但是，他的聪明才智全在这儿了，一到治国理政，就志大才疏，一塌糊涂。

15 王莽想要把他的女儿嫁给皇帝，以巩固自己的权力，上奏说："皇帝即位已经三年，还没有皇后，掖庭从嫁的媵妾也还未充足。过去国家的危难，就是没有继嗣，以及配娶不当引起的，请考论五经，定娶皇后之礼，正十二女之义（周天子有娶十二女之礼，诸侯聘九女，大夫娶三女，士娶二女），以广继嗣，应博采商、周两朝王族后裔，以及周公、孔子的后代，还有在长安的列侯正妻所生女子，在其中遴选皇后。"事情交给有司，报上备选女子名单，王氏家族女子很多都在备选名单里，王莽担心她们和自己的女儿竞争，又上言："臣无德，生的女儿也才德低下，不宜与其他女子并列。"太皇太后以为王莽一片至诚，于是下诏说："王氏家族的女儿，是我的外家，都不要列入备选。"结果，庶民、诸生、郎吏以上的，每天守着宫门请愿的有一千多人，公卿大夫们则有的前往宫廷之中，有的跪伏于禁门之下，众口一词地说："安汉公如此盛大的功勋，如今要立皇后，为什么独独排除他的女儿？天下人心该归向哪里？愿得安汉公的女儿为天下之母！"王莽派遣长史以下官员，分别去开谕请愿的公卿和诸生，而上书请愿的人反而更多。太皇太后不得已，听从公卿们的意见，选择王莽的女儿。王莽再自明心迹："希望博采众女！"公卿们力争说："不应该选拔其他女子，乱了正统！"王莽于是说："请考察我的女儿。"

卷第三十六 汉纪二十八

（公元3年—公元8年，共6年）

主要历史事件

主要学习点

孝平皇帝下

元始三年（癸亥，公元3年）

1 春，太皇太后派遣长乐少府夏侯藩、宗正刘宏、尚书令平晏去面试那些女子，回来汇报说："安汉公的女儿深受道德教化，有窈窕之容，应该承天序，奉祭祀。"太师孔光、大司徒马宫、大司空甄丰、左将军孙建、执金吾尹赏、行太常事、太中大夫刘歆以及太卜、太史令，都戴上鹿皮帽，穿素色衣裳，举行仪式，共同卜筮（卜是用龟甲，筮是用蓍草），都说："龟甲之兆，是金水王相，蓍草之卦是父母得位，这正是健康强健之占，子孙逢吉之符。"又以太牢（牛、猪、羊各一）祭告宗庙。有司上奏说："按惯例，聘皇后，聘礼是黄金二万金，折合成钱是二亿。"王莽深切辞让，只接受六千三百万，而且又在其中拨出四千三百万，分给另外十一家被选中的陪嫁媵妾，以及王氏家族的贫困亲属。

2 夏，安汉公上奏制定车马和服饰级别制度，官吏百姓的日常生活、送终、嫁娶、奴婢、田宅、器械，也都制定品级。又设立祭祀五谷神的官稷，以及在郡国、县邑、乡村，都设立学官。

3 大司徒司直（相当于大司徒的执行长）陈崇指使张敞之孙张竦起草奏章，盛赞安汉公功德，建议："应该给安汉公扩大封国，和周公相当（周公当年的封国是鲁国），他的嫡长子应该称'公子'，和周公的嫡子伯禽一样，赏赐品级，也参照周公，其他儿子的封赏，也和周公的六个儿子一样。"太皇太后将奏书给公卿们看，大家正在商议，这时，吕宽事件发生。

当初，王莽的长子王宇，不赞成父亲隔绝卫氏的措施，担心自己家族以后会招祸，于是私自与卫宝通信，叫卫后（皇帝的母亲）上书谢恩，并表态痛斥丁氏和傅氏罪恶，希望因此能被召到京师。

奏书递上来后，王莽向太皇太后报告，下诏有司，褒赏中山孝王后，加封汤沐邑七千户。卫后日夜涕泣，希望能和皇帝见面，却只得到增加封邑而已。王宇又教她，直接上书请求到京师。王莽不听。

王宇与他的老师吴章及妻兄吕宽商议办法，吴章认为，王莽是无法谏劝的，但是他信鬼神，可以装神弄鬼，让他惊惧，然后吴章再顺着鬼神所示推演，启发他把政权交给卫氏家族。王宇于是派吕宽弄一罐鲜血，晚上去洒在王莽家大门上，不巧却被门吏发觉。王莽将王宇逮捕下狱，王宇饮药而死。王宇的妻子正怀有身孕，也下狱，等她生下孩子后，将她处决。

甄邯等向太皇太后汇报，太皇太后下诏说："安汉公居于周公之位，辅佐像周成王那样的幼主，而行管、蔡之诛（周公诛杀反叛的弟弟管叔和蔡叔），不以骨肉亲情而伤害君臣大义，朕十分嘉勉！"王莽于是将卫氏家族全部屠灭，只留下卫后一人。吴章被腰斩后，在东市门将尸体车裂示众。

吴章是当世名儒，有弟子千余人，王莽认为这是恶人之党，都不得为官，于是吴章的弟子们，纷纷改投其他老师。平陵人云敞，当时是大司徒掾（相当于助理），上书弹劾自己，称自己是吴章学生，将吴章被车裂的尸块收集抱回，用棺木收殓安葬，京师人都称赞他的高义。

王莽抓住吕宽事件这个机会，扩大打击面，穷治政敌党羽，并把他平时厌恶的人都牵连进来，一网打尽，全部诛杀。汉元帝的妹妹敬武长公主一向亲附丁氏、傅氏，等到王莽专政，又非议王莽；红阳侯王立，是王莽叔父；平阿侯王仁，一向刚直；王莽都以太皇太后的名义下诏，派使者去看守，逼迫他们自杀。王莽再向太皇太后汇报，说公主暴病而亡，太皇太后要亲自去吊唁，王莽极力劝阻，将她阻止。

甄丰派使者乘着朝廷专车，前往各地惩治卫氏党羽，郡国豪杰以及忠直而不阿附王莽的大臣，一律诬以罪名诛杀，何武、鲍宣以及王昌的儿子、乐昌侯王安，辛庆忌的三个儿子：护羌校尉辛通、函谷都尉辛遵、水衡都尉辛茂，以及南郡太守辛伯，全都被处死。（何武当初不举荐王莽为大司马。鲍宣一向以正直闻名。王商——不是王莽一个家族——与王凤不和，被王凤排挤陷害，吐血而死，他的儿子王安不阿附王氏。辛庆忌本来是王凤提拔起来的，三个儿子都很有才能，王莽想要拉拢他们，但是辛茂自以为名臣子孙，兄弟都身居要职，不想和王莽走得太近，又不怎么待见甄丰、甄邯等人，所以被杀。辛伯也是辛氏家族成员，所以一并诛杀。）

这一案，接连杀了数百人，海内震恐，北海人逄萌对友人说："三纲已绝（三纲：君为臣纲，父为子纲，夫为妻纲。王莽杀其叔父，又杀亲生儿子，这是泯灭人性；再杀先帝的妹妹，这是无君；所以说三纲已绝），再不走，将要大祸临头！于是将冠帽解下，挂到东都门下，回到家乡，带着家属乘船渡过渤海，移居辽东。"

【华杉讲透】

王宇所想的，是不要做得太绝，但是，在说服不了父亲的情况下，他背着父亲，给自己留了条后路，这就是王莽不能原谅他的地方了。

王宇的想法对不对呢？这是一个博弈论问题。政治斗争是一场巨大的博弈，你的每一个决策，都会影响其他人的决策。王莽是顺我者昌，逆我者亡，完全按自己的意志自由行事。但是，博弈论认为：

> 在单人决策中，更大的行动自由可能永远没有坏处。但是在博弈中，他却可能对所有参与者不利，这是因为行动自由的存在会影响到其他参与者的行动。与此相反，“绑住自己的双手”可能会有帮助。

中国古代的历史，就是因为掌权者有绝对的行动自由，所以对所有参与者不利，每个人都不安全，一不小心就招祸。而能不能“绑住自己的双手”，完全看个人的修养和智慧。张良在辅佐刘邦成功后，能主动减少自己的封地。曾国藩在平定太平天国之后，能自剪羽翼，裁撤湘军，这就是博弈的智慧。

自由行动，不仅会影响博弈中其他参与者的行动，甚至会触发更大的博弈，卷入更多其他的参与者，将你卷入一个新的博弈，而那是你无法掌控的。王莽的行动，最终把全国百姓都卷进来了，让他身败名裂。

所以，当我们身在博弈之中，一定不能按自己的利欲和意志自由行动，因为我们的行动会引来别人的反应，我们一定要学会站在对方的立场、各方的立场，忘掉自己的立场，去思考推演。而且，我们还要关注局外人，因为博弈的推演，有一天会把局外人卷进来，变成局内人，改变了棋局。

棋局如此复杂，如何驾驭呢？简单来说，你不要指望自己能“驾驭”，不要追求利益最大化，不要追求战胜，要追求不败。要克己复礼，克制自己的欲望，因为欲望是无法被驾驭的，特别是自己的欲望。

王莽征召通晓礼制的少府宗伯凤，到朝廷讲解“为人子者为人后”的大义（意思是说皇上既然继承先帝，为先帝之子，就不能再顾自己的亲生父母），让公卿、将军、侍中、朝臣一起听讲，想要以此对内教育小皇帝，对外堵塞天下百姓的讥议。

在此之前，秺侯金日磾的儿子金赏、都成侯金安上的儿子金常，都因为没有儿子，封国被撤除。王莽以金赏的曾孙金当，以及金常的孙子、京兆尹金钦，分别继承爵位。金钦说："金当应该给他的亲生父亲和祖父立祭庙，而令大夫去主持金赏的祭祀。"甄邯当时在旁，当场呵斥金钦，并弹劾他说："金钦诬辱祖先，不仅不孝，而且大不敬！"将金钦逮捕下狱。金钦自杀。甄邯被褒奖为"纲纪国体，无所阿私，忠孝尤著"，增加封邑一千户。重新改封金安上的曾孙金汤为都成侯。金汤受封之日，不敢回家，以表明他已经是金安上之后，不能再顾亲生父母了。

【华杉讲透】

金当是金赏的弟弟金建之孙，他继承了金赏的爵位，按礼制，他应该以金赏为祖父，为金赏祭祀。但是金钦的建议，是让金当给自己的亲生父亲、祖父祭祀，而把金赏的祭祀交给大夫代理，这就触犯了当时的政治禁忌。所以甄邯反应强烈，而王莽也感到有必要组织百官学习，请礼制专家来讲解"为人子者为人后"的大义。

宗族香火是中国人的价值观，金赏的香火断了，将金当过继给他家，继承他的爵位，供奉他的祭祀，那金当就是金赏的子孙了，这是合理的。如果要照顾自己的亲生父祖，把金赏的香火交给别人打理，那就不公平了。你如果要祭祀亲生父母，你可以不接受这个爵位啊，还有别的叔伯兄弟愿意呢！

4 这一年，尚书令、颍川人钟元被任命为大理（哀帝元寿二年，将廷尉改为大理，掌司法）。颍川太守、陵阳人严诩，当初是以孝行闻名，被举荐为官，性情温良，对属下掾、史等属官，都以师友相待，下属有过，则闭门自责，从不大声斥责，后来，郡中大乱。

王莽派使者征召严诩，官属数百人为他设祖道（祭祀路神，并饮宴饯行的仪式），严诩伏在地上大哭。掾、史说："中央英明，征召您一定是好事，不必这样。"严诩说："我哭的是颍川之士，我自己哪有什么可担心的呢？我因为柔弱而被调走，一定会有刚猛的人来替代我！替代我的人到了，就一定有人要被诛杀，所以我这是给你们吊丧啊！”

严诩到了京师，拜为美俗使者（负责宣传推广美好风俗）。陇西太守何并调任颍川太守，何并到任之后，逮捕了钟元的弟弟钟威，以及阳翟人、侠客赵季、李款，皆杀之，郡中震栗。

【华杉讲透】

每一件事的发生都有它的原因，这个原因可以无穷尽地上溯，也可以从这个原因推测它的其他后果。但是人们通常不太注意去思考原因，或者思考的时候找错了，没有找到真正的原因，失败了不知道自己是怎么失败的，成功后总结经验，得到的也是误会，这是极为普遍的现象。

找到“真因”，就能判断下一个结果，进而制定对策。严诩看到了真因，看到了自己的问题，也看到了上级的意图，其他人却不知道将要大祸临头。新太守来了不知道收手，继续轻狂。

找真因的方法，是追问“五个为什么”，来穿透真因：

第一问：为什么中央征召严诩？答：因为颍川郡太乱了。

第二问：颍川郡为什么乱？答：因为严诩太软弱了。

第三问：严诩为什么软弱？答：因为他本身就是以孝行闻名的官。

你看，这件事都用不着穿透五次，三个为什么就找到了真因——太守软弱。要解决太守软弱的问题，矫枉必须过正，当然就会派一个严酷的来，这就可以预测下一个结果了。严诩软弱，是因为他的孝行和性格，到了中央，他什么官也胜任不了，只能让他做“美好风俗宣讲团团长”。

在实际工作和生活中，养成追溯五次来穿透“真因”的好习惯，可以帮助你解决好多问题。

读历史，我们能读到很多古人的智慧，而古人的智慧，往往在现代管理学中都有对应的方法，要结合起来学习，就能举一反三，闻一知十，触类旁通。

元始四年（甲子，公元4年）

1 春，正月，皇帝到郊外用祭祀天地之礼祭祀高祖刘邦，以配享上天，又在明堂用祭祀祖宗之礼祭祀孝文帝刘恒，以配享上帝。

2 改封殷绍嘉公为宋公，周承休公为郑公。

3 皇上下诏说："妇女除非本人犯法，不得囚禁。男子八十岁以上老人，七岁以下儿童，家人不是犯'不道'之罪，或诏书指名逮捕的，不得囚禁。需要调查时，官吏到老人或儿童家里询问，不得传唤到庭。本诏书即日起成为法令！"

4 二月初七，皇上派大司徒马宫、大司空甄丰等人，带着御用乘舆及法驾，迎皇后于安汉公宅第，授皇后玺绂，入住未央宫，大赦天下。

5 遣太仆王恽等八人为钦差大臣，假以符节，每人配一位副使，分别前往全国各地，考察社会风俗。

6 夏，太保（三公之一）王舜等以及吏民八千余人上书，一直要求"请接受陈崇的建议，加赏于安汉公"。有司奏请："加封安汉公采邑，将召陵、新息二县，以及黄邮聚、新野两地耕田，全部划入。合并伊尹、周公的称号，尊称安汉公为'宰衡'（伊尹为阿衡，周公为冢宰），位在三公之上，三公向宰衡奏事，要称'敢言之'（斗胆上言）。赐安汉公母亲尊号为功显君，封安汉公两个儿子，王安为褒新侯，王临为赏都侯。给皇后的聘礼追加三千七百万，共合为一亿，以明大礼。太皇太后到前殿亲自封拜，安汉公在前叩谢，两个儿子在后面拜谢，和周公当年一模一样（周成王拜伯禽为鲁公时，周公在前，伯禽在后拜谢）。"

王莽叩头辞让，呈上亲启密奏说："希望只接受给母亲的尊号，归还王安、王临的印绶以及号位户邑。”事情交给大臣们商议，太师孔光等人都说：“奖赏并不足以酬报安汉公的功勋，而谦约退让，是安汉公之前一贯的态度，不能听他的。忠臣的气节，有时应该委屈自己，让主上能够伸张大义。应该派大司徒、大司空等人持节承制，召安汉公赶快入朝办公，下诏给尚书，让他们不得再接受安汉公的辞让！”

太皇太后批准了孔光等人的意见，于是王莽勉强恢复上班，只是减少了召陵、黄邮聚、新野的田地而已。

【华杉讲透】

这一段很形象，展现了王莽的梦想，就是模仿甚至超越伊尹、周公。模仿，是连周公受封时拜谢的仪式，他也要一模一样地模仿，向年轻时的偶像致敬。超越呢，就是要把伊尹、周公的称号合起来加到自己身上，这样又满足了他的胜心，胜过伊尹、周公了。

但是，周公所受之封，是天子给的，王莽所受的封，是自己策划索取的。伊尹、周公，都是千古忠臣。特别是伊尹，能把无道昏君软禁三年，让他改过，而且真的把他教好了，又迎回重新执政，成为一代明君。伊尹对逝去的先主的忠诚和对新君的爱护，中国三千年唯此一人。而王莽却是一个篡夺之人，他的模仿，不过是东施效颦罢了。

王莽又将所增加给皇后的三千七百万聘礼中，拿出一千万钱，送给太皇太后（王政君）的左右侍从。王莽虽然专权，但是以他的欺骗迷惑谄媚取悦太皇太后，下至左右侍奉的长御（宫女之长），都用尽各种方法，贿赂以千万计。又建议封太皇太后的姐姐、妹妹都称尊号为“君”，食汤沐邑。所以太皇太后左右的人，都日夜称誉王莽。

王莽知道太皇太后一个女人，厌倦居于深宫之中，就策划给她安排一些欢娱的节目，来换取她手里残余的权柄。于是，春夏秋冬四季，都安排太皇太后到四郊巡狩，接见孤寡老人和贞洁妇女，所到各县，则广施恩惠，赐给百姓钱帛、牛酒，成为惯例。太皇太后的弄儿（官婢、侍史所生的儿子，取以作为供狎弄的童子）生病，住在外舍。王莽都亲自去探视。王莽对王政君的手段，大致如此。

【华杉讲透】

王莽对太皇太后用上了《孙子兵法》的手段，给太皇太后的宫女行贿，是《孙子兵法·用间篇》：

左右，谒者，门者，舍人之姓名，令吾间必索知之。

这些人全成了王莽的间谍，不仅日夜在太皇太后跟前称誉王莽，而且会把太皇太后的一举一动、说的每一句话都告诉王莽。

给太皇太后安排视察节目，是《孙子兵法·九变篇》：

役诸侯以业。

给她安排点业务工作，分她的心，占满她的时间和精力，她就只能把剩下的权力事务都交给王莽了，也不太注意王莽到底在干什么。

这些计策都很明显，特别是王莽公开大笔地馈赠金钱给太皇太后左右的人，这是大忌。你的左右近侍，从别人那里拿的钱比你发的工资还多得多，这怎么可以呢？但是太皇太后把王莽当自己家人，完全没有防备。等到王莽篡位的时候，才恍然大悟，但一切都晚了。

骗术都是老套路，上当的人却前仆后继。为什么呢？因为她不读书，不学习，没经验，不知道。做任何一件事情，都要“机关算尽”，都算尽了，没有遗漏，就达到“算无遗策”，就是传说中的“在下一盘很大的棋”。王莽就在下这盘棋。太皇太后呢？她根本不知道机关在哪儿，哪儿有机关，她就进到机关里面，束手就擒了。

太保王舜奏言：“天下人听闻安汉公不接受千乘之土，推辞万金之币，莫不倾慕感动，而被教化，蜀郡男子路建等人，正在诉讼，自己惭愧，主动撤诉了。就算是当年文王化解了虞国、芮国的争斗，也不过如此！应该报告天下！”（虞国、芮国争夺田界，听说周文王有德，两国国君就一起去找文王评断。进了周国国境，看见耕田的农夫在田坎上相让，走路的路人在道路上相让，二人惭愧说：‘咱们真是小人！不能去辱没了君子的门庭！’于是相让，将所争之田设为闲田，谁也不要。）

于是孔光更加恐惧，称病坚决辞职（孔光看到政治气氛越来越诡异，终于知道害怕了）。

太皇太后下诏：“太师不必参加朝见，可以每十天进宫一次，为您准备几案手杖，用餐标准十七道菜，然后回家。太师府官员，一切维持现状，照常办公。”

7 王莽上奏，设立明堂（皇家大会堂）、辟雍（学校）、灵台（天文台），为学者修建宿舍一万间，规模宏大。又设立《乐经》研究所。增加博士名额，每一经五人。王莽又征求：凡是对儒家六艺中能通一艺，又收过十一个学生以上的，以及藏书有散落不全的礼制及尚书、天文、图谶、音乐、历法、兵法、历史等，并能通晓其意的，都到公车报到。如此网罗天下奇能异士，前后来应征的有数千人，叫他们把自己所知道的写下来，准备指出其中的谬误，消灭异端，统一思想。

又征召能治河者上百人，他们提供的战略各有不同，长水校尉、平陵人关并说：“黄河决口，主要是在平原、东郡左右，因为当地地势低下，土地疏松，听说大禹治水的时候，本来是将这里空出来作为泄洪区，洪水来的时候，就注入此地，形成一个湖泊；水小的时候，它自己就干涸了。考察近代秦、汉以来，黄河在卫国、曹国一带决口，其南北不过一百八十里。可以把这一片土地空着，不要修建官亭、民宅而已。”

御史、临淮人韩牧认为：“可以寻找当初大禹疏通黄河的九河故道，重新加以穿凿疏通。就算是不能找到九条，找到四五条也不错啊！”

大司空掾王横说：“黄河流入渤海的地方，地势高于韩牧所主张挖掘的地方，之前天常连雨，东北风起，则海水溢出倒灌，向西南倒流泛滥数百里，当初的九河故道，早就被海水吞没了。大禹治水，本来是顺着西山（太行山），下东北而去。《周谱》上说：‘定王五年（公元前602年），黄河改道。’那么说我们今天的黄河，并非当年大禹所穿凿的河道。又，秦国攻打魏国的时候，决开黄河，放水去灌魏国首都大梁，决口扩大，无法堵塞，应该将平地人家迁移出去，随着西山开凿河道，让黄河由高处向东北流入渤海，这样才能没有水灾。”

司空掾、沛国人桓谭参与讨论，对甄丰说：“这些建议中，一定有一位是对的，应该详细考察，则一切皆可预见，计定之后，再举其事，费用不过数亿万，也可以以工代赈，赈济那些无业游民。让他们游手好闲，和让他们参与劳动，穿衣吃饭都是一样的，现在，让他们吃穿都由政府供应，但是给政府干活，两边都方便。上可以继大禹的功勋，下可以为百姓解决问题。”

当时王莽只追求虚辞空谈，对这些需要实际去做的事不感兴趣。

【华杉讲透】

王莽之志小也哉！他要模仿古圣贤，只是模仿周公受封行礼时跪拜的班次和位置；他要超越古圣贤，只是将伊尹和周公的尊号合二为一，来做自己的尊号，认为这样地位就比伊尹、周公都高了。但是，要他模仿大禹治水，治一治黄河，他就顾左右而言他了。王莽的政治才干，只在攫取和控制权力，一到治国理政，他就“白痴”了。

8 群臣上奏说：“当年周公摄政七年，制度才确定下来。如今安汉公辅政四年，而实际经营制作不过二十天，就大功告成，应该升宰衡的位置在诸侯王之上。”太皇太后下诏说：“可。”于是下令商议九锡之法。

【华杉讲透】

锡，在古代通“赐”字。

九种特赐用物分别是：车马、衣服、乐县、朱户、纳陛、虎贲、斧钺、弓矢、秬鬯。

一曰车马。指金车大辂（车辕上用来挽车的横木）和兵车戎辂；玄牡二驷，即黑马八匹。其德可行者赐以车马。

二曰衣服。指衮冕之服，加上配套的赤舄（鞋）一双。能安民者赐之。

三曰乐县。指定音、校音器具。使民和乐者赐之。亦作“乐悬”。

四曰朱户。指红漆大门。民众多者赐之。

五曰纳陛。有两种说法：一是登殿时特凿的陛级，使登升者不露身，犹如贵宾专用通道；二是阶高较矮的木阶梯，使登阶别太陡，这两种说法都不甚具体。能进善者赐以纳陛。

六曰虎贲。守门之军虎贲卫士若干人，或谓三百人；也指虎贲卫士所执武器，戟、铩之类。能退恶者赐虎贲。

七曰弓矢。彤弓矢百，玄弓矢千。指特制的红、黑色的专用弓箭。能征不义者赐之。

八曰斧钺。能诛有罪者赐之。

九曰秬鬯。指供祭礼用的香酒，以稀见的黑黍和郁金草酿成。孝道备者赐之。

加九锡，基本上就是“预备皇上”，下一步就是篡位了。

9 王莽上奏，尊孝宣皇帝庙号为中宗，孝元皇帝庙号为高宗。再奏请：撤毁宣帝父亲史皇孙的祭庙，撤销南陵（文帝母薄太后陵）、云陵（昭帝母赵太后陵），改为两个普通的县。

太皇太后批准，奏可。

10 王莽自以为向北教化了匈奴，东至海外，向南怀柔了黄支国，唯有西方还没有动静，于是派中郎将平宪等人带了大量金币去贿赂塞外羌族，让他们献出土地，自愿归附。

平宪等人上奏说：“西羌诸部落首领良愿等人，一共一万两千人，愿为汉朝内臣。献上鲜水海、允谷、盐池，水草肥美的土地，都送给汉民，他们自愿搬走，居住在险阻之处，作为藩蔽，守边保卫！臣询问良愿，为什么要这样投降呢？他说：‘太皇太后圣明，安汉公至仁，天下太平，五谷成熟，庄稼都长到一丈高，有的一粒粟里面，就长出三粒米！

有的地方没有种粮食，它自己就长出粮食来，有的蚕不吃桑叶，自己结茧成丝。甘露从天而降，醴泉从地而出，凤凰来仪，神雀降集，从安汉公辅政这四年以来，羌人无所疾苦，所以都想归附。’所以，应该给他们安排土地，设置属国保护他们。”

事情交给王莽处置。王莽上奏说：“如今已经有东海郡、南海郡、北海郡，请接受良愿等投降的土地，设置为西海郡。分天下为十二州，和古制相同。”

太皇太后批准。冬，设置西海郡。又增加法令五十条，犯者流放到西海，成千上万的人被驱赶到西海，百姓这就开始怨恨了。

11 梁王刘立，因为与卫氏交通，被废去王位，迁徙到南郑，自杀。

12 将京师分割为“前辉光”“后丞烈”两个郡。又更改公卿、大夫、八十一种官称及位次等级，又更改十二州的州名和地界。各郡各国，哪个县归哪个郡，哪个国、哪个县撤销，哪个县新建立，改来改去，天下多生事端，官吏们都记不下来。

【华杉讲透】

男人永远都有男孩心态，什么都是他的玩具，一旦玩具到手，他就要捯饬捯饬，捯饬成自己喜欢的样子。路易十四说了，什么是国家？“朕即国家！”无论是主政一个城市，还是主政一个国家，都是这大男孩的大玩具，他要把这儿收拾收拾，那儿改动改动，调整到“自己看上去很美”，获得满足愉悦。王莽权力稳固后，就开始玩儿了，改官名和重新划分郡县，这是他的游戏，也是建立新朝的准备，和过去都不一样。可是治黄河他怎么不干呢？因为那不好玩儿！

后世的篡位者武则天，也有一套改官名的把戏。

企业家也一样，有时候这企业就是他的玩具，他也是把企业像乐高玩具一样，拆开来，装上去，左看看，右捅捅，乐此不疲。等突然发现玩坏了，哎哟！赶紧调整回去！

元始五年（乙丑，公元5年）

1 春，正月，皇上在明堂举行祭祀，祭庙被撤毁的先祖，都与高祖合并一起祭祀，诸侯王二十八人，列侯一百二十人，宗室子弟九百余人，都被征召来助祭。祭礼完毕，助祭的人都得到增加封邑、赐爵、赏赐金帛、增加俸禄、补缺任官等不同等级的封赏。

2 安汉公又奏请恢复长安南、北郊郊祀。三十余年间，祭祀天地之礼，变更了五次。（成帝建始元年撤销甘泉祭天、汾阴祭地，改为长安南郊祭天、北郊祭地。永始三年，恢复为甘泉、汾阴。成帝崩，皇太后下诏恢复长安南、北郊。哀帝建平三年，再改回甘泉、汾阴。如今第五次变更，恢复南、北郊。）

3 皇上下诏说："宗室子弟从汉朝建国以来，已经有十余万人，各郡国应各自设置宗师（掌管宗师子弟教导的官员），负责教育训导，不要犯错犯罪。"

4 夏，四月初一，博山简烈侯孔光薨，赠赐、葬送极为丰厚，送葬的车子有一万多辆。朝廷任命马宫为太师。

5 全国官吏百姓因为王莽不接受新野采邑而上书请愿的，前后有四十八万七千五百七十二人，诸侯王公、列侯、宗室子弟，都叩头说："应该赶快加赏于安汉公。"于是王莽上书说："诸臣民所上奏章并交下来讨论的事，请搁置勿议，让我能够全心全意完成制作礼乐的工作，事成之后，愿退休回家，为贤者让位。"甄邯等人向太皇太后汇报。太皇太后下诏说："您每次觐见，都流涕叩头说，坚决不接受封赏，如果加以赏赐，你就辞职。如今礼乐制度尚未完成，事情都需要你决定，所以暂且听你的，让你专心工作。大事完成之后，大家汇报上来，再讨论之前的封赏建议。但是，关于九锡的礼仪，赶紧奏报上来！"

五月，策命为安汉公加九锡。王莽稽首再拜，接受绿韨，衮冕、衣裳、玚琫、玚珌、句履、鸾路、乘马，龙旂九旒，皮弁、素积，戎路，彤弓矢、卢弓矢，左建朱钺，右建金戚，甲、胄一具，秬鬯二卣，圭瓒二，九命青玉珪二，朱户，纳陛，设置宗官、祝官、卜官、史官，虎贲卫士三百人。

【柏杨曰】

绿韨，遮蔽膝盖用的彩绸。衮冕，龙帽。衣裳，龙袍。玚琫，刀柄装饰碧玉的佩刀。玚珌，刀鞘装饰碧玉的佩刀。句履，鞋尖上翘的御鞋。鸾路，皇帝专用的御车。乘马，四匹骏马。龙旂九旒，有九个尾梢的龙旗。皮弁，皮帽。素积，白袍。戎路，作战指挥车。乘马，四匹骏马。彤弓矢，红色弓箭。卢弓矢，黑色弓箭。左建朱钺，大门外左边树立赤色巨斧。右建金戚，右边树立金色巨斧。甲、胄一具，铠甲、头盔各一具。秬鬯二卣，美酒两坛。圭瓒二，碧玉酒壶两个。九命青玉珪二，作为最高官位（**九命**）信物的青色玉珪两个。朱户，纳陛，特准朱红色大门和台阶。宗官，宗族官。祝官，祭祀官。卜官，占卜官。史官，天文官。虎贲，武装卫士。

王莽接受的东西，超过九锡太多。九锡已不能做机械解释，王莽所拟定的这项制度，也并不完全跟古代相符。然后，用和平手段转移政权时，只要通过“九锡”这一关，就大局已定。

6 之前派出去全国观览风俗的王恽等八人回到京师，说天下风俗混一相同，又假造郡国歌谣，歌颂王莽功德，一共三万字之多。闰四月初四，皇上下诏命羲和（柏杨注：首席部长）刘歆等四人修建明堂、辟雍（大学），使长安城与周文王筑灵台、周公建洛邑的规划配置相符。太仆王恽等八人巡行观览风俗，宣明德化，让天下风俗统一，刘歆等四人皆被封为列侯。

当时广平国丞相班稚唯独不呈进祥瑞和歌谣，琅琊太守公孙闳在官府说灾害。甄丰派遣下属分别驱驰到两地，讽喻吏民（赶紧呈上祥瑞歌谣，不许说有什么灾害），然后上书弹劾说："公孙闳捏造不祥之事，班稚阻绝祥瑞歌谣上呈之路，嫉妒损害圣明的政治，都属于'不道'之罪！"班稚，是班婕妤的弟弟。太后说："不宣传圣德民德之美，应该和宣称有灾害的人区别对待。况且班稚是后宫贤德的班婕妤的家人，我对她十分哀悯。"于是公孙闳下狱，伏诛。班稚恐惧，上书陈恩谢罪，愿意归还相印，到长安延陵（成帝陵墓），做一个守陵的园郎，太后批准。

【华杉讲透】

去年派王恽等八人去全国"观览风俗"，今年见到了王莽此举的目的，就是那三万字的全国各地歌颂他的民谣。而这八人，仅仅凭着自己的无耻，轻而易举就得到封侯的奖赏。

当王莽要求全国歌颂的时候，没有人有沉默的权利。班稚沉默，甄丰马上就派人飞驰而去，紧急处理。因为他知道很多人都不愿意歌颂，一旦沉默者不被惩罚，就会一片沉默，就没有篡位称帝的气氛了。沉默都是罪行，谈论灾害，传递坏消息，就更是死罪了。琅琊太守公孙闳在自己官衙谈论灾害，这本来是他的职责，因为有灾害就要负责救灾，但在这时却因此丢了性命。这一方面是当时的形势所不允许，另一方面是他自己的属下中有告密者。可见王莽要什么，全天下都知道，小人就会告密领赏。

7 王莽又上奏，制定新的制度，宣称要实现市场上童叟无欺，货真价实，不讨价还价，官衙里没有诉讼案件，城邑没有盗贼，田野没有饥民，道路上遗失的东西没人捡，男女走路都分开不混杂在一起。天下风俗如此之美，刑罚就不需要了。如果有犯罪的，就处以"象刑"。

【华杉讲透】

象刑是尧舜时期的象征性刑罚，对犯罪者仅处罚穿上特别的衣服，以示耻辱，表示一片祥和，无人犯罪。王莽之举，当然不能当真，公孙闳人头刚刚落地，他不会对公孙闳处以象刑。

8 王莽又上奏说："共王母（傅太后）、丁姬，之前不守臣妾之道，坟墓竟然和元帝的坟一样高，而且身怀帝太后、皇太后的玺绶下葬，请掘开共王母及丁姬坟墓，收缴玺绶，将共王母迁回定陶，葬在共王墓园。"太皇太后认为这是已经过去的事，不必再去挖她的坟墓。王莽力争，太皇太后下诏就以之前的棺木抬出来改葬。王莽又上奏说："共王母和丁姬的棺材都是名贵的梓木制成，并身着珠玉之衣，不是藩国臣妾应该享有的。请将她们改为普通棺材，除去珠玉之衣，将丁姬葬在从嫁女子墓旁。"太皇太后批准了王莽的意见。

在位的公卿大夫都迎合王莽意旨，进献钱帛，派遣子弟及诸生，以及四方邻国旅居京师的人士，一共十余万人，拿着工具，协助工程部门挖掘共王母、丁姬坟墓，二十天左右，全部铲平。王莽又在周围种上一圈荆棘，以警戒后世。又撤毁共王庙，当初提议修建的泠褒、段犹等人，都被流放到合浦。

征召师丹到公车（掌管天下上事及征召等事宜的官署，上书征召都经由此处受理），赐爵为关内侯，恢复他过去的封地。过了几个月，又加封师丹为义阳侯（当初泠褒、段犹等提议修建共王庙时，师丹为大司空，因反对而被免职，并撤销爵位）。又过了一个多月，师丹逝世。

当初，哀帝的时候，马宫为光禄勋（宫殿门户的宿卫，总领宫内事务），与丞相、御史一起议定傅太后谥号为孝元傅皇后，如今王莽清算诛杀当初提议的人，马宫因为与王莽亲厚，唯独没有牵连到他。马宫自己羞惭恐惧，上书说："臣之前参与议定共王母谥号，为了迎合上意，违背经典，假借邪说，以迷惑误导主上，这是我的不忠。幸而得到洗心革面的机会，但是，也实在没脸再列位于朝廷，也无心任职于官府，也不宜再享有封国食邑。我自愿缴还太师、大司徒、扶德侯印绶，为贤者让路。"

八月二十日，王莽以太皇太后名义下诏给马宫说："四辅之职，是为国家维护纲纪；三公之任，是承托君王的鼎足；不能旗帜鲜明地固守原则，就不宜再居于此位。你的话一片至诚，不为自己掩饰过失，朕十分敬重！现在，仍保留你的爵位和封邑，把太师、大司徒印绶交给使者，以侯爵身份回家吧！”

9 王莽认为皇后有多子之象（本年十四岁，开始有月经），于是开凿子午道（子为北方，午为南方，子午道打通南北，也打通阴阳之道，协助皇后多子多福），从杜陵横穿南山（秦岭），直到汉中。

10 泉陵侯刘庆上书说：“当年周成王幼小，周公摄政，如今皇帝尚未成年，应该令安汉公行使天子职权，如周公故事。”群臣都说：“应该按刘庆说的办！”

11 当时皇帝渐渐长大，因为母亲卫后不能来京以及卫氏家族被屠杀的缘故，对王莽怨恨不悦。冬，十二月，王莽趁着腊日大祭献椒酒的时候，在酒中下毒，皇帝中毒病发。王莽撰写祷文，请命于泰畤，向天神请求愿意用自己的生命去换回皇上的健康，将请命的策书锁入金縢（收藏书契的柜子），藏于前殿，并下令知道此事的官员不得泄露（这也是模仿周公，当年成王生病，周公也祈祷愿意替成王而死，并将向天神请命的策书藏于金縢）。

十二月丙午日（十二月无此日），皇帝崩于未央宫。大赦天下。王莽下令六百石以上官吏都服丧三年。又上奏太皇太后，尊成帝为统宗，平帝为元宗。收殓孝平皇帝，加元服（皇帝尚未成年，还未加元服），葬于康陵。

【班固曰】

孝平皇帝之世，政事都由王莽决定，褒扬善行，彰显功德，以展示他自己的尊贵盛大。看他留下那些文辞，方外百蛮，无不心悦诚服，祥瑞纷起，颂声并作。但事实上，天变于上，民怨于下，种种暗流涌动，王莽也无法掩饰。

12 任命长乐少府平晏为大司徒。

13 太皇太后与群臣商议立嗣。当时元帝已经绝后。而宣帝的曾孙在世的，还有五位亲王，四十八位列侯。王莽厌恶他们都已经成年，说："兄弟之间不能相互继承。"于是，把宣帝的玄孙（四世孙）辈全部召到京师，准备从中选立。

就在本月（十二月），前任辉光谢嚣上奏说，武功县令孟通在挖掘水井的时候，挖到一块白石头，上圆下方，上面有红色的字迹："告安汉公莽为皇帝。"符命运动，就此发动。

王莽指使三公一起向太皇太后汇报，太皇太后说："这种欺骗天下的伎俩，不可施行！"太保王舜对太皇太后说："事已至此，无可奈何！我们没有力量阻止。王莽也不敢有非分之想，只是要求一个摄政的名义，加重权力，镇服天下而已。"太皇太后心中明白不能这样做，但是已无力制止，于是听许。王舜等当即让太皇太后下诏说："孝平皇帝短命而崩，已经派有司征召孝宣皇帝玄孙二十三人，从中选拔合适的，做孝平皇帝的后嗣。玄孙们都还在襁褓之中，没有至德的君子，如何能保护新君呢？安汉公王莽，辅政三世，与周公时代不同，但事迹相符，如今前辉光谢嚣、武功县令孟通，上书说丹石之符，朕深思其中的含义，石头上丹书说'为皇帝'，就是摄政行皇帝之事的意思吧！现在，就令安汉公摄行皇帝事，就像当年周公一样，请大臣们商议具体礼仪，上奏给我。"

于是群臣上奏说："太皇太后圣德昭然，深见天意，诏令安汉公居摄政之位。臣等请安汉公践祚（登主阶、主位、皇帝位），穿着天子冠帽服装，背靠画着斧纹的屏风，立于门和窗之间，南面接受群臣朝拜，听取政事。出入宫廷，一律警戒，民臣向他自称臣妾，都如天子之制。主持郊祀天地，宗祀明堂，享祭群神，祭祝致辞时，自称'假皇帝'（代理皇帝），而臣民们称呼他为'摄皇帝'，自称'予'。决策国事，如同皇帝诏书，称为'制'，以奉顺皇天之心，辅翼汉室，保护孝平皇帝的幼嗣，以符合寄以天下，托以幼孤之义，隆重其治国平天下之教化。但'假皇帝'在朝见太皇太后（王政君）、帝皇后（平帝皇后，王莽的女儿）时，还是回到臣子之礼节。安汉公原来的家宅，就改为施政的宫殿。封国依旧，另划武功县为采邑。其他礼仪，仿效诸侯王惯例。”

太皇太后下诏说：“可。”

王莽上

居摄元年（丙寅，公元6年）

【胡三省曰】

王莽摄政，改元为居摄。

1 春，正月，王莽祭祀上帝于南郊，又举行迎春、大射、养老等仪式。

2 三月初一，立宣帝玄孙刘婴为皇太子，号称“孺子”。（当初周公辅佐成王，管叔、蔡叔散布流言说：“公将不利于孺子。”王莽将皇太子号为孺子，好让他继续处处模仿周公。）刘婴是广戚侯刘显的儿子，年仅二岁，王莽谎称是卜卦及相面最吉利，所以立他。尊皇后为皇太后。

3 以王舜为太傅（上三公之一）、左辅（四辅之一，四辅为：前疑、右弼、左辅、后承），甄丰为太阿（即阿衡）、右拂（就是右弼），甄邯为太保（上三公之一）、后承。又设置“四少”官职（少师、少傅、少阿、少保），俸禄级别都是二千石。

4 四月，安众侯刘崇与封国丞相张绍密谋说：“安汉公必危刘氏，天下人都反对他，但是没有一个人敢先举事，这是皇族之耻，我身为皇族，率先发动，海内一定响应。”于是张绍等人和一百多个随从进攻宛城，攻不进而失败。

张绍的堂弟张竦与刘崇的叔父刘嘉到宫门前自首，王莽赦免他们无罪。于是张竦替刘嘉撰写奏章，称颂王莽德美，历数刘崇罪状，说：“我愿为皇族表率，父子兄弟一起，拿着竹筐和铁锹，驰奔南阳，依照古代制度，将刘崇宫室铲平，变为蓄水的污池（上古时代，诸侯国君叛变，诛杀后，就撤毁他的宫室，并用水淹没）；刘崇家族的祭庙，也跟殷商亳社一样处置，祭器分赐诸侯（武王灭商时，撤毁商朝祭庙，并将祭器分赐给其他诸侯，断绝商朝先祖之灵和活着的子孙之间的沟通），作为永远的警戒！”

于是王莽大悦，封刘嘉为率礼侯，刘嘉的七个儿子都赐爵关内侯。之后又封张竦为淑德侯。于是长安人都说：“欲求封，过张伯松（张竦，字伯松）。力战斗，不如巧为奏。”从此之后，凡是谋反案，案犯家宅都灌为污水池。

群臣又上奏说：“刘崇等谋逆，都是因为王莽权轻的缘故，应该对王莽尊崇加重，以镇服海内。”

五月十七日，太皇太后下诏，以后王莽朝见太皇太后时自称“假皇帝”。

5 冬，十月初一，发生日食。

6 十二月，群臣上奏，以安汉公休息处为“摄省”，办公处为“摄殿”，宅第为“摄宫”。奏书得到批准。

7 这一年，西羌部落酋长庞恬、傅幡等人怨恨王莽夺了他们的土地（设置西海郡），于是攻击西海太守程永，程永逃跑。王莽诛杀了程永，派遣护羌校尉窦况出击西羌。

居摄二年（丁卯，公元7年）

1 春，窦况等击破西羌。

2 五月，铸造发行新货币，错刀，一个值五千钱；契刀，一个值五百钱；大钱，一个值五十钱；与五铢钱同时流通。民间很多人盗铸。王莽下令，列侯以下不得私藏黄金，所有黄金都要上缴到御府，由御府兑换新钱。但是，上交黄金的人，并没有得到价款。

3 东郡太守翟义，是前宰相翟方进之子，与姐姐的儿子、上蔡人陈丰密谋说："新都侯摄天子位，号令天下，故意选择宗室幼儿，称为'孺子'，假托周公辅成王之义，来试探观望天下人心，最终必将篡汉，迹象已十分明显。如今宗室衰弱，外面也没有强大的藩国，天下人只能低头服从，没有人能拯救国难。我幸得为宰相之子，身守大郡，父子都蒙受汉室厚恩，义当为国讨贼，以安社稷。我欲举兵向西，诛杀不当摄政之人，选宗室子孙，辅而立之。就算是时命不成，犹可身埋而名立，无愧于先帝。如今，我将发兵，你肯跟从我吗？"

陈丰时年十八岁，勇猛强壮，一口答应。翟义于是与东郡都尉刘宇、严乡侯刘信、刘信的弟弟武平侯刘璜结盟，在九月都试（汉代各郡中每年举行一次的军事演习）时斩杀观县县令，控制了他的车马、武卒，又招募郡中勇敢之士，部属将帅。刘信的儿子当时为东平王，于是联合东平国兵马，立刘信为天子。翟义自号为大司马、柱天大将军，檄文通告各郡国，说："王莽毒杀孝平皇帝，摄天子位，欲绝汉室。今天子已立，共行天罚！"郡国震动。大军到了山阳，人数已经有十余万之多。

【华杉讲透】

翟义糊涂，一发动，就已经败了。败在哪里呢？败在立刘信为天子。王莽将要篡汉，天下人都知道，都不服，翟义本来有很大的机会成功。但是，对于王莽必须下台，大家都同意，至于立刘信当皇帝，大家就不能同意了。特别是一开始就立了天子，别人就没机会了，就不是天下人的事业，而是刘信的事业了，别人再去跟从就已经晚了，首义之人已经把胜利果实分完了。

既然是匡扶汉室，那传檄天下就应该仅仅是号召讨伐王莽而已，诛王莽之后，愿解甲归田，于宗室子弟中，选贤德而年长者立之，这样才能激励所有人参与。至于最后谁做皇上，打到最后才知道。一起兵就称帝，没有比这更愚蠢的了。

对王莽的罪名，也不能只有毒杀孝平皇帝一条，还要加上“胁迫太皇太后”，这样也可打击王莽以太皇太后名义动员的合法性。

孔子说：“名不正则言不顺，言不顺则事不成。”翟义没有做好先正名这一步，就成了先烈。

王莽听到消息，惊惶恐惧，饭都吃不下。太皇太后对左右的人说：“人心都差不多，我虽然是一个妇人，也知道王莽一定以此自危。”王莽于是出动他的党羽和亲族，拜轻车将军、成武侯孙建为奋武将军，光禄勋、成都侯王邑为虎牙将军，明义侯王骏为强弩将军，春王城门校尉（春王门，汉长安城宣平门，王莽时改名春王门）王况为震威将军，宗伯（掌管宗室之事，本名宗正，王莽改回西周时期官名）、忠孝侯刘宏为奋卫将军，中少府（长乐宫少府）、建威侯王昌为中坚将军，中郎将、震羌侯窦况为奋威将军，一共七人，各自选择关西人为校尉、军吏，率领关东甲卒，征发奔命（若有急难，权取骁勇者闻命奔赴，故谓之“奔命”）迎击翟义。（军官只用关西人，是担心关东人临阵倒戈。）又以太仆武让为积弩将军，屯驻函谷关，将作大匠、蒙乡侯逯并为横野将军，屯驻武关，羲和、红休侯刘歆为扬武将军，屯驻宛县。

三辅地区（长安京畿地区的三个行政区：京兆、左冯翊、右扶风）听闻翟义起兵，从茂陵以西到汧县二十三个县，盗贼并发。槐里男子赵朋、霍鸿等人自称将军，攻烧官府，杀右辅都尉（右扶风都尉，三辅都尉之一）及盩厔县令，两人谋划说：“诸将精兵都向东去了，京师空虚，可攻长安！”此时，二人部众已有十余万人，沿途放火，未央宫前殿都可以看见火光。王莽又拜卫尉（九卿之一，为统率卫士守卫宫禁之官）王级为虎贲将军，大鸿胪（掌管藩属事务）、望乡侯阎迁为折冲将军，西击赵朋。以常乡侯王恽为车骑将军，屯驻平乐馆。骑都尉（统领骑兵的武官）王晏为建威将军，屯驻城北。城门校尉赵恢为城门将军，都勒兵戒备。以太保、后承、承阳侯甄邯为大将军，在高庙接受斧钺（象征最高军权，可专断诛杀），总领天下兵马，左边执持天子符节，右边把着斧钺，屯驻长安城外。王舜、甄丰昼夜在皇宫中警戒巡逻。

王莽每天抱着孺子，在郊庙祈祷，会见群臣，说："当年成王年幼，周公辅政，而管叔、蔡叔裹挟纣王之子禄父反叛。如今翟义也裹挟刘信作乱。自古大圣人也害怕这样的事情，何况我王莽这样渺小之人！"群臣都说："不遭遇这样的变故，不能彰显您的圣德！"十月十五日，王莽模仿《尚书·大诰》，也写一篇《大诰》（管蔡叛乱时，周公写了一篇《大诰》，晓谕天下，王莽也模仿他），说："当反书上闻之日，皇族宗室见在者，有四百人，民之表率贤达，有九万人，我依靠这些宗室之俊秀和民间贤达，共谋国事，终成继嗣之功。"又派遣大夫桓谭等，巡行全国，晓谕天下，表明将来还政于孺子的决心。

诸将东至陈留郡菑县，与翟义会战，破之，斩下刘璜首级。王莽大喜，下诏先封车骑都尉孙贤等五十五人皆为列侯，就在军营中拜受。又大赦天下。于是吏士精锐再将翟义包围在圉城，十二月，大破之。翟义与刘信弃军逃亡，逃到固始县界，翟义被捕，押解到陈县，五马分尸，在街市公开处决示众。未能抓到刘信，他从此不知所终。

始初元年（戊辰，公元8年）

1 春，发生地震，大赦天下。

2 王邑等人回到京师，与王级等人合击赵朋、霍鸿。二月，赵朋等人被歼灭，诸县全部平定。大军凯旋，王莽置酒白虎殿，劳军赏赐将帅，下诏让陈崇核定军功，第其高下，依照周朝制度，分五个等级爵位，封功臣为侯爵、伯爵、子爵、男爵，一共三百九十五人。赞美他们的功勋说："皆以奋怒，东指西击，羌寇、蛮盗、反虏、逆贼，转眼之间，应时殄灭，天下咸服。"其他应该赐爵为关内侯的，改名为"附城"（也是复古的名称，就是附庸，古代指附属于大国的小国），又封了数百人。

王莽下令，发掘在汝南的翟义父亲翟方进及先祖坟墓，将棺材灵柩烧毁，夷灭三族，连婴幼儿也不能免死。屠杀之后，将男女老幼全部埋进一个大坑，用荆棘和五毒（蜈蚣、毒蛇、蝎子、马蜂和蟾蜍）羼杂一起埋葬。又取翟义、赵朋、霍鸿党众的尸体，堆聚在道路旁，分别在濮阳、无盐、圉、槐里、盩厔五个地方（翟义首先在濮阳起事，在无盐集结，在圉城被灭。赵朋根据地在槐里。霍鸿根据地在盩厔），尸堆上竖起一块木牌，上书："反虏逆贼鲸鲵（大鱼为害者，比喻敌人之勇桀者，男的叫鲸，女的叫鲵）。"

翟义等人既然已败，王莽于是自以为威德日盛，开始谋划真当皇帝的事了。

3 群臣上奏：进封摄皇帝王莽的儿子王安、王临为公爵，封王莽哥哥的儿子王光为衍功侯。当时，王莽将他的封国新都国交回（因为做了摄皇帝，不是新都侯了，所以交回封国）。群臣于是上奏封王莽的孙子王宗为新都侯（王宗是王宇的儿子，王宇是王莽长子，之前因交通卫氏被王莽所杀）。

4 王莽的母亲功显君死。王莽认为自己是摄皇帝，居天子大位，承奉汉室大宗，不是母亲的儿子了，只能穿缌缞（粗疏的细麻布丧服，五服中最轻的一种，为远亲服丧所用），加麻环绖（用麻绕成环状，戴在头上）如同天子哀悼诸侯国君时的丧服，到灵堂吊祭一次，巡视两次，而让新都侯王宗为丧主，服丧三年。

【华杉讲透】

大凡小宗继承大宗为天子，总想要突出自己的亲生父母，历朝历代，经常因此闹出政治风波。王莽则相反，他根本就不姓刘，却硬要自称“奉汉大宗之后”，自己亲生母亲都不认了。

5 司威（掌督察）陈崇上奏：王莽哥哥的儿子、衍功侯王光，私自委托执金吾（掌京师治安）窦况，让窦况帮他杀人。窦况接受王光请托，将那人逮捕，判刑处死。王莽大怒，严厉地责备王光。王光的母亲对王光说：“你自以为与长孙、中孙相比如何？”长孙，中孙，分别是王宇、王获的字号。于是母子都自杀，窦况也获罪而死。

当初，王莽以事奉母亲，奉养寡嫂，抚养侄儿而获得名誉，其后又舍弃骨肉至亲，来显示他的公义。王光死后，王莽命王光的儿子王嘉嗣爵为侯。

6 这一年，广饶侯刘京汇报说齐郡忽然冒出一口新井，车骑将军属下千人（武官职位）扈云说巴郡发现一头石牛，太保属员臧鸿说右扶风境内雍县发现奇石。王莽统统迎受。十一月二十一日，王莽上奏太皇太后说：

“陛下正处在汉朝传承十二世之际，遭遇三七厄运（三七二百一十年，如今汉朝建政二百一十四年），下诏让我居于摄皇帝之位。广饶侯刘京上书说，七月中，齐郡临淄县昌兴亭长辛当，一晚做了几次梦，听见有声音说：‘我是天公的使者。天公让我告诉亭长，摄皇帝应该做真皇帝。如果你不信我的话，去看一看，你亭中会出现一口新井。’亭长早上起来巡视，果然在亭中发现一口新井，深达百尺。

“十一月初九，正是冬至，巴郡发现石牛，十五日，雍县又发现有字的石头，都已经运到未央宫前殿。臣与太保、安阳侯王舜前往视察，忽然刮起大风，尘土飞扬，天昏地暗，风停下之后，看见一块铜牌和一段有图文的绸缎，上面写着：‘天告帝符，献者封侯。’骑都尉崔发等人在现场，看见这句话并念出来。

“孔子说：‘畏天命，畏大人，畏圣人之言。’臣王莽不敢不遵从上天的命令！请允许我共同祭祀神祇、宗庙，奏言太皇太后、孝平皇后，都自称‘假皇帝’，号令天下，或臣民奏事时，去掉摄皇帝的‘摄’字，以居摄三年为始初元年，计时的漏刻，改为一百二十度，以顺应天命。臣王莽夙夜养育成就孺子，让他长大之后，品德能与周成王媲美，宣明太皇太后威德于四方，让天下富足而教化。等到孺子成年，加元服之后，我再将政权奉还，就像周公当年一样！”

太皇太后批准了。

全国百姓都看出王莽的目的，在于宣示他已经接受上天的符命，授意高级官员们再发动新一轮拥护的上奏，去掉假皇帝的“假”字，做真皇帝罢了。

【华杉讲透】

王莽奏书上引用了《论语》里孔子的话：

> 孔子曰：“君子有三畏：畏天命，畏大人，畏圣人之言。小人不知天命而不畏也，狎大人，侮圣人之言。”

畏，是敬畏。天命，是天所赋予人的义理。大人，是有德有位之人。圣人之言，是书上记载的圣人的话，比如这《论语》里孔子的话。狎，是亵狎。侮，是戏耍。

孔子说，君子小人之不同，就在敬畏和放肆之间，君子有三个敬畏：

第一敬畏，是敬畏天赋之正理，也叫作天命。君子一举一动都戒慎恐惧，如同举头三尺有神明，不敢造次。

第二敬畏，是敬畏有德有位的大人。因为他是能全尽天理之人，君子尊崇其德，尊崇其位，致敬敬礼，不敢怠慢。

第三敬畏，是书上记载的圣人之言。君子懂得那句句都是深刻的大道理，都是修身、齐家、治国、平天下的真功夫，君子佩服其教导，反复诵读，心向往之，爱慕之，反复琢磨，切己体察，认真践行，不敢稍有违背。

而小人恰恰相反，君子敬畏的，都是他藐视的。

对天理，小人冥顽无知，他不知道天理为何物，恣情纵欲，无所不为，他哪里知道天理之可畏？不说别的，就简单说一个交通规则，为什么那么多人都不守交通规则，敢在高速公路上倒车，更有甚者，还有掉头在高速公路快车道上逆行的，为什么？因为他不害怕。

王莽引用这段话，真是绝妙讽刺，因为他的引用，正是小人之举。不知天命而不畏，他自己就是不害怕，啥都敢干。狎大人呢，他狎弄太皇太后。侮圣人之言呢，他侮辱了孔子的话。

读书当知行合一，王莽熟读儒家经典，却没有一个字照做的，无论于国于家于己，他连一丁点儒家的价值观都没有。这种情况非常普遍，很多人熟悉圣人的话，但从来没有当真，从来没有放自己身上想过，都是用来说别人，服务于自己的目的。

7 期门郎张充等六人合谋劫持王莽，立楚王刘纡为帝。事情被发觉，六人全被诛杀。

8 梓潼人哀章在长安求学，一向没有德行，喜欢说大话，见王莽代居天子之位，就做了一个铜匮，里面放了两张书简，一张写着“天帝行玺金匮图”，另一张写着“赤帝玺刘邦传予皇帝金策书”，策书上说王莽为真天子，太皇太后当遵守天命。策书上又画着王莽的大臣八人，再增添王兴、王盛、哀章，并把自己的名字加上去，一共十一人，都写上官职爵位，为王莽辅佐。哀章知道了王莽对齐郡新井、巴郡石牛的处理意见，即日黄昏，穿着黄衣，拿着铜匮，直奔高庙，将铜匮献给高庙仆射。仆射汇报上去。

十一月二十五日，王莽亲自到高庙，拜受金匮神禅（意思是有禅命，令汉禅位于王莽），戴上王冠，谒见太皇太后，然后回到未央宫前殿，下书说：

“我以无德，但幸而为皇初祖考黄帝后代，也是皇始祖考虞帝

（舜）的苗裔，以及太皇太后的亲属。皇天大帝隆显他对我的保佑，命令我继承大统，赐下符契、图文、金匮策书，神明昭告，将天下兆民托付于我。赤帝、汉朝高皇帝之灵，也承天命，向我传下金策之书。我十分敬畏，怎敢不接受！兹定于十二月初一，御皇冠，即真天子位，改国号为新（以新都国定国号），改正朔（历法），改变服装颜色，改变祭祀牺牲，改变国旗及器物规制，以十二月初一为每年元旦，明年定为“始建国元年”，以丑时为一天的开始，服装颜色定为黄色，祭祀牺牲用白色，使节的旗幡都用纯黄，上书‘新使五威节’，以承皇天上帝之威命！”

王莽即将继位真皇帝，先奉上诸符瑞向太皇太后汇报，太皇太后大惊。当时因为孺子还没有即位，皇帝玺绶都在太皇太后的长乐宫。等到王莽即位，找太皇太后要国玺，太皇太后不肯给。王莽派安阳侯王舜来取。王舜一向谨慎，太皇太后非常信任他。王舜见了太皇太后，太皇太后知道他是来为王莽索取国玺的，怒骂道：“你们父子宗族，蒙汉家厚恩，富贵累世，既无以为报，受人托孤之任，反而乘便利夺取其国，不顾恩义。做人如此，猪狗都不待见他！天下人还容得下你们兄弟吗？况且你自己搞些金匮符命来称帝，要改历法，改服装规制，那你自己刻一个国玺，传你自己的国吧！何必要用这亡国之玺呢？还来找我要！我汉家老寡妇，早晚就要死，我要这玺和我一起下葬，绝不给你！”

太皇太后涕泣而言，左右的人都垂涕，王舜也悲伤不能自已，过了很久，王舜说：“臣也无话可说，王莽对国玺势在必得，太皇太后难道能不给他吗？”太皇太后听到王舜言辞恳切，担心王莽胁迫，于是将汉朝传国玉玺拿出来，扔在地上给王舜，说：“我年老将死，看不到了，但是也知道你们兄弟将被全族屠灭！”

王舜得了国玺，上奏给王莽。王莽大悦，为太皇太后在未央宫渐台摆设酒宴，众人一片欢腾。

王莽又想改太皇太后汉家旧号和玺绶，怕她不接受。王莽的远亲王谏想要谄媚巴结王莽，上书说：“皇天废汉而立新，太皇太后不宜再称尊号，应该随着汉室之废而废去，以奉天命。”王莽将王谏的奏书给太皇太后看，太皇太后（愤激）说：“这话说得对！”王莽（见情形不对），顺着说：“这是悖德之臣，其罪当诛！”于是，冠军人张永献上符命铜壁，上面写着，太皇太后当为新室文母太皇太后。王莽于是下诏，听从天命。于是鸩杀王谏，封张永为贡符子。

【班彪曰】

三代以来，王者失去政权，很少不是因为女宠的缘故。王莽的兴起，也是如此。王政君从孝元皇后开始，历四世而为天下之母，享国六十余年，家族群小，世代把持政权，掌握国柄，先后五位大将、十位侯爵，最终造成王莽篡汉，建立新朝。天子大位已经归了王莽，王政君这时反倒握着一颗御玺不肯给，真是妇人之仁也，悲夫！

【华杉讲透】

只要上面有想法，下面就不缺创意。哀章的政治赌注，真是太有想象力了，胆大包天，真把天都包了。一个拙劣的“假古董”，给王莽骗取天下射了临门一脚，他竟把官爵都帮王莽分配完了，还把自己名字写进去，暴得富贵。这种伎俩，现在也不少，比如行业里评“十大某某企业”，就是一些“哀章公司”搞的，找几家众望所归的知名公司，搞一个名单，然后把自己的名字塞进去。但他们所得的酬报，跟哀章比就差得太远了。

王谏也想搞政治投机，但是姿势不对，只换得一杯毒酒。张永前赴后继，封了子爵。

小人无所顾忌，成败全看运气。王莽和他们是一路货色，最后运气也不好。王莽倒台的时候，哀章的好运也就到头了。

卷第三十七 汉纪二十九

（公元9年—公元14年，共6年）

主要历史事件

主要学习点

王莽中

始建国元年（己巳，公元9年）

1 春，正月初一，王莽率公、侯、卿、士，向太皇太后呈奉玺绂（印带），恭请太皇太后顺应符命，去除汉家称号。

当初，王莽娶了已故丞相王䜣的孙子、宜春侯王咸的女儿为妻，现在立为皇后。王氏生子四人，王宇、王获之前被诛杀，王安颇为虚妄荒诞，于是以王临为皇太子，王安为新嘉辟（辟，有国君的意思）。王宇的六个儿子都封公爵，大赦天下。

王莽于是策命孺子为定安公，封万户，地方百里，立汉祖宗之庙于定安国，和周朝后裔一样，允许在定安国内施行汉朝历法和服装颜色。（胡三省注：这些承诺都是空话），以孝平皇后为定安太后。策书宣读完毕，王莽亲自拉着孺子（时年五岁）的手，流涕唏嘘说："当年周公摄政，终于将大位归还原主，而我今天迫于皇天威命，不能如愿啊！"哀叹良久。中傅（胡三省注：汉诸侯王国，有太傅、中傅，中傅在宫中辅导诸侯王，是宦官）将孺子牵下殿来，北面称臣，在旁观礼的文武百官，无不感动。

又按金匮封拜辅臣（就是哀章炮制的那个），以太傅、左辅王舜为太师，封安新公；大司徒平晏为太傅、就新公，少阿、羲和刘歆为国师、嘉新公，广汉郡梓潼人哀章为国将、美新公，以上是四辅，级别为“上公”。

太保、后承甄邯为大司马、承新公，丕进侯王寻为大司徒、章新公，步兵将军王邑为大司空、隆新公，以上为三公。

太阿、右拂、大司空甄丰为更始将军、广新公，京兆王兴为卫将军、奉新公，轻车将军孙建为立国将军、成新公，京兆王盛为前将军、崇新公，以上为四将。

总共十一位公爵，其中王兴本是城门令史（城门校尉属下掌文书的职员），王盛是卖烧饼的（这二人的名字是哀章胡乱填上去的），王莽按符命上的名字认真去找，求得同名这十余人，其中这二人的容貌和卜卦相面的预言相应，于是从布衣直接登用，以示是出于神的命令。

是日，封拜卿大夫、侍中、尚书等官职数百人，刘氏宗室为郡守者全部迁为谏大夫。改明安宫为定安馆，由定安太后居住。以大鸿胪府为定安公第，设立警卫，加以监视，令刘婴的保姆乳娘，不得与他说话。刘婴被软禁在四壁之中，以至于长大之后，牛、马、羊、狗、猪、鸡全都不认识。之后王莽又将自己的孙女——王宇的女儿嫁给他。

王莽策命朝廷各部门各司其职，完全依照古代《尚书》的规定，设置大司马司允、大司徒司直、大司空司若，称为“孤卿”（这是所谓“三孤”，级别与六卿相同，又不在六卿之内，所以称孤卿）。将大司农更名为羲和，后来又更名为纳言；大理（掌司法）更名为作士；太常（掌祭祀）更名为秩宗；大鸿胪（掌藩国事务）更名为典乐；少府（掌宫廷事务）更名为共工；水衡都尉（掌财政）更名为予虞；与三公司卿（就是前面说的大司马司允、大司徒司直、大司空司若）一起，分别归属三公统辖。

再设置二十七位大夫，八十一位元士，分别担任中央各级官职。又将光禄勋等官职改名为六监，都位列上卿。

郡太守改名为大尹；都尉改名为大尉；县令、县长改名为宰；长乐宫改名为常乐室；长安改名为常安；其余百官、宫室、郡县全都改名字，不可胜记。

又封王氏家族，同一祖父的，一律封侯；同一曾祖父的，封伯爵；同一高祖父的，封子爵；同一玄祖父的，封男爵；以上爵爷的女儿们，一律封“任爵”。在封号上，男子以“睦”为号，女子以“隆”为号。

又说：“刘氏诸侯，有的称王，以至四夷藩国也有称王的，不合古制，也伤害一统天下的大义，从现在起，诸侯王一律称‘公’，四夷藩国称王者一律降为‘侯’。”于是刘氏三十二个诸侯王一律降为公爵，一百八十一个侯爵一律降为子爵。其后，又将他们的爵位都剥夺了。

2 王莽又封黄帝、少昊、颛顼、帝喾、尧、舜、夏、商、周以及皋陶、伊尹的后代为公爵、侯爵，让他们各自供奉其祖先祭祀。

3 汉朝承平之业，府库百官之富，百蛮宾服，天下晏然，一朝之间，全都落在王莽手里，但是，他的心意还不满足，觉得汉家制度，格局太小，要扩充放大，于是自称是黄帝、虞舜的后代，一直传到齐王田建的孙子——济北王田安，才失去政权。齐国人称之为“王家”，后来才以王为姓。所以，以黄帝为初祖，舜帝为始祖。追尊陈胡公为陈胡王，田敬仲为田敬王，济北王田安为济北愍王。于是，建立五所祖庙，四座亲庙。天下姚、妫、陈、田、王五个姓氏，都是宗室皇族，世世代代免除赋税差役。又封陈崇、田丰为侯，以承传陈胡王妫满、田敬王田完的香火。

【华杉讲透】

王莽这一段“认祖归宗”，攀附太远，信息量太大，挑主要的解释一下：

舜姓姚，因居于妫水，又姓妫。周武王要封舜的后裔，将妫满封在陈国，奉祀虞舜，这就是陈胡公，因国得姓，为陈姓始祖。王莽追尊他为陈胡王。陈国公子陈完，又叫妫完，因为陈国内乱，逃亡到齐国。古汉语陈、田同音，于是又叫田完，改姓田，这就是田敬仲。田敬仲的八世孙田和篡夺了齐国政权，取代姜太公的子孙成为齐王，史称田氏代齐。济北王田安，是楚汉相争时项羽所封。至于姓田的怎么又姓了王，那就是王莽说的了。

天下州牧、郡守，因为在之前翟义、赵朋作乱的时候，坚守州郡、心怀忠孝，州牧全都封男爵，郡守封为附城。

以汉高庙为文祖庙（文祖是尧的祖先，要禅位于舜。王莽这里也是模仿，意思是刘邦禅位给他），刘氏先帝寝庙在京师的，都不要撤除，祭祀如故。刘氏宗族继续免除赋税差役，直到这一代去世。州牧不断慰问，不要让他们受到侵扰欺负。

4 王莽认为“劉”字由“卯、金、刀”组成，下诏禁止“正月刚卯”（一种辟邪的配饰，正月卯日制作，长方形，长三寸，宽一寸，或用玉，或用金，或用桃木，用皮革带子系佩在身上，其中一面刻着：“正月刚卯”），又禁止流通金刀钱，包括之前的错刀、契刀以及五铢钱，全都废除。重新铸造小钱，直径六分，重一铢，上面有文字——“小钱值一”，和之前的“大钱五十”，两种并行。为了防止百姓盗铸，下令百姓不得挟带铜、炭。

【华杉讲透】

五铢钱是中国古代最成功的钱币，由汉武帝首创，轻重适中，合乎古代的社会经济发展状况与价格水平对货币单位的要求，又制作精美，边郭工整，钱文秀丽，为钱中楷模。因而在汉武帝以后的西汉、东汉、蜀、魏、晋、南齐、梁、陈、北魏、隋均有过铸造，历时长达七百三十九年，是我国历史上铸行数量最多、时间最长、最为成功的长寿钱。

王莽为了反汉，废除五铢钱，把币制改得乱七八糟，也是他财政混乱崩溃的开始。

5 夏，四月，徐乡侯刘快结党数千人起兵于徐乡国，刘快的哥哥刘殷，是之前汉朝的胶东王，此时是扶崇公。刘快举兵攻即墨，刘殷紧闭城门，自投监狱请罪。官吏百姓合力反击，刘快败走，逃到长广而死。王莽赦免了刘殷，增加他的封邑到一万户，地方百里。

6 王莽说："古代一个人有一百亩田，缴纳十分之一的税，国家财政充足，百姓富足而歌颂朝廷。秦朝破坏圣人制度，废除井田制，于是兼并起，贪鄙生，强者划分土地而占有的，以千亩为单位，而弱者无立锥之地。又设置奴婢市场，和牛马同栏，奴婢为小民所制，甚至可以专断其性命，这违背了'天地之性人为贵'的大义。后来，虽然有减轻田租，税收仅三十分之一的制度，但是，经常临时增加，虽老弱疾病，也不能免除。而豪民侵凌，将田地租给无田者耕种，名义上税收是三十分之一，实际上达到十分之五。所以富者狗马都有余粮，骄而为邪；而贫者连糟糠都吃不起，穷而为奸，最后无论贫富，全都成了罪犯，刑法没有一条虚设的，条条都有人犯！

"从今天开始，天下土地一律改称'王田'，奴婢改称'私属'，都不得买卖。一家男丁不超过八人，而拥有田地超过一井（九百亩）的，多余的田地分给九族、邻里、乡党。之前没有田，现在给予分田的，限制标准一样。敢于非议井田圣制，违法惑众的，一律流放边疆，去跟牛鬼蛇神做伴，就像我的皇始祖舜帝当年流放四凶一样！"

7 秋，派遣五威将王奇等十二人，分别前往全国各地，展览符命四十二篇，其中包括品德方面祥瑞五种，符命二十五种，福兆十二种。五威将奉着符命，带着印绶，王侯以下以及官吏更改爵号和官职名称的，以及匈奴、西域、远方蛮夷，都授以新朝印绶，收缴过去的汉朝印绶。大赦天下。

五威将乘着绘有天文星象的车辆，驾着象征大地的六匹母马，背上披着锦鸡的羽毛，服饰雄伟华丽，每一将手下再配置五位帅，将手持天子符节，帅举着旗幡，东到玄菟（今沈阳市东）、乐浪（平壤）、高句丽（吉林集安）、夫馀（大兴安岭以东）；南出边塞之外，经过益州，改句町王为句町侯；西出者至西域，将西域各国国王全部改称侯；北出者至匈奴单于王庭，收缴汉朝印绶，授给单于新朝印信，将汉朝印文更改，去掉“玺”字，改为“章”字（王信称“玺”，侯爵的印信称“章”）。

8 冬季，打雷，桐树开花。

9 以统睦侯陈崇为司命，负责监察上公以下所有官员。又任命说符侯崔发为中城、四关将军，负责首都十二城门及绕霤、羊头、肴黾、汧陇等周边险要关隘防务。两人官衔上都加上“五威”二字。

10 派遣谏大夫五十人分赴各郡国负责铸钱。

11 这一年，真定、常山发生大雨冰雹。

始建国二年（庚午，公元10年）

1 春，二月，赦天下。

2 五威将帅七十二人回到京师，上奏说：汉室诸侯王被降级为公爵的，全部缴还玺绶，愿为平民，没有违抗命令的。唯有前广阳王刘嘉因为进献符命，鲁王刘闵献过神书，中山王刘成都曾上书歌颂王莽的功德，这三人都封为列侯。

【班固曰】

从前，周朝封国，有八百个之多，其中同姓封国五十有余，亲亲贤贤，亲族关系要亲，贤才要得到任用，关系到国家的盛衰，深根固本，不可摇动。所以，国家强盛时，有周公、召公担当治国大任，让刑罚绝迹。国家衰微的时候呢，又有春秋五霸（**齐桓公、宋襄公、晋文公、秦穆公、吴王夫差**）扶弱救危，维持社会秩序，尊周室为天下共主。诸侯虽然强大，也没有人敢倾覆周室。历时八百余年，数极德尽，降为庶人，但是，也安然享以天年（**末代周赧王降秦，降为西周公，居于西周国，得以善终**）。

秦讥笑三代，自号为"皇帝"，而皇帝的子弟，都是平民，如此内无骨肉之亲辅佐，外无宗室藩国辅翼。所以陈胜吴广揭竿而起，刘邦、项羽随后就推翻了秦朝。周朝长到了超过其国运年数（**长达八百六十七年**），而秦朝的，还没达到他的期限，就突然灭亡了，这都是国势使然。

汉兴之初，警觉到秦朝覆亡的原因，于是尊崇皇族子弟，大封九个藩国，从雁门以东到辽阳，为燕国、代国；常山以南，从太行山向东，越过黄河、济水，一直到海边，为齐国、赵国；縠水、泗水之南，龟山、蒙山一带，为梁国、楚国；东边沿着长江、太湖、会稽山，有荆国、吴国；北边以淮河为界，包括庐山、衡山，为淮南国；顺着汉水而下，九嶷山一带，为长沙国。如此各封国边界相接，环绕东、北、南三面边疆，北与匈奴，南与南越接壤。而天子直辖三河、东郡、颍川、南阳，自江陵以西，直到巴、蜀，北自云中直到陇西，再加上京师、内史，一共十五个郡，公主、列侯的封邑往往都在其中。

当时大的封国，跨越几个州郡那么大，城市数十座，宫室和百官编制，和中央政府差不多。相对于秦国制度来说，这又是矫枉过正了。虽然如此，高祖创业的时候，每一天忙得吃饭的时间都没有，孝惠帝享国时间很短，吕后摄位，全国一片升平。而等到吕后薨逝，吕氏家族试图篡政，而在朝中大臣的断然处置下，得以摧毁吕氏家族的阴谋，成就太宗孝文皇帝的治世，那也是依靠各诸侯国的力量。

但是，诸侯国君，本是皇族末流，末流太盛，就会满溢而成灾害，小者荒淫犯法，大者谋反叛逆，害得自己失身丧国。文帝分割齐国、赵国，景帝削平吴、楚之乱，武帝下推恩令让藩国自行瓦解。自此以来，齐国分为七国（齐、城阳、济北、济南、甾川、胶西、胶东），赵国分为六国（赵、平原、真定、中山、广川、河间），梁国分为五国（梁、济川、济东、山阳、济阴），淮南分为三国（淮南、衡山、庐江）。这样，皇子被封为诸侯王的时候，大国也不过就十余座城罢了。长沙国、燕国、代国等，虽然国名还在，但长沙之南，燕、代之北，都已经划归了别的郡，没有那么多领土和资源了。

景帝时代，遭遇七国之难，贬损诸侯，减黜诸侯国官员编制。武帝时代，又有衡山王、淮南王的谋反，于是颁布《左官律》（汉代以“右”为尊，以“左”为卑，官吏违反规定私自到诸侯国任职，构成左官罪，依《左官律》追究刑事责任。左官罪即危害中央集权统治的罪名）、《附益法》（严禁官僚为诸侯王聚敛财富；严禁官僚与诸侯王勾结，为诸侯王谋取利益），诸侯王只能得到衣食租税，不得参与政治。这样，到了哀帝、平帝时期，封国国君都是后代苗裔，和皇帝的血缘关系，越来越疏远，生长在宫室帷幄之中，也不受当地士民所尊重，实际上就跟一个富家翁没区别了。尤其是最近几位皇帝在任时间都很短促，国统三次断绝，所以王莽知道中外衰微，本末皆弱，无所忌惮，生其奸心，利用太皇太后的权力，假托伊尹、周公的谎言，专政威福于庙堂之上，台阶都不用走下来，就在朝堂上夺了天下。诈谋既成，于是据南面之尊，分派五威将驰传天下，班行符命，那些刘氏诸侯王呢，只能跪地磕头，奉上玺绶，还唯恐自己表态晚了，进而向王莽歌功颂德，以求容媚，岂不哀哉！

3 国师公刘歆说：“周朝有泉府官，收购民间卖不出去的物资，再卖给需要的人。”（泉通钱。《周礼》谓地官司徒所属有泉府，掌管市的税收，收购市上滞销商品以待将来需要时出售，管理百姓对财物的借贷及利息。又说：“泉者，欲其如泉之流而不滞也。”）这就是《易经》所说的“理财正辞，禁民为非”，要善于理财，财货辞讼各得其正，禁止人民扰乱市场。

王莽于是下诏说：“《周礼》有赊贷，《乐语》五均（平抑物价），古书上都有记载，各有分管部门。如今，我们也开设赊贷之法，建立五均之制，设立各主管部门，用于帮助平民，抑制兼并。”于是在长安、洛阳、邯郸、临菑、宛、成都设立五均司市、钱府官。五均司市在每一季度的第二个月给各种货物定出上、中、下三等价钱，保持物价稳定。百姓售卖五谷、布帛、丝绵等物，多余卖不出去的，由五均司市官员考验属实，以成本价收购，一旦物价上涨超过十分之一，则再以平价卖出。如果物价低于官府所定的价格，则由百姓自由买卖。又有百姓需要贷款的，由钱府放贷，月息百分之三。

又按照古书《周官》的规定，凡是有田不耕，抛荒的，称为“不殖”，处罚缴纳三个人的赋税。屋前屋后没有种植果木菜蔬桑麻的，称为“不毛”，处罚缴纳三个人的布匹。游手好闲无所事事的，处罚棉布一匹。穷苦缴不出布匹的，到官府做工。凡是金矿、银矿、铅矿、锡矿的工人，捕捉鸟兽鱼鳖的猎人、渔夫，自己申报收入，由官员扣除其成本，缴纳十分之一的所得税。拒绝申报，或者申报不实的，没收全部财产，判处充当官府差役一年。

羲和鲁匡又上奏酒类由官府专卖，王莽听从了他的意见。又下令禁止百姓携带弓弩、铠甲，违者流放西海郡。

4 当初，王莽给匈奴颁布了关于处置降人的四条约定（汉人逃亡匈奴；乌孙人逃亡匈奴；西域诸国有朝廷任命印信的官员逃亡匈奴；乌桓人逃亡匈奴。以上四种，匈奴皆不得收留）。后来，护乌桓使者通告乌桓百姓，不得再向匈奴进贡兽皮、布帛。

【胡三省曰】

乌桓自从被冒顿击破之后，臣服于匈奴，每年进贡牛马羊皮，如果过期不给，匈奴就抢掠乌桓妇女儿童。汉武帝派霍去病击破匈奴东部地区，将乌桓人安置在上谷、渔阳、右北平、辽东、辽西五郡塞外，并在当地设置护乌桓校尉，就是护乌桓使者，拿着天子符节，监护乌桓人。

匈奴遣使问罪，逮捕乌桓酋长，捆绑结实，倒悬起来。酋长的兄弟们大怒，共杀匈奴使者。单于接到消息，发左贤王兵马攻入乌桓，颇有杀伤，又掳掠妇女儿童一千人而去，扣押在东部地区，告诉乌桓说："拿牛马兽皮与布匹来赎。"乌桓人按要求带着牲畜财物去赎，匈奴收下东西，但是并不交还人质。

等到五威将王骏等六人入匈奴，重重地赠给单于金帛，晓谕他新朝受天命以代汉朝的事，要改换单于的印信。以前的旧印，印文是"匈奴单于玺"，王莽给他改成"新匈奴单于章"。五位将帅一到，授予单于新印绂，传诏要他交还旧的印绶。单于再拜受诏，翻译官上前，要解下旧的印绶。单于抬起胳膊准备让他解。左姑夕侯苏在旁边对单于说："还没有看到新印的印文，暂且不要给。"单于于是停止，不肯给。请使者上座，单于要向前敬酒，五威将说："旧的印绶应该同时上缴。"单于说："诺！"又抬起胳膊，让翻译官解下印绶。左姑夕侯苏又说："没看见新印印文，不要给啊！"单于说："印文有什么理由变更！"于是解下旧印呈奉给五威将，系上新印的绶带，但没有把新印解开检视文字。酒宴到了半夜才结束。右帅陈饶对诸将帅说："刚才姑夕侯怀疑新印文，差点让单于拒绝交出旧印，如果他回去见到印文变了，一定要索还旧印，到那时，就不是言辞能挡回去的了。得而复失，那就辱没了我们的使命，不如把这旧印击破，以绝祸根！"将帅们犹豫，没人说话。陈饶是燕国人，果决悍勇，当即拿起斧头锥子把旧印破坏了。

第二天，单于果然派右骨都侯当来，对五威将帅们说："汉朝的单于印，叫'玺'，不叫'章'，而且没有'汉'字（只有'匈奴单于玺'五个字，不是'汉匈奴单于玺'），诸王以下的印信，印文才加一个'汉'字，并且不称'玺'，而称'章'。如今去掉了'玺'字，前面又加一个'新'字，这就与臣下没有区别了。希望还是把旧印还给我。"

将帅们把已经损毁的旧印出示给他看，说："新室顺天制作，旧印已经被我们毁坏了。单于应该承顺天命，奉新室之制！"

右骨都侯当回去向单于汇报，单于知道已经无可奈何，又得了很多的财物馈赠，于是派弟弟、右贤王舆带着牛马与五位将帅一起入京谢恩，并上书求旧印。

将帅们回程路过左犁汗王咸所辖地区，看见乌桓人很多，就问左犁汗王咸，咸说了前后原因情况。将帅们说："之前有四条规定，不得接受乌桓降者，应该赶紧把他们遣返。"咸说："我马上向单于请示，一旦得到单于命令，我就遣返他们。"

单于使者回报说："是从塞外遣返他们呢，还是从塞内遣返他们呢？"

五威将帅们也不敢专断，又向朝廷汇报。诏书下来，说："从塞外遣返。"

五威将帅回京，王莽将五威降为子爵，五威帅为男爵，而唯独陈饶，因为有击破旧印之功，封为威德子。

【华杉讲透】

王莽为了满足自己的虚荣，突显自己的至高无上，而且要高高地在上，远远地在上，和其他所有人拉开差距，于是要取消国内所有诸侯王和周边藩国国王称号，把匈奴单于也降级，这属于毫无必要的开启事端。如果你真觉得这样做是正确的，那就正大光明地向单于宣读诏书，你不能称王了，只能是侯爵待遇。但是去替他办这事的五威将帅，却知道名不正言不顺，不能光明正大地干，只能连蒙带骗地干，只说新朝建立，换一颗印而已。单于想不到那印居然会被做了手脚，果然上当。陈饶又使出流氓手段，把旧印破坏了。最后的高潮在回京之后，王莽给了陈饶破格封赏，也就是说，王莽自己也知道单于不愿意，很欣赏陈饶这种坑蒙拐骗，打死狗再讲价的行为。

什么叫自欺欺人？要欺人，必先自欺。欺骗自己是很难的，因为良知自然会知，王莽知道这样不对，知道单于不服，但是他还是要干！事情"干成了"，但是，那单于当时觉得无可奈何，一个人心里有了怨恨，就总要找出口报复。

北方边境几代人的和平，就此结束了。王莽的内忧外患，都是他创造性地招来的。

单于之前曾经拒绝夏侯藩的割地要求，后来又因为乌桓不给他纳贡，寇掠乌桓百姓，汉匈两国关系，已经有了裂痕。如今又出现这改了印文的事，单于心怀怨恨，于是派遣右大且渠蒲呼卢訾等十余人，率领一万骑兵，以护送乌桓人为名，驻扎在朔方塞下。朔方太守向朝廷汇报了匈奴军情。

王莽以广新公甄丰为右伯（左右伯，甄丰为右伯，掌西方诸侯。平晏为左伯，掌东方诸侯），出使西域。车师后王须置离听说后，对右伯过境的庞大开支和接待工作感到十分恐惧，密谋逃亡入匈奴。西域都护但钦召须置离，将他处斩。须置离的哥哥辅国侯狐兰支率领须置离的部众二千余人，逃亡投降匈奴。单于受降，遣兵与狐兰支一起攻击车师，杀死后城长，打伤都护司马，然后撤退回匈奴。

当时戊己校尉刁护生病，校尉属下史（掌文书的文职人员）陈良、终带、司马丞韩玄、右曲侯任商一起密谋说："西域诸国，多有背叛，匈奴将大举入侵，我们可能都是死路一条。不如杀死校尉，率领部众投降匈奴！"于是杀死刁护和他的儿子、兄弟，裹挟全体官兵及眷属男女，一共二千余人，投奔匈奴。单于封陈良、终带为乌贲都尉。

5 冬，十一月，立国将军孙建上奏说："九月辛巳日（九月无此日），陈良、终带自称废汉大将军逃入匈奴。本月十二日，不知道从什么地方跑出一个男子，拦住我的车，自称是'汉氏刘子舆，成帝姬妾的儿子，刘氏将要复辟，赶快把宫殿腾出来'！我当场逮捕了这个男子，审讯得实，是常安（王莽改长安为常安）人，叫武仲。这些人，都逆天违命，大逆不道。汉氏宗庙不应该留在常安城中，以及刘姓宗族，应该与汉朝一起废黜。陛下至仁，长久不忍决断，以至于前安众侯刘崇等聚众谋反，让这些狂妄狡诈之徒，假托亡汉，犯下夷灭九族的罪行，还不知停止的，都是因为圣恩没有早点绝了他们的念想，将他们的野心消灭在萌芽状态。臣请求：将汉氏在京师的祭庙全部撤除。刘姓子弟还在朝为官的全部罢黜！"

王莽说："同意。嘉新公、国师刘歆应符命而为我的四辅之一，明德侯刘龚、率礼侯刘嘉等三十二人，都能知天命，或者献上天符，或者贡献吉言，或者捕告反虏，都有功勋，刘姓家族中，与这三十二人同宗共祖的，不必撤职，赐姓‘王’。”

只有国师刘歆，因为女儿嫁给王莽的儿子王临，所以不赐姓（继续姓刘）。

6 定安公太后（王莽的女儿）自从刘氏被废，经常称病不参加朝会，时年未满二十，王莽敬惮她的哀伤，希望将她改嫁，于是先将她的尊号改为“黄皇室主”，希望断绝和汉朝的关系。派孙建的儿子盛装打扮，带着御医前往问疾。太后大怒，鞭笞她左右侍御（意思是她们不该放这人进来），这下真的发病了，不肯起来。王莽也就不再强求。

7 十二月，打雷。

8 王莽自恃府库之富，想要立威匈奴，于是将匈奴单于更名为“降奴服于”，下诏派立国将军孙建等率十二将分道并出：五威将军苗䜣、虎贲将军王况出五原，厌难将军陈钦、震狄将军王巡出云中，振武将军王嘉、平狄将军王萌出代郡，相威将军李棽、镇远将军李翁出西河，诛貉将军杨俊、讨秽将军严尤出渔阳，奋武将军王骏、定胡将军王晏出张掖，以及偏将、裨将等下级属将一百八十人，招募天下囚徒、丁男、甲卒三十万人，转运衣裘、兵器、粮食，从沿海连接长江、淮河一带，运到北方，使者坐着马车，来回奔驰督促，以军法从事。作战计划是：先期抵达的，屯驻在边郡，等大军全部到齐，军备物资齐备，然后同时出击，穷追匈奴，一直把他们撵到丁令（贝加尔湖），然后将匈奴国土百姓分为十五份，立呼韩邪子孙十五人分别担任单于。

【华杉讲透】

“莽恃府库之富”，司马光一句话就点题了，国库有钱！

身怀利器，杀心自起；府库充足，就想扩张。和企业一样，有钱好犯错。汉武帝如此，王莽也如此。而王莽更有甚之者，就是他得位不正，知道天下人不服，就更要立威，建立盖世功勋，对外发动战争，而匈奴不幸成了他的选择对象。

但是，《孙子兵法》开篇就说：

> **兵者，国之大事，死生之地，存亡之道，不可不察也。**

战争是大凶之事，是潘多拉的魔盒，一旦打开，就是生死存亡。

所以兵法首先不是战法，而是不战之法；不是战胜之法，而是不战之法。所谓“不战而屈人之兵”，首先是“不战”，不是“屈人”。即便我比别人强大，我委屈一下自己，不战就行，这就是西汉朝廷历代对匈奴的政策。为什么呢？因为战争除了风险，还有巨大的成本，更何况光脚的不怕穿鞋的，哪有穿鞋的没事为了立威，去找光脚的打仗呢？汉武帝把仗都打赢了，但是国库和民间财富却都被他打破产了，全国人口也大量减少，这就是战争的可怕。

《孙子兵法》说：

> 凡兴师十万，出征千里，百姓之费，公家之奉，日费千金；内外骚动，怠于道路，不得操事者，七十万家。

出动十万军队，全国服务于军队后勤，不能从事农耕的，要七十万家。王莽出动三十万军队，全国就要二百一十万户家庭全职服务于军事行动。

《孙子兵法》说：

> 国之贫于师者远输，远输则百姓贫。近于师者贵卖，贵卖则百姓财竭，财竭则急于丘役。力屈、财殚，中原内虚于家。百姓之费，十去其七；公家之费，破车罢马，甲胄矢弩。戟楯蔽橹，丘牛大车，十去其六。

战争让国家贫困的主要原因，不在战斗，而首先在于长途运输，几百万人投入后勤运输，全国百姓都搞穷了。然后呢，就是“近于师者贵卖”，三十万大军，驻扎在一个小地方，马上物价沸腾，当地百姓瞬间就被掏空了。政府没钱了，就急于“丘役”，丘役就是加税，加税的结果，就是全国民间财富干掉70%，国家财政消耗60%。再接着打，就国破民疲，全没了。

这些道理，书上都有，历史案例，汉武帝殷鉴不远，王莽饱读经史，他当然都知道。但是，管理心理学讲“成功人士的过分自信”，总觉得“我和他们不一样”“这回和以前不一样”，就走上他们的老路了，而结果呢，自己干下来还远远不如前人。

人们总是高估了自己所处时代的变革，不知道这时代不过也是历史周期中反复循环的一点小小涟漪，王莽发动匈奴战争，后面的发展我们就会看到，和历史写下的标准剧本一模一样。

9 新政府发行的新货币，百姓不愿意使用，王莽下书说：“钱币重量太大，则小额交易不便；重量太轻，又携带不便。应该轻重大小各个等级都有，那就方便，百姓乐意使用。”于是重新制作金币、银币、龟币、贝币、钱币、布币（布也是钱，不是真用布），名曰“宝货”。钱币又分为六个等级，金币一个等级，银币两个等级，龟币四个等级，贝币五个等级，布币十个等级。于是宝货一共有五种材料（金、银、铜、龟、贝），六种名称，二十八种币值。铸造钱币、布币的时候呢，都用铜，再掺以锡、铅，百姓溃乱，谁也搞不清楚，王莽也知道大家发愁这钱怎么用，于是又下令，还是只通行小钱值一钱，大钱五十钱，就这两种。龟币、贝币、布币又废除了。

民间私自铸钱无法禁止，王莽就严刑峻法，一家铸钱，邻居五家连坐，六家人口，全部没入官府为奴婢。无论官吏百姓，出门身上带钱的，都要申报登记，并随身携带钱币申报单。出门没有钱币申报单的，沿途旅社不得接收入住，关卡不得放行。公卿入宫，也要带着钱币申报单，注明身上带了多少钱，以向天下人做表率，彰显钱币申报单的重要性。

当时百姓都安于西汉的五铢钱，认为王莽的大小钱同时通行，难以辨别，而且他已经改了好几次，不知道下回还会怎样，都不信他。于是大家都继续使用五铢钱交易，并谣传说大钱将要废弃，不肯使用大钱。

王莽很担心这种情况，又下书说："凡是私自携带五铢钱，并传谣说大钱将废的，和非议井田制同罪，流放边疆！"因为买卖田宅、奴婢、铸钱等各种罪名而被治罪的，上至诸侯、公卿大夫，下至庶民百姓，不可胜数。于是农民失去土地，商人失去市场，既没有粮食，也没有货币，百姓涕泣于道路。

10 王莽谋篡的时候，吏民争相进献符命，都得到封侯。那些没有干这事的人就相互戏谑说："你怎么没接到天帝的信啊？"司命陈崇对王莽说："这是开辟了奸臣骗功邀赏的途径，应该禁绝其源头。"王莽也厌烦了，派尚书大夫赵并去验证，凡不是五威将帅所颁布的，一律逮捕下狱。

【华杉讲透】

那些最早献上符命的，是创新，也冒了巨大风险，因为可能被指为妖言惑众。那位建议废掉太皇太后汉朝尊号的王谏，不就被诛杀了吗？但是他们赌对了，递上去正是王莽需要的，也没有其他人跳出来反对，帮他实现了篡位大业。而已经篡位成功之后，还跟着不停往上递天书地符的，以为没风险，可以捡便宜，但是没有那么多爵位可以封了，王莽也不再需要了，那就只有大刑伺候了。

第一个是天才，第二个是庸才，第三个是蠢才，验证就在这里了。敢于冒风险，很重要。当你以为没风险，可以捡便宜的时候，实际上新的风险已经产生了。

当初，甄丰、刘歆、王舜三人是王莽的心腹，鼓吹号召，给王莽歌功颂德，创意出安汉公、宰衡等称号，以及封王莽的母亲、两个儿子和侄儿，都是甄丰等人的策划，他们也都得到了回报，共享富贵。但是，甄丰、王舜、刘歆等人的初心，并没有想把王莽推到摄政皇帝这么高的地步。做摄政皇帝的主意，出自泉陵侯刘庆、前辉光谢嚣、长安令田终术。王莽羽翼已成，意欲称摄政皇帝，甄丰等人顺从了他的意思，王莽也加封王舜、刘歆、甄丰的子孙来酬报他们。甄丰等人爵位已盛，欲望已满，但是心里不踏实，畏惧汉朝宗室、天下豪杰。反而是那些关系比较疏远，一心想往上爬的野心家（哀章等人）继续递上预言符命，王莽当即接受，按符命安排，即位为真皇帝。王舜、刘歆只是内心恐惧，并不表现出来；甄丰则性格刚强，让王莽觉察到他不高兴，所以借着符命上的预言，将甄丰调任更始将军，与卖烧饼出身的王盛同列。甄丰父子默然，不作任何表示。

当时甄寻为侍中、京兆大尹、茂德侯，立即也造一个符命，说新朝将以陕县为中间线，立两个伯，甄丰为右伯，太傅平晏为左伯，和当年周公、召公情况一样（陕县以东，周公总督，陕县以西，召公总督）。王莽立刻听从，拜甄丰为右伯。甄丰将要面见王莽，述职后西行就任，还没出发，甄寻又造了一道符命，说之前汉平帝的皇后，如今的黄皇室主（王莽的女儿）应该嫁给甄寻为妻。王莽本身是靠欺诈当上皇上，本来就疑心大臣们不服，怨恨诽谤，想要立威，让他们知道害怕，于是发怒说："黄皇室主是天下之母，这是什么话！"马上下令抓捕甄寻。甄寻逃亡，甄丰自杀。

甄寻跟着方士逃入华山，躲了一年多，被抓获。审讯下来，供词牵连到国师公刘歆的儿子、隆威侯刘棻，刘棻的弟弟、右曹、长水校尉、伐虏侯刘泳，大司空王邑的弟弟、左关将军、掌威侯王奇，以及刘歆的门人、侍中、骑都尉丁隆等人，再牵引出公卿乡党、亲戚、列侯以下，死了数百人。刘棻流放到幽州，甄寻流放到三危，丁隆押解到羽山处死，都用官府驿车来运送尸体。（王莽是在模仿舜帝处置"四凶"，共工流放到幽州，驩兜流放到崇山，三苗放逐到三危，鲧处死在羽山。）

【华杉讲透】

这一段可以学到的人生教训有很多。

第一个教训是，情绪决定决策，性格决定命运。所有的决策后面，都是情绪，而情绪的背后是性格。甄丰的性格刚强，他和王舜、刘歆三人，对王莽走得那么远，都不满意，但是，那两人都不表现出来，他却控制不住，让王莽觉察到了他的不满，裂痕就产生了，祸机就等着触发了。

第二个教训是，人和人的关系要及时调整。王莽既然称帝了，关系就要调整为君臣关系，但是甄丰父子不服，内心不尊重王莽，还像当初他们一起干坏事的时候，对王莽没有敬畏心，这就成了孔子说的“小人难养”“近之则不逊，远之则怨”，他们是既有不逊，又有怨。这个毛病我们都容易犯，总觉得别人对我还不够亲近，不够好，给我的回报还不够多。

第三个教训是，要知止，不要追求利益最大化。要学会比自己“该拿的”少拿一点，因为你对自己的定价，往往大大高于别人对你的心理价位。你不断索取，别人也会妥协，但妥协是有限度的，就像炒股票一样，炒得太高，就要崩盘，满盘皆输，因为对方一旦不给你的时候，那就一分都不给，回不到“合理价位”了。甄寻假造符命，先给他爹分得一半江山，别人造符命是帮王莽骗江山，求一点赏赐，他造符命是把王莽已经到手的江山分一半，王莽一点好处都没有，这已经埋下杀机了，只是王莽暂时还不方便动手。他却自以为都是自己该得的，继续要王莽女儿，这就崩盘了。

第四个教训是，不要跟别人比，不要不服别人，只算自己的账。甄丰不服，是耻于与卖烧饼的暴发户王盛同列。这是人性的弱点，包括王莽，还有当年的太皇太后王政君，大家都是暴发户，凭什么认为自己是贵族呢？

第五个教训是，王莽团队的目标并不一致，甄丰、刘歆、王舜三大心腹重臣，都不愿意王莽真登上皇帝之位。因为王莽登基，他们就从兄弟关系，变成君臣关系了，从利益集团，变成君臣异利，不能联手把持朝政，反而马上成为了王莽要清除的对象。

第六个教训是，所有这些教训，对于追逐利益的人来说，都没有用。贪婪使人愚蠢，失去一切智商和最基本的逻辑，像甄寻一样。当然，王莽跟甄寻也是五十步和一百步的关系。孟子为什么会有义利之辩？因为只要是利益集团，就没有共同利益，小人同而不和，各为其利。只有理想集团，才有共同理想，君子和而不同。利益之争，千变万化，你不可能随机应变，只有有志向，致良知，一切听从理想的召唤、使命的驱使、命运的安排，才能做到不有利必趋，不有害必避，勇往直前，求仁得仁。

那么，志向、理想、使命，是什么呢？也是一种性格，性格即命运，而君王的性格，就是国家的命运。

11 这一年，王莽开始崇拜神仙，采纳方士苏乐建议，起八风台，花费一万金。又在殿中种植五色禾（按不同方位种植不同庄稼），种子都在煮过玉石、鹤髓、玳瑁、犀牛角等二十余种宝物的水中浸泡，成本计算下来，一斛粟米要一斤黄金。

始建国三年（辛未，公元11年）

1 遣田禾将军赵并征发戍卒在五原、北假屯田，以助军粮。

2 王莽派中郎将蔺苞、副校尉戴级率领一万骑兵，带着大量金银财宝到云中郡边塞，招诱呼韩邪单于的儿子们，准备执行依次封拜十五个单于的计划。蔺苞、戴级二人派翻译官出塞，诱骗呼左犁汙王咸，咸的儿子登、助等三人来，到了之后，就胁迫他们，拜咸为孝单于，助为顺单于，都厚加赏赐，用朝廷专车将助、登送到长安。王莽封蔺苞为宣威公，拜为虎牙将军；封戴级为扬威公，拜为虎贲将军。

【华杉讲透】

王莽谋国，如同儿戏，把呼韩邪单于的儿子，分别封为十五个单于，以实现他将匈奴分裂为十五国的“战略”，如果这都可行，那简直是没天理了。蔺苞、戴级二人的“战略”也很简单，不用那么麻烦去匈奴秘密策反他们，直接把呼韩邪单于的小儿子呼左犁汙王骗来，把单于尊号强加给他，再赏赐给他大把钱，两个儿子送到长安做人质，就搞定！

这一个儿子是骗来了，还有十四个儿子呢？这个“战略”可复制吗？蔺苞、戴级不管这个，王莽也不管，眼看着二人给国家闯下大祸，他却马上给蔺苞、戴级惊人的赏赐，封了公爵，比封侯还高。

王莽的“核心能力”，就一个字——骗，但骗术的适用范围，是有边际的，这他不知道。特别讽刺的是，胁迫咸和助反叛他们的家族，而给他们的封号，却分别是“孝”和“顺”！王莽的所作所为，是糟蹋了传统价值观。价值观最大的问题，就是每天把价值观挂在嘴上的老板，从来没把价值观当真，他根本就不知道自己在说什么。

单于收到消息，大怒说：“先单于受汉宣帝厚恩，我不能辜负。今天的天子，不是宣帝子孙，他有什么资格做天子！”于是派遣左骨都侯、右伊秩訾王呼卢訾，以及左贤王乐，率兵攻入云中郡益寿塞，大肆杀戮官吏百姓。之后，单于又动员东部、西部两大都尉、各靠近汉朝边境的亲王，全线开战，大的部队有一万多人，中等的数千，小部队也有数百人，杀死雁门太守、朔方太守、都尉，掳掠官吏、百姓、牲畜、财产，不可胜数，沿边郡县，顿时残破。

当时诸将都在边塞，但是大军尚未集结完成，所以都不敢出击匈奴。讨秽将军严尤进谏说：“臣听说匈奴为害，由来已久，在上古时代，从没有听说一定要讨伐他们的。后世周、秦、汉三朝征讨匈奴，但都不是上策。周朝的战略，算是中策，汉朝算下策，秦朝呢，根本就是无策。当年周宣王的时候，猃狁入侵，一直挺进到泾阳，宣王派将领征讨，但是也就把他们逐出境外，就班师了。周朝把夷狄的入侵，看作是蚊虫牛虻，拍打驱逐而已，所以天下人都认为这很明智，是为中策。汉武帝呢，选将练兵，运送粮草，深入远戍，你有战胜的功勋，但人家也要报复，所以兵祸连接三十余年，中原疲耗，匈奴也饱受创伤，而天下人称他为武帝，实为下策。秦始皇不能忍下小小的耻辱，轻率浪费民力，修筑万里长城，搜刮全国物资，从沿海一直运输到边境，长城修好，国家也拖垮了，以至于丧失社稷，这叫无策。

“如今天下遭遇旱荒之灾，连年饥馑，西北边境尤其严重。而征发三十万大军，三百日的粮草，东搜渤海，南刮江淮，才凑足数目，而路途遥远，一年过去了，还没运输到位。先抵达的军队露营于野外，士气已衰，武器已钝，已经不可用了，这是第一个困难。

“边郡已经空虚，不能供应军粮，内地的粮食一时又运不上来，这是第二个困难。

“计算一下，一个士兵就算吃干粮，三百天要十八斛，这得靠一辆牛车来运，而牛在路途中本身也要吃饲料啊，再加二十斛牛饲料在车上带着走，太重了！（读者可以算一下，一个士兵的粮要一辆牛车，三十万士兵就要三十万头牛运粮，三十万头牛又要多少牛倌，要多少运粮部队来保护粮食不被敌人抢掠或烧毁，战争让国家破产，就是这么可怕。）塞外匈奴境内，都是沙漠盐碱地，缺乏水草，从以前的经验来看，大军出动一百天之内，牛基本就全部倒毙了，牛车上的粮食还有很多，而人力根本无法背负，这是第三个困难。

“匈奴境内秋冬极为苦寒，春夏又多大风，大军出动，携带的锅碗瓢盆，干柴木炭，都是极为沉重的负担，吃粮饮水，四季都是如此。军队又有瘟疫之忧，所以前世征发匈奴，军事行动从来不超过一百天，不是不想打持久战，是形势不允许，这是第四个困难。

“携带大量辎重，那轻装部队就少了，行军速度缓慢，匈奴遁逃，我们追不上。如果幸运，和敌军遭遇，和他们交战，也被辎重拖累。如果遇到险要地形，大军鱼贯而进，辎重车辆马匹挤成一堆，被匈奴前后夹击，危殆不测，这是第五个困难。

“所以，如此大用民力，却未必能建立功勋，这是臣深为忧虑的！如今既然已经发兵，就应该让已经先期抵达的部队，纵兵进击，我愿为先锋，深入敌境，施以雷霆之击！”

王莽不听严尤的，继续调兵运粮，天下骚动。

左犁汙王咸被逼接受了王莽封的孝单于，飞驰出塞，逃归单于王庭，向单于汇报了被胁迫的经过。单于将他改封为于粟置支侯，这是匈奴低贱的官职。后来助病死，王莽又封登替代助为顺单于。

驻扎在边塞的官兵放纵暴虐，而内地郡县愁苦于征发，百姓开始抛弃城郭，流亡为盗贼，并州、平州尤其严重。王莽下令七公（四辅和三公）、六卿，都兼领将军称号，又派遣武将军逯并等，镇守各大名都大郡；中郎将、绣衣执法各五十五人，分别镇守沿边大郡，督察擅弄兵权的奸猾之人。但是，这些派出去督察的人，反而趁便弄权为奸，扰乱州郡，收取贿赂，鱼肉百姓。王莽下书痛斥说："从今天开始，胆敢再犯的，立即逮捕，将名字汇报给我知道！"但是，诸将放纵如故，北部边郡自宣帝以来，已经几代人没有见过烽火，人口稠密，田园茂盛，牛马遍野，等到王莽扰乱匈奴，与匈奴结仇，边疆百姓有的死亡，有的被掳掠，几年之间，整个北部边疆，虚空残破，白骨暴露于荒野。

【华杉讲透】

国泰民安，安在"平安无事"。而"平安无事"中，"无事"二字最重要，国家无事，则百姓安居乐业，各干各的事，这就是"治世"。治世积累，就有了盛世，盛世就想搞事，当初是汉武帝搞事，如今王莽也要搞事，但他的水平和汉武帝差得太远，汉武帝搞了三十年才把国家搞得差点垮，所幸没垮，而王莽搞的事，刚开始搞，就脱离了他的控制。

司马迁评价汉武帝，说他"有亡秦之失而免于亡秦之祸"，这是汉武帝的幸运。王莽则没有这个幸运，因为他既无汉武帝的本事，也没有政权合法性。

这一节，出现了惊心动魄的两个字——"流民"。流民一起，就酝酿了天下大乱的条件，有流民，马上就有英雄，有游士。英雄要打天下，游民"当兵吃粮"卖命，游士则"修得屠龙术，货与帝王家"。英雄、游士、流民，三剑合璧，新一轮"秦失其鹿，天下共逐之"的大戏，又要启幕了。这就是历史故事。

3 太师王舜自从王莽篡位后，患上心悸病，病情逐渐加重，本年逝世。

4 王莽为太子设置师、友各四人，级别都是大夫。以前任大司徒马宫等为师疑、傅丞、阿辅、保拂，这是四师。前任尚书令唐林等为胥附、奔走、先后、御侮，这是四友。又设置师友、侍中、谏议祭酒各一人，六经每一经设置祭酒一人，一共九个祭酒（相当于首席顾问），都是上卿待遇。

王莽派使者奉玺书、印绶、安车、驷马去迎接龚胜，拜他为师友祭酒。使者与郡太守、县长吏（地位较高的县级官吏）、三老（掌教化的乡官）、官属（主要官员的属吏）、行义（掌道德教化，引导百姓行仁义）、诸生等，浩浩荡荡有一千多人，到龚胜所居的里弄去，致送诏书。使者希望龚胜出来迎接，所以站在门外等了很久。龚胜称他病重，把床放在西侧，南窗之下，头向东方，穿上官服。（龚胜是大儒，他这个生病的仪式，是《论语》里讲孔子的规矩："疾，君视之，东首，加朝服，拖绅。"孔子生病了，国君来探病，这是很大尊荣。孔子躺床上起不来，但是头朝东躺，因为古人室内以西为尊，国君进来，站在西边。不能穿着睡衣见国君，起不来穿朝服，就把朝服盖在被子上，再把绅，就是代表身份的束腰的大带子搭在上面，表示对国君的尊重。）使者把安车、驷马拉到院子里，拿着玺书、印绶进屋来，对龚胜说："圣朝未尝忘记先生，国家制度的制定，还没有完成，等待先生来主持，希望先生能教我们该怎么做，以安天下。"龚胜回答说："我一向愚昧，加以年老多病，命在旦夕，如果跟随使君进京，一定会死在路途上，没有万分之一的益处！"使者要挟劝说，甚至要强行把印绶系在他身上。龚胜坚决不接受。使者只好向王莽汇报说："如今盛夏暑热，龚胜正在生病，气虚，可以等到秋天凉爽的时候再出发。"王莽下诏许可。使者与郡太守，每隔五天就上门探视一次，对龚胜的两个儿子和门人高晖说："朝廷虚心诚意，用封侯的礼节来迎接先生，就算是有病，也可以先移居到朝廷宾馆，以表示将要应召起行的诚意，这样，一定能为子孙留下封邑。"高晖等人将使者的话带给龚胜。龚胜知道自己推辞没有用，对高晖说："我受汉家厚恩，无以为报，如今年老，随时入土，我怎么能以一身事二姓，九泉之下，怎么和旧主相见呢？"龚胜于是吩咐他们准备后事，说：“衣服只要能包住身体就可以了，棺木只要能包住衣服就可以了，既葬之后，不要随俗再给我动冢土，植柏树，建祠堂！”语毕，再不开口饮食，历时十四天而死。死时，已经七十九岁了。

当时的清高名士，还有琅琊人纪逡、齐郡人薛方、太原人郇越、郇相、沛郡人唐林、唐尊，他们都以通晓儒经、行为严谨而显名于世。纪逡、唐林、唐尊都在王莽朝廷为官，都封侯，身份贵重，历任公卿之位。唐林数次上书谏正，有忠直节操。唐尊则总是穿着破衣破鞋，有虚伪之名。郇相为王莽太子的四友之一，病死，太子派使者送上丧服，他的儿子攀着棺材说：“父亲临死有遗言，师友赠送的，不要接受。而父亲的官职，正是皇太子之友，所以不能接受。”京师的人对此都很称道。王莽派安车去迎接薛方，薛方对使者辞谢说：“尧、舜在上，下有巢、由，如今明主正要推崇尧、舜的盛德，小人我愿意守箕山之节。”使者将他的话汇报上去，王莽受用，不再强召他。

【华杉讲透】

薛方的话十分高明，这叫“以其人之道，还治其人之身”，就用他所知道或推崇的道理来应对王莽。王莽宣扬尧、舜之道，薛方就找到巢父、许由两个典故。巢父、许由都是传说中尧时期的高士，尧邀请他们出山为官，甚至说要把天下让给他们，两人都隐居起来，坚辞不受。许由隐居在箕山，所以薛方说他愿守箕山之节。

薛方拿出这一套说辞，就不是不给王莽面子，而是通过“心理咨询”，成就王莽的尧、舜之德了，所以王莽很受用。这比龚胜绝食而死好太多了。

巴甫洛夫说，人的一切行为，都是刺激反射，都是因刺激信号，而做出的行为反射，刺激信号的能量越强，则反射越大。龚胜铁了心不依从王莽，但是他担心如果自己直接拒绝，或者以自杀拒绝，都会刺激王莽，遗祸子孙，所以用绝食十四天来制造“自然死亡”，减弱刺激信号的强度，让王莽放过他的家族。薛方则找到另一种刺激信号，让王莽做出“悦其言，不强致”的行为反射。

当初，隃麋人郭钦为南郡太守，杜陵人蒋诩为兖州刺史，也以廉直为名。王莽做摄政皇帝的时候，郭钦、蒋诩都称病免官，回到故乡，足不出户，死在家里。哀帝、平帝时期，沛国人陈咸因为通晓法令，担任尚书。王莽辅政之后，对汉家制度更改很多，陈咸心里反对，等到何武、鲍宣被诛杀，陈咸叹息说："《易经》上讲'见机而作，不俟终日'，我可以走了！"于是辞职回家。等到王莽篡位，召陈咸为掌寇大夫（掌司法），陈咸称病，不肯应召。当时他的三个儿子陈参、陈钦、陈丰都在职为官，陈咸让他们都辞官回家，闭门不出，仍然按汉朝历法祭祀。有人问他缘故，他说："我的祖先怎么知道王氏历法祭祀的日子呢？"陈咸并将家里的律令、书籍、文件，全部收起来藏在墙壁夹缝里。

又有齐郡人栗融，北海人禽庆、苏章，山阳人曹竟，都是儒生，也都辞官回家，不为王莽政权服务。

【华杉讲透】

"见机而作，不俟终日。"这句话很重要，就是说，见到事变的迹象，马上就要行动，而不是再等等看。所以陈咸看到王莽行为异常，马上就辞职回家了，而不是等到他篡位之后。因为篡位之后辞职，就成了公然对抗了。

这背后的道理，还是一个选择问题，你是追求不败，还是追求战胜；是追求利益最大化，还是追求损失最小化；是放弃可能的利益，还是避免可能的损失。这就跟炒股一样，你是看到涨得太疯狂了，肯定会崩盘，就赶紧退出，后面的钱不赚了，还是觉得还没到顶，再等等看。

"见机而作，不俟终日。"要做到很难，因为人都有侥幸心理，不愿退出止损，总想再等等看。

【班固曰】

从春秋列国卿大夫，到汉朝的将相名臣，为了保住自己的荣华富贵而失去名节的，太多了。所以清高节操之士，尤为可贵。但是，都大多只能修治自己，不能带动他人。王商、贡禹的才干，高于龚胜、鲍宣。

但是，守死善道，龚胜确实是做到了。贞而不谅呢，薛方的行迹比较接近。郭钦、蒋诩，跳出污秽，和纪逡、唐林、唐尊的作为，那是大不相同了。

【华杉讲透】

班固评论的“守死善道”“贞而不谅”都出自《论语》。

> 子曰：“笃信好学，守死善道。危邦不入，乱邦不居。天下有道则见，无道则隐。邦有道，贫且贱焉，耻也；邦无道，富且贵焉，耻也。”

守死善道，不守死，则不能以善其道。你学了这道，就要践行，按这道去做，死而后已。所以你不能根据形势变化灵活掌握，那就不是坚持原则了。我就行我的道，除非我死了，那才能停止，其他任何事，都不能动摇我。龚胜就做到了守死善道。

> 子曰：“君子贞而不谅。”

朱熹注解说：“贞，正而固也。谅，则不择是非而必于信。”君子守正道，不守小信。刘宝楠《论语正义》解读说，谅，是信而不通，固执而不知变通，反而沦为贼道。君子以义制事，要合乎正道，而不必为小信之行。薛方忽悠王莽，就是“君子贞而不谅”。

5 这一年，黄河流域发生蝗灾。

6 黄河在魏郡决堤，清河以东几个郡发生洪灾。最初，王莽担心黄河决口淹没在元城的王氏祖坟，稍后，黄河向东泛滥，元城没有水患之忧，于是王莽决定不加堵塞。

始建国四年（壬申，公元12年）

1 春，二月，赦天下。

2 厌难将军陈钦、震狄将军王巡上言："捕得匈奴俘虏讯问，说侵犯边境的是孝单于咸的儿子角的部队。"王莽于是召集在长安的各国使节，将咸的儿子登在长安街市公开处斩。

3 大司马甄邯死。

4 王莽到明堂，下书："以洛阳为东都，常安为西都。京师和地方连为一体，各有采邑。按《尚书·禹贡》记载，将天下划分为九州（冀州、兖州、青州、徐州、扬州、豫州、荆州、雍州、梁州），爵位根据周朝制度，分为五等（公、侯、伯、子、男），共一千八百个诸侯国，以及相同数量的附城（附属于大国的小国），以上名额，等待有功之士去争取！凡是公爵，一律封一万户，其余爵位等差而下。如今已经受封的，公侯以下一共七百九十六人，附城一千五百五十一人，因为地图测绘尚未完成，还没有具体分配国邑，暂且在国库支取薪俸，每月数千钱。"诸侯们都很穷困，以至于有替人帮佣的。

5 王莽性格急躁好动，静不下来，不能有一刻无事，每当要干一件什么事，又要追慕古人，不合时宜。而制度又始终不能确定，官吏们就在混乱中借机作奸，天下愁苦，陷于刑罚者甚众。王莽也知道百姓愁怨，于是又下诏说："凡是持有王田的，可以自由买卖，不要拘泥于法律。那些违法买卖人口的，也不要治罪。"然而，其他政令悖乱不堪，刑罚很重，赋税重复征收，依然如故。

【华杉讲透】

王莽的信用破产，从这里可以看到了。之前看他大规模地封赏，还替他担心，国家哪有这么多土地财富。到这里才知道，都是空话，以地图没画好为由，实际上没有封地，只有几千钱的工资，以至于封了侯，还要去做帮佣度日。

登基时王莽大施新政，颁布新法，结果弄不下去，又下诏让大家“勿拘以法”，违法的也不要治罪。一个国家，不拘泥于法律，那拘泥于什么呢？

6 当初，五威将帅出西南夷，将句町王降格为侯。句町王邯怨怒不从。王莽唆使牂柯大尹（郡太守）周歆，用欺诈手段，将邯杀死。邯的弟弟承，起兵杀了周歆。州郡发兵讨伐，不能取胜。

王莽又征发高句丽兵出击匈奴，高句丽不愿意，王莽让当地郡太守强迫他们，高句丽人就大批逃亡出塞，犯法为寇。辽西大尹田谭出兵讨伐，反而被杀。当地州郡都归罪于高句丽侯驺。严尤上奏说：“貉（貉同貊，就是指高句丽）人犯法，和驺没有关系。就算是他有二心，也应该让当地州郡负责安抚，不要反而激起他反叛，高句丽如果反叛，夫馀人一定有附和的。匈奴未克，如果夫馀、秽貉（与高句丽同种、语言风俗大抵相同）再起叛乱，那就是国家大忧！”

王莽拒绝慰抚，于是秽貉反叛。王莽下诏派严尤讨伐。严尤引诱高句丽侯驺到军营中，将他斩首，人头送到长安，王莽大悦，将高句丽更名为下句丽。

于是貉人更加犯边，东、北、西南夷，全都乱了。王莽此时正是志气昂扬，认为四夷不足为虑，专心干他复古的事，又下书说：“本年二月我要向东巡狩，请有司议定礼仪和调度！”继而因为文母太后（王政君）身体不安，下令暂缓出发。

7 当初，王莽做安汉公的时候，为了谄媚太皇太后，以斩杀郅支单于的功劳为名，上奏尊元帝庙为高宗，并说太后晏驾之后，就在这高宗庙和元帝一起礼配祭祀云云。等到王莽将太后尊号改为新室文母，断绝了她和汉朝的关系，不让她再和元帝一体，于是撤毁了元帝庙，另外为新室文母建祭庙，唯独将孝元庙的一个殿保留下来，作为文母篹食堂（篹，通馔，篹食堂，就是准备餐食的地方），建成之后，命名为长寿宫，因为太后还健在，没有命名为“庙”。王莽在长寿宫摆设酒宴，宴请太后。太后到了之后，看见孝元庙已经被铲除为一片平地，惊骇哭泣说：“这是汉家宗庙，都有神灵，对你们有什么罪，你们要撤毁呢？如果鬼神无知，那还建什么庙！如果鬼神有知，我是人家的妃妾，我怎么能羞辱先帝的祭殿，还在这儿酒宴呢？”又私底下对左右的人说：“这人侮慢了这么多神，能得到长久保佑吗？”这酒喝得不高兴，不欢而散。

王莽篡位之后，知道太后怨恨，为了讨好太后，无所不用其极。但是，不管他做什么，太后都更加不悦。王莽将汉朝的黑貂改为黄貂（侍中穿黑色貂皮，王莽改为黄色），又改汉朝正朔和腊祭之日。太后令她的官属都穿黑貂，到了汉朝正朔和腊日，独自和她左右的人相对饮食。

始建国五年（癸酉，公元13年）

1 春，二月，文母皇太后（王政君）崩，享年八十四岁，与汉元帝合葬于渭陵，但是中间挖一条沟隔开。新室世世代代在她的祭庙献祭，元帝配祭，神位在太后之下。王莽为太后服丧三年。

【胡三省曰】

葬于渭陵司马门（陵园大门）内，陵墓和元帝陵之间挖一条沟。

【柏杨曰】

王政君是西汉王朝的终结者，第十三任皇帝刘欣逝世时，她用迅雷不及掩耳的手段，突入未央宫，夺取印信，胁迫董贤，征召王莽，行动疾如闪电，跟当初刘邦突入韩信大营，夺取印信，收回军权的行动，如出一辙。只因机会一失，就是用十辆卡车的力量，也无法追回。当时，她英姿焕发。

可是她的高寿却害了西汉王朝，也害了王莽和王姓家族，更害了千万百姓。她如果只活四十岁——不要说只活四十岁，纵然活到七十岁，王莽失去这个权力魔杖，他的野心也无法实现。

2 乌孙大、小昆弥派遣使节前来朝贡。王莽因为乌孙国人大多亲附小昆弥，如今匈奴又全线侵扰边境，意欲讨小昆弥的欢心，于是派使者引导，让小昆弥的使者坐在大昆弥使者上座。师友祭酒满昌弹劾使者说："夷狄因为中原有礼仪，所以自屈而服从。如今大昆弥是君，小昆弥是臣，将臣使安排上座，在君使之上，这不是让夷狄归从的做法。奉使大不敬！"王莽怒，将满昌免官。

3 西域诸国因为王莽一再失去恩信，焉耆首先背叛，杀死了西域都护但钦。西域于是瓦解。

4 十一月，出现彗星，二十余日才消失不见。

5 这一年，因为私带铜、炭的人太多，朝廷取消了严禁携带铜、炭的法令。

6 匈奴乌珠留单于死，当权大臣右骨都侯须卜当，是王昭君的女儿伊墨居次云的丈夫。云一直想和汉朝和亲，又一向与伊栗置支侯咸的关系深厚友善，见之前咸被王莽拜为孝单于，于是立咸为乌累若鞮单于。咸立为单于后，命弟弟舆为右谷蠡王。乌珠留单于的儿子苏屠胡本来是左贤王，后来改称护于（乌珠留单于因为几任左贤王先后死亡，认为左贤王名称不详，改称护于），准备把单于之位传给他。咸怨恨乌珠留单于当初贬自己的称号（从左犁汙王贬为伊栗置支侯），于是贬护于为左屠耆王。

天凤元年（甲戌，公元14年）

1 春，正月，赦天下。

2 王莽下诏："将于本年四月遍行巡狩之礼，太官（掌皇帝膳食及燕享）准备干粮、干肉，内者（少府属官）准备帐篷和卧席，不要沿途地方官府任何供应。等到巡狩完毕，就在归途中直接迁都洛阳。"

公爵们上奏说："皇帝至孝，新遭文母之丧，悲痛过度，健康尚未恢复，还不能多进饮食，如今要在一年之中，巡狩四方，道路万里，而皇上年事已高，不是吃干粮、干肉所能支持的。可暂不巡狩，待三年守丧期满后，再做安排，以保障您的圣体安康。"

王莽听从，预定天凤七年巡狩。并确定明年迁都洛阳，派太傅平晏、大司空王邑到洛阳，主持城市规划，准备兴建宗庙、社稷和南北郊的祭坛等等。

3 三月三十日，发生日食，大赦天下。

因应日食天变，将大司空逯并免职，仅以侯爵身份参加朝会。太傅平晏，免去领尚书事兼职。以利苗男（爵）王䜣为大司马。王莽即位真皇帝后，尤其防备大臣，裁夺抑制他们的权力，官员中有指出当朝大臣过失的，就擢升他们。孔仁、赵博、费兴等因为敢于抨击大臣，得到王莽信任，都被提拔到重要岗位。国将哀章颇为贪腐，王莽专门为他设一个"和叔"官职，作为副国将，下诏说："和叔一官，不仅保护你的门户，也保护你在西州的亲属。"

十一位公爵，都为王莽所轻贱，哀章尤其不堪。

【华杉讲透】

子曰："君使臣以礼，臣事君以忠。"到了王莽这儿，上对下无礼，下对上无忠，上上下下，都没有尊严，没有人格。司马光说："诸公皆轻贱，哀章尤甚。"哀章怎么回事，大家都心知肚明，内心难免轻贱他。

但是王莽以轻贱的态度对待他的全体十一位最高级官员，对满朝官员都是轻贱，他自己又如何能有尊严呢？

《中庸》说："凡为天下国家有九经，曰：修身也，尊贤也，亲亲也，敬大臣也，体群臣也，子庶民也，来百工也，柔远人也，怀诸侯也。"

其中"敬大臣"很重要，大臣得不到你的尊重，他怎么领导小臣，主持工作呢？对大臣要礼敬，体貌恩数，都要加隆。

《中庸》说："敬大臣则不眩。"

眩，就是迷。怎么迷了呢？总是听了人的谗言。所以如果你尊敬大臣，小臣太监就不敢轻易给你递小话。你表露出轻视轻蔑了，马上有人煽风点火，你就眩了，迷了。我们都有弱点，容易受人影响，自己要警醒。所谓用人不疑，对大臣要信任专一，使他能展布才能，这样当你临大事，决大疑，都有顾问咨询，不至于迷惑。

王莽则恰恰相反，他本来就眩，就是要用小人太监来折辱大臣。因为他自己就是奸臣上台，自然看谁都是奸臣，都要防备。

君使臣以礼，敬大臣，体恤小臣，这是很重要的修养和领导力。我们很多企业家也做不到，让高管了无尊严，也搞得全公司都是贱人。

4 夏，四月，寒霜冻死草木，海滨地区尤其严重。六月，黄色大雾弥漫。秋，七月，大风拔起树木，未央宫北门以及直城门的屋瓦，都被掀飞。又下冰雹，砸死了牛羊。

5 王莽按古代文献《尚书·周官》和《礼记·王制》的规定，设置卒正、连率、大尹，代替太守。又设置州牧、部监二十五人。将京师长安郊区分为六个乡，每个乡设置帅一人。将三辅分为六个尉郡。河内、河东、弘农、河南、颍川、南阳为六个队郡。将河南大尹更名为保忠信卿，将河南郡的属县增加到三十个，洛阳郊区分为六个郊州，各设州长一人，每人管六个县。其他官名也都全部更改。把大郡分割成五个郡，全国一共一百二十五个郡，二千二百零三个县。又仿效古代的六服，根据离国都的距离，把国土划分为惟城、惟宁、惟翰、惟屏、惟垣、惟藩，分别加上方位，作为称呼，总共一万个封国。之后又反复更改，有的郡甚至改地名五次以上，又改回原来的名字。官吏百姓，都无法记住，以至于王莽自己每次下诏书，也要在地名前面加注原名（如诏曰“祈队，故荥阳”之类）。

6 匈奴右骨都侯须卜当、伊墨居次云（云是须卜当的妻子，王昭君的女儿）劝单于和亲，派人到西河郡虎猛县制虏塞下，对边塞官员说：“求见和亲侯。”和亲侯是王昭君哥哥的儿子王歙。中部都尉汇报上来，王莽派王歙，以及王歙的弟弟、骑都尉、展德侯王飒出使匈奴，祝贺单于即位，赏赐他黄金、衣被、布帛，还欺骗他说，他的儿子登还在（之前被王莽公开处斩），乘势要求遣返之前逃到匈奴的陈良、终带等人。单于逮捕陈良等二十七人，都戴上刑具，交给使者，又派厨唯姑夕王富等四十人送王歙、王飒。王莽制定“焚如”的刑罚，将陈良等人烧死。

【胡三省曰】

《易经》有焚如、死如、弃如之言，指不孝之子，父母都不容他，朋友们也抛弃他，所以烧杀而弃之。王莽就引用这个典故，做刑罚之名。

7 北方边境各郡发生饥荒，出现了人吃人的现象。谏大夫如普巡行边兵回来，说：“军士长期在屯驻，十分寒苦，边郡也无法供应，如今单于刚刚和我们讲和，应该乘此机会撤军。”校尉韩威进言说：“以新室之威而吞胡虏，就像嘴里咬死一个跳蚤一样。臣愿得勇敢之士五千人，不带粮秣，饥食虏肉，渴饮其血，可以横行匈奴！”王莽认为他的话很豪壮，擢升韩威为将军。但是，采纳如普的意见，召回边境部队，免除陈钦等十八人官职，又撤销四个边关的镇都尉与驻防部队。

单于贪图王莽的厚重礼物，所以表面上和之前一样对汉朝友好，但实际上继续寇掠如故。匈奴使者回去后，知道单于的儿子登已经被王莽处死，更加怨恨，在东部边境一带，攻击更加频繁。汉朝使者责问单于，他就说："乌桓和匈奴的奸狡无赖一起入塞为寇，就和汉朝境内也有盗贼一样，我刚刚即位，威信还没有建立，尽力禁止，不敢有二心！"

王莽无奈，只能重新再征发部队前往边境屯驻。

8 益州蛮夷愁苦困扰，全部反叛，又杀死了益州大尹程隆。王莽派平蛮将军冯茂征发巴、蜀、犍为三郡的地方部队，赋税直接在当地征收，进击益州蛮夷。

9 王莽又重申恢复金币、银币、龟币、贝币，对面值又各有增减调整，废除大钱、小钱，改为"货布""货泉"两种货币并行。又因为大钱已经流通很久了，突然废除，也禁绝不了百姓携带使用，于是将大钱流通时间又宽限六年，六年后完全禁止。

王莽每改一次币制，很多人就跟着破产一次，或者陷于刑罚。

卷第三十八 汉纪三十

（公元15年—公元22年，共8年）

主要历史事件

主要学习点

王莽下

天凤二年（乙亥，公元15年）

1 春，二月，大赦天下。

2 谣传有黄龙坠亡在黄山宫中，百姓奔走去观看的有上万人，王莽非常厌恶，抓捕了一些人调查造谣者，没查出来（王莽自称黄德，服装颜色为黄色，黄龙就是他了）。

3 单于咸既然已经跟汉朝和好，就要求归还他的儿子登的遗体。王莽想要派使者给他送回，又担心单于怨恨，杀死使者报复。于是逮捕之前建议斩杀登的前将军陈钦，以其他罪名处死。王莽选能言善辩之士、济南人王咸为使者。夏，五月，王莽派和亲侯王歙与王咸等人，护送右厨唯姑夕王，并送回之前所斩杀的登以及他的侍从贵族们的遗体。单于派云和当的儿子大且渠奢等前往边塞迎接。

王咸到了单于王庭，盛言王莽的威德，王莽也馈赠单于很多金银珍宝，晓谕他更改称号，于是改匈奴为“恭奴”，单于为“善于”，赐给印绶。封骨都侯当为后安公，当的儿子奢为后安侯。单于贪图王莽的金银财宝，勉强接受。但是入寇侵盗，依然如故。

4 王莽自以为制度确定，天下自然平定，于是醉心于研究地理，制定礼仪、创作音乐、讲说六经（《诗经》《尚书》《礼经》《易经》《乐经》《春秋》），公卿们早上入朝，晚上回去，整天都在讨论这些问题，议论几年也没有决定，完全没有时间去处理诉讼冤屈，以及百姓紧急的事情。有的县好几年都没有县令，也不任命，就由郡守兼任。一切贪腐残暴，一天比一天严重。中郎将和绣衣执法等中央派到郡国的官吏，都借着权势，转相举劾他人罪状。十一个公爵分别派出部属，到各地劝勉农桑，颁布节气时令及各种政令，这些人络绎不绝，冠盖相望，交错于道路，每到一地，召集吏民，逮捕证人。郡县则横征暴敛，转相贿赂，黑白不分。到长安未央宫门前诉冤情、告御状的人越来越多。

王莽因为自己是以大臣专权篡位，所以务求一切事务自己决定，有司也乐得轻松，不用负责任。凡是宝库、钱库、粮仓，全部由宦官主管，吏民上呈亲启密奏，都有宦官、近臣打开，尚书都看不到。王莽畏惧防备大臣，就是如此。

王莽又喜欢改变制度，政令繁多，应当奉守执行的，也要反复研究质问，才去办理。前面的事还没办，后面的又来了，混乱不堪，王莽经常点灯加班到天亮，也处理不完。尚书就借此作奸，把一些事情压下来，以至于上书等待批复的人，等几年也等不到。被逮捕的人等不到审判，只能期待大赦，才能出狱。边防部队没人安排换防，一拖就是三年，粮价飞涨，边兵二十余万人，全靠当地郡县供应。五原、代郡尤其受害，百姓起而为盗贼，数千人一群，到邻郡抢掠。王莽派遣捕盗将军孔仁，率兵与地方部队合击，过了一年多才平定下来。

5 邯郸以北大雨，地下水冒出，深的地方达到数丈，洪水冲杀淹死了数千人。

天凤三年（丙子，公元16年）

1 春，二月乙酉日（二月无此日），发生地震，雨雪很大，关东尤其严重，积雪深的地方达到一丈，竹子、柏树都枯萎了。大司空王邑上书，以地震缘故，承担天变责任辞职。王莽不许，说："地有动有震，地震有害，地动无害。《春秋》记载地震，但是《易经·系辞上传》讲'坤动'，动静开合，万物生长。"王莽喜欢欺骗掩饰，大都类似。（王莽引用的《易经·系辞上》原文："夫坤，其静也翕，其动也辟，是以广生焉。"坤，就是地。翕，是闭。辟，是开。地静而不生草木，则土闭；地动而生草木，则土开。地能闭能开，所以能广生万物。）

2 之前，王莽因为制度制定还未完成，上至公侯，下至小吏，都不能领俸禄。夏，五月，王莽下书说："我遭遇阳九之厄，百六之会（阳九、百六都是阴阳家的玄学，总之是时运不济，灾变严重），国用不足，百姓骚动，自公卿以下，一个月的俸禄，不过是八十支线的细布二匹，或者绸缎一匹而已。我每每想到这些，未尝不心中悲戚。如今困难已经度过去了，府库虽然还不充实，但总算略为宽舒，从六月初一开始，官吏们的俸禄都按制度执行。"

新制定的官员待遇，四辅、公卿、大夫、士，一直往下到舆、僚，一共十五等。僚一年六十六斛，等差上升，到四辅是一万斛。

王莽又说："古时候，丰收年景，则增加俸禄，有灾害呢，则有所减损，以体现朝廷官员与百姓同忧同喜，宫廷费用，根据各封国到京师呈进计簿时统计，如果天下幸而没有灾害，御厨房就按标准准备齐全的膳食，如果不幸有灾害，就按相应比例减少御膳。现在，从十一位公爵开始，六司、六卿以下，分别到全国各州郡、封国去，负责保护地方平安，无灾无难，如果不幸有灾害，就核定灾害的等级，按相应等级减少官员俸禄。在京师的郎、从官、中都官吏等直接从朝廷领取薪俸的，以御膳房的膳食多少为标准增减。如此，希望上下同心，劝勉农业，安定民生。”

王莽的制度烦琐，就是如此，因为丰收的等级无法核定，官吏们始终领不到俸禄，各自利用职权为奸，收取贿赂，自己养活自己。

【华杉讲透】

王莽领导政府，就好比一个公司，开始时说薪资标准还没有制定出来，暂时不能发工资。好不容易制定出来了，又有各种计算公式，算不出来，还是不发工资。我们想一想，如果到这样的“公司”上班，是不是觉得太不“正规”了？国家搞成这样，也就搞不下去了。

3 五月戊辰日（五月无此日），长平馆西边堤岸崩塌，泥土坠入泾水，泾水阻塞，在北岸决堤泛滥。群臣一起向王莽祝贺，说这正是《河图》上“以土填水”（“填”同“镇”）的应验，是匈奴灭亡的祥兆。王莽于是派遣并州牧宋弘、游击都尉任萌等率兵攻打匈奴。二将到了边境，停兵驻扎下来。

【华杉讲透】

上行下效，就是如此之快！前有王莽说地震是地动，是万物生长的吉兆。群臣马上学会了，山崩形成堰塞湖是“以土镇水”，寓意着匈奴灭亡。不可思议吗？实际上这是一种社会学现象，也可以说是人类学、生物学现象。法国社会学家塔尔德在他1890年出版的名著《模仿律》中说，一切社会行为都是人与人之间的模仿。而模仿律第一条，是在下位的模仿在上位的；第二条，是模仿一旦开始，就成几何级数扩大。

所以《大学》里说“一人定国”，如果领导人能修身、齐家，则一国都模仿他，自然能治国、平天下。反过来，如果领导人贪腐残暴，则一国都模仿他，全国上下，群魔乱舞。

4 秋，七月辛酉日（七月无辛酉日），霸城门（长安城东面南头第一门）失火。

5 七月三十日，发生日食，大赦天下。

6 平蛮将军冯茂攻打句町，士卒因传染病而死的有十分之六七，征收当地赋税高达十分之五，益州为之虚耗破败，却仍然不能攻克。王莽将冯茂召回下狱，冯茂死在狱中。

冬，王莽另外派遣宁始将军廉丹与庸部（王莽改益州为庸部）牧史熊，大发天水、陇西骑兵，广汉、巴、蜀、犍为吏民十万人，负责粮秣运输的又十万人，共二十万人出击。大军刚到的时候，也颇有战果，斩杀数千人。其后军粮运送不及时，士卒饥饿，又发生疫病。王莽要将廉丹、史熊召回，廉丹、史熊请求增加支援，誓言一定攻克句町，于是又大肆在当地征收赋税。就都大尹（王莽在蜀郡广都县设就都大尹）冯英不肯给，上书说："自从西南夷反叛以来，已经十年，郡县之前已经连续用兵，又用冯茂，用尽了一切办法，然而，僰道以南，山高谷深，水险林密，蛮夷远居，大军进击，费用以亿计，而吏士被瘴气毒死达十分之七。如今廉丹、史熊因恐惧受到惩罚，又想征调诸郡兵马钱粮，评估百姓财产，要征收十分之四，这样搞，就算梁州破产，他们也无法成功。臣建议，罢兵屯田，一切征调，按价购买。"王莽大怒，将冯英免职。之后又醒悟，说："冯英也无可厚非。"又任命冯英为长沙连率（王莽的官职，相当于太守）。

越嶲郡蛮夷任贵杀死了太守枚根。

7 翟义党羽王孙庆被捕获。王莽命太医、尚方（掌管宫廷饮食器物）与巧手的屠夫，将王孙庆解剖，量度五脏的位置，又用竹签插入他的血管，探求脉搏的终始，说可以用来治病。

8 这一年，王莽派遣特使、五威将王骏、西域都护李崇、戊己校尉郭钦出使西域，西域诸国都到郊外迎接，资助兵士和粮食。王骏准备攻打焉耆，焉耆诈降，实际上聚兵自备。王骏等率领莎车、龟兹兵七千余人，分为数部，命郭钦及佐帅何封另率一军为后队。王骏等进入焉耆境内，焉耆伏兵切断王骏退路，加上姑墨、封犁、危须等国叛变，一起反击王骏。王骏全军覆没，全部被杀。郭钦随后抵达焉耆，焉耆兵尚未回师，郭钦发动攻击，杀其老弱，从车师回师入塞。王莽拜郭钦为填外将军，封剿胡子，封何封为集胡男。李崇收集残部，退保龟兹，等到王莽败亡，李崇逝世，西域诸国就脱离了汉朝控制。

天凤四年（丁丑，公元17年）

1 夏，六月，王莽在明堂给诸侯王重新颁送茅土（古代天子分封王、侯时，用代表方位的五色土筑坛，按封地所在方向取一色土，包以白茅而授之，作为受封者得以有国建社的表征）。王莽亲自摆设平整的文石，陈列青茅及四色泥土，祭告岱宗（泰山）、泰社（天子宗社）、后土，以及受封者先祖、先妣，然后颁授给他们。王莽喜欢说空话，又向慕古代，模仿古代天子大肆封爵。但是，他的性情实际上非常吝啬，总是以地界还没划清楚为由，暂且先给一包茅土，并不实际给封地，来安慰那些喜欢受封的人。

2 秋，八月，王莽亲自到南郊，用五种颜色的矿石和铜一起煅烧，制成一个“威斗”，像北斗七星一样的形状，长二尺五寸，用来诅咒制胜各地兵马。铸成之后，王莽出行时，就让司命背着在前面走，回到宫中，就放在御座旁。

3 王莽设置羲和命士，监督五均、六筦（柏杨注：五均，是物资调节官；六筦，是六种官府专营专卖：酒、盐、铁、铸钱、林产、渔业），每个郡有数人，都由富商担任。这些官员，乘坐官府驿车，来往全国，与郡县官员狼狈为奸，大做假账，府库账目和实际都对不上，百姓更加穷苦。这一年，王莽又下诏，重申六筦，每一筦都制定严厉的惩罚措施，犯者最高可以达到死罪，奸民滑吏更加抱成一团，百姓各不安生。王莽又下诏，上公（四辅）以下，凡是家里有奴婢的，每个奴婢纳税三千六百钱，天下更加愁苦。纳言冯常建议撤销六筦，王莽大怒，将冯常免官。

朝廷的法令越来越繁杂苛刻，百姓“摇手触禁”，摇一下手都可能犯法！徭役既多又重，百姓都无法从事农业生产，又有旱灾、蝗灾，羁押在监狱里的罪犯，无人判决，没法结案。官吏们则用苛暴立威，随手就能找一条王莽下的禁令，侵刻小民，弄到富者不能自保，贫者无以自存，于是并起为盗贼，聚集在山林草泽。官吏不能征讨，就干脆向上隐瞒，如此愈演愈烈。

临淮人瓜田仪盘踞在会稽郡长州，琅琊人吕母聚党数千人，杀死海曲县令，入海中为盗，徒众越来越多，数以万计（吕母儿子在县衙做一个小吏，被县令冤杀。吕母散尽家财，聚集数百名贫穷少年，攻下海曲县，杀死县令，将他的人头祭奠在儿子墓前）。荆州发生饥荒，民众进入山野沼泽，挖掘野草充饥，饥民相互侵夺。

新市人王匡、王凤，能为大家评理争讼，解决纠纷，于是被推举为渠帅，聚众数百人。于是诸亡命者，如南阳人马武、颍川人王常、成丹等，都前往投奔，一起攻打那些离城市较远的市集，盘踞在绿林山，数月之间，达到七八千人。又有南郡人张霸、江夏人羊牧等，与王匡同时举事，部众都达到万人。王莽派使者前往，颁发赦令，希望瓦解这些盗贼。使者回来汇报说：“盗贼即使瓦解，马上又会聚集起来，问他们缘故，都说：‘法禁烦苛，举一下手都犯法。努力耕作所得，还不够交税。闭门自守，什么也不干，又会因为邻居铸钱挟铜而被连坐，奸吏借此敲诈勒索。’百姓穷苦，所以起而为盗贼。”王莽大怒，将使者免官。而如果使者顺着他高兴，说：“奸民狡黠，应该诛杀！”或者说：“时运使然，很快就会被消灭。”王莽就高兴，给他升官。

【华杉讲透】

王匡、王凤登场，也就是秦末的陈胜、吴广出现了。而王匡、王凤被拥戴的原因很有意思，是因为能为大家“平理争讼”。因为在王莽的天下，已经没地方讲理，甚至人被抓进监狱里去了，都没人来审理判决，永远不能结案，不能出狱。正常的政府服务，完全停摆，贪官污吏，上下其手。于是，百姓就自己找讲理的地方了。

天凤五年（戊寅，公元18年）

1 春，正月初一，北军军营南门失火。

2 王莽任命大司马司允（大司马属官）费兴为荆州牧，接见并询问他到任之后的方略。费兴说：“荆州、扬州之民，都依阻山泽，以打鱼、采集为业。之前国家实行六筦，无论山林鱼泽，都有捐税，妨碍民生，夺民之利，加上连年久旱，百姓饥穷，所以为盗贼。我到任之后，准备发布文告，让盗贼还归田里，由官府借贷耕牛、种子，再减免宽限他们的赋税，希望他们安居乐业。”王莽怒，将费兴免官。

3 天下官吏领不到俸禄，全靠贪赃枉法，郡尹、县宰家财都累积千金。王莽于是调查始建国二年匈奴入侵以来，诸军吏及边郡官吏大夫以上官员，贪赃枉法增产致富的，上交其家所有财产的五分之四以助边防军费。各公府官员驰传天下，调查贪官污吏，又鼓励军吏告发他的将领，奴婢告发他的主人，希望以此来禁绝奸恶，而结果奸恶更甚。

【华杉讲透】

解决问题，关键是要找对问题，找到“真因”。王莽把给他讲真因的人，都免职。而顺着他高兴说话的，就鼓励，那他就永远只能掩耳盗铃了。他所谓的“解决问题”的举措，只会制造新的、更大的问题。

要承担责任，就一定要“耐得烦”，人是情绪动物，都不想走出自己的舒适区，不想心烦，不愿意碰那些烦心事。而当你成为领导人，表现出不想心烦的时候，谁都不会来烦你，有什么灾什么难都不告诉你，你就只能等死了。秦二世就是这么死的，王莽也是这么死的。王莽空读那么多书，但他的读书，都是玩物丧志，不是格物穷理，而是慕古游戏。他要开创新朝，结果也不过是志大才疏。

4 王莽的孙子、功崇公王宗，给自己画了一幅身穿天子衣冠的画像，又私刻三颗印信，事情被发觉，王宗自杀。王宗的姐姐王妨，嫁给卫将军王兴，行巫蛊诅咒婆婆，又杀死婢女灭口，事情败露，王兴、王妨都自杀了。

5 这一年，扬雄去世。

当初，成帝的时候，扬雄做郎官，给事黄门，和王莽、刘歆并列。哀帝时期，又与董贤同一官职。王莽、董贤为三公，权倾人主，所举荐的人，没有一个不擢升的，而扬雄经历三朝，都没有升过官。等到王莽篡位，扬雄因为资格老，转为大夫。扬雄不追求势利，好古乐道，他的志向，是以文章成名于后世，于是写作《太玄》，总论天、地、人之道。扬雄见诸子百家，都各逞其智慧，但大抵都是诋毁圣人（孔子），以怪迂、析辩、诡辞，非议周公、孔子之教，扰乱时政，虽然都是小辩，却足以破坏大道，迷惑众人，让他们沉溺于这些所谓道理，而不知道其中的错误。所以当时的人，有向扬雄请教的，扬雄就用合乎礼法的话来回答他，这些问对整理出来，就叫《法言》。扬雄用心于内，不求于外，所以当时的人并不重视他，唯独刘歆和范逡对他非常尊敬，而桓谭更认为扬雄是卓异绝伦之人，巨鹿人侯芭，则拜扬雄为师。大司空王邑、纳言严尤听说扬雄去世，问桓谭：“您经常称赞扬雄的书，他的书能传于后世吗？”桓谭说：“一定能传下去！不过你我都看不到那一天，人之常情，贱近而贵远，离得近的，就轻视，离得远了，就觉得尊贵了。现在的人，亲眼见过扬雄，觉得他官职不高，又貌不惊人，所以轻视他的书。当年老子写作《道德经》，贬低仁义，非议礼学，但是喜欢他的人，还觉得《道德经》超过五经，上至汉文帝、汉景帝，下至司马迁，都有这样的评价。如今杨子的书，文义至深，而议论无异于圣人，一定会超越诸子，传诸后世。”

【华杉讲透】

人生到底有多长呢？活进历史，就与全人类同寿。人的寿命都差不多，但是你可以往前活，也可以往后活。

往前活，是读史。读史，则与古人同思考，共命运，毕竟我们本来就在一个命运里面，我们的今天，就是历史上一切人和事的结果的总和，又继续形成新的未来。人如果不能找到自己的生命与历史的连接，就不能认识世界，不能认识人类，不能认识自己。

往后活呢，是你能留下什么，能不能给人类留下遗产。若干年后，你还在影响人类，那你就与未来的人同思考，共命运了，因为未来的人，也本来就和我们在一个命运里，只是你能参与多少罢了。

每个人都想活出人生的巅峰，你的人生巅峰在多少岁呢？一个人的人生巅峰，应该在他死后。圣人的人生巅峰，在他死后千年，还每一天都在创造新的巅峰。扬雄用心于内，不求于外，因为他知道，桓谭也知道，扬雄的人生巅峰，就在《法言》，千年之后，他还在继续发言。

6 琅琊人樊崇在莒县起兵，聚众一百余人，转入泰山。群盗认为樊崇勇猛，都投靠依附他，一年之间达到一万多人。樊崇同郡人逄安、东海人徐宣、谢禄、杨音各自起兵，合共数万人，都带来跟随樊崇，一起攻打莒县，未能攻下，就在青州、徐州一带流窜掳掠。又有东海人力子都，也起兵在徐州、兖州一带抢掠。王莽派使者征发地方部队出击，不能取胜。

7 乌累单于死，弟弟左贤王舆继位，为呼都而尸道皋若鞮单于。舆即位之后，贪图新朝赏赐，派大且渠奢与伊墨居次云的妹妹的儿子醯椟王，一起到长安朝贡。朝贡之后，王莽派和亲侯王歙护送他们回匈奴。到了制虏塞下，与前来迎接的云和须卜当会面，即时伏兵绑架云和须卜当夫妇，胁迫到长安。云和须卜当的小儿子脱逃，回到匈奴。须卜当到了长安，王莽拜他为须卜单于，准备出大军送他回匈奴即位。但是大军也调集不起来，而匈奴更加愤怒，侵犯边境更甚。

天凤六年（己卯，公元19年）

1 王莽见盗贼多，于是令太史推算三万六千年的日历，每六年改元一次，布告天下，并下书自称："我会和轩辕黄帝一样成仙升天。"想要如此向百姓欺诳炫耀，瓦解盗贼，大家都嘲笑他。

【华杉讲透】

前面我们说过，王莽的核心能力，就是骗。但是，为什么之前他无论怎么胡说八道，大家都跟着以更大的想象力胡说八道，而如今他继续胡说八道，却落得"众皆笑之"呢？因为之前跟着胡说八道有利益，如今没有利益了。

欺骗的原理是自欺，就是自欺欺人，人若欺人，必先自欺。自欺，尔后欺人，而欺人成功之后，又加深了自欺，或者是自己真的信了，或者以为自己说什么别人都会信。如此变本加厉，最终就走向"欺人失败，自欺成功"。

所以朱熹说："诚者何？不自欺。"什么是诚？诚的原理就是不自欺。因为你在干什么，你的良知自然知道，你只要不自欺，就是至诚，王阳明致良知之学，就是这个意思了。读者应在此仔细体会，时刻警醒，不可自欺，否则，当我们觉得王莽可笑，也不过是五十步笑百步，这书就白读了。读书不知行合一，就是玩物丧志。

2 第一次在明堂和太庙演奏呈献"新乐"（王莽所作的新朝礼乐，

相当于“国歌”）。

3 更始将军廉丹攻击益州叛军，不能取胜。益州蛮夷栋蚕部落、若豆部落起兵杀死郡守，越嶲郡夷人大牟也起兵反叛，杀死、掳掠官吏和百姓。王莽召回廉丹，派大司马护军郭兴、庸部牧李晔攻击若豆部落等，又派太傅羲叔士孙喜，去清剿江湖上的盗贼。而此时匈奴寇边越来越严重，王莽于是大募天下壮丁和死刑犯，吏民家奴，命名为“猪突”“豨勇”（豨，也是猪的意思，猪性情烈了要拱人，所以用以命名），认为是精锐部队。军费向全国百姓征收财产税，收取三十分之一，连同绸缎布匹，一起运到长安。

又令公卿以下直到郡县黄绶官员（黄绶是官员系印的绶带，也指二百石、三百石、四百石俸禄级别的官员）都要负责保养军马，数量多少按俸禄级别。官员们转头就把保养军马的任务，转嫁给老百姓。

又征募有奇技可以攻击匈奴的人才，说可以破格提拔。于是来献技的人数以万计，有说不用船就可以渡河的，只要使马匹首尾相接，就可以渡过百万雄师；有说不用吃粮，只要服食药物，就可以让三军不饥饿的；还有自称会飞的，一日千里，可以去匈奴进行空中侦察。王莽先试一试那位能飞的，那“飞人”用鸟羽做两个大翅膀，头上、身上都粘上羽毛，用扣环和绳索操纵，飞了数百步，坠落下来。王莽知道这些人没用，但是希望借此鼓励更多人来献技，把他们都拜官为理军，赐以车马，准备出征。

当初，王莽想要诱迎须卜当，大司马严尤进谏说：“须卜当在匈奴西部，他的部队从来没有侵犯汉朝，而匈奴有什么动静，他都及时通报我们，这对我们有很大帮助。如今把他接来，住在长安稾街（外国使节集中的城区），那不过是一个胡人而已，不如在匈奴对我们有利。”王莽不听，把须卜当弄来之后，要派严尤和廉丹去攻打匈奴，都赐姓为“征”，号为“二征将军”，令他们诛杀单于舆，送须卜当回匈奴做单于。车马已经在城西横厩准备好，还没有出发。严尤一向有智略，反对王莽攻伐四夷，数次进谏，王莽都不听。等到将要出发的最后一次御前会议，严尤又坚持说："匈奴的事可以往后放，现在要关注的是山东（崤山以东）盗贼。"王莽大怒，下令将严尤免职。

4 大司空议曹史（大司空属官）、代郡人范升，向大司空王邑进言说："我听说，做儿子的，以不离间父母之间的感情为孝；做臣下的，以不非议君上为忠。如今众人都称颂皇上为圣，都赞扬您为明。明，是无所不见；圣，是无所不闻。如今天下之事，就像日月一样昭昭，就像雷霆一样震撼，而皇上看不到，您也听不见，那百姓到哪里去呼天求救？如果您觉得现在的政策是对的，所以不说话，那罪还小；如果您知道现在的政策是错的，却照样执行，那就是大过了。这两条，您总归要占一条，所以天下人都怨恨您。如今朝廷以远者不服为念，我则认为近者不悦才是重大的忧患。如今一举一动，都与时事相悖；每件事的安排，都和道理相反，奔驰在翻车的道路，跟进着失败的轨迹，灾祸必将降临，越晚爆发，就越怪异可怕。如今正是开春时节，却发动远征，粗劣的饭菜也不能备齐，田地抛荒无人耕种，粮价暴涨，一斛要数千钱，官吏百姓都陷于水深火热之中，不再是国家的百姓了。如此，则胡人、貊人将攻到宫阙之下，而青州、徐州的变民将杀到帷帐之中了。我有一句话，可以解天下于倒悬，免除百姓的危急，这话不能写在书信上，希望您能给我一个面谈的机会，向您陈述！"

王邑不听。

【华杉讲透】

范升说："朝以远者不服为至念，升以近者不悦为重忧。"近者悦，出自《论语》：

> 叶公问政。子曰："近者悦，远者来。"

叶公问治理国家之道。孔子说："让近处的人喜悦了，远方的人就自然宾服，前来投奔。"这就是近悦远来。

所以为政之道，在于悦近来远，这是先后次序。《大学》说："知所先后，则近道矣。"知道孰先孰后，就接近得道了。强者总有征服欲，想要征服远方的人，而远方是四面八方，你要派多少支军队出去征服，又要把半径拓展到多远呢？这是任何人的实力都不能做到的，征服远方，正足以引起内乱，倾覆社稷。而如果你全心全意照顾自己的百姓，把国家搞好了，全世界的人，不用你出兵，个个都服，都想来投奔你。

企业的经营也是一样，你把顾客照顾好了，就有更多的顾客来；你把员工照顾好了，就有更多的人才来。如果现有的顾客在流失，拓展再多客户也没有用。如果现有的员工在辞职，找再多猎头，也解决不了问题。

5 翼平连率（相当于郡长）田况上奏说，各郡县上报的百姓财产不实。（之前要求申报财产，征收三十分之一财产税）王莽下令，再征收三十分之一，并且认为田况忠诚忧国，进爵为伯爵，赐钱二百万。百姓都痛骂田况，青州、徐州的百姓，都抛弃乡里而流亡，老弱者死于道路，而年轻力壮的，就加入盗贼。

6 夙夜连率韩博上奏说："有一位奇士，身高一丈，腰围有十个人合抱那么粗，自己来到县府，说要奋击匈奴，自称名叫巨毋霸，出生在蓬莱东南五城西北昭如海滨，小车装不下他，三匹马也拉不动。当天，我就派出四匹马拉的大车，车上竖立虎旗，将巨毋霸送往长安。巨毋霸睡觉的时候，头枕着战鼓，吃饭用铁筷子，这正是皇天派来辅佐新室的。愿陛下制作巨大的盔甲，高大的战车，古代大力士孟贲、夏育穿的衣服，派遣大将一人，虎贲勇士一百人，在道路上迎接巨毋霸。京师的门户不能容纳他的，加高加大，以示百蛮，镇安天下！"

韩博这话，有讥讽王莽之意（因为王莽字巨君，巨毋霸，就是巨君毋得篡位而霸），王莽听出弦外之音，非常厌恶，下令巨毋霸留在新丰县，改其姓为巨母，说巨母霸的出现，是文母（王政君）派来的，是文母让巨君成为霸王的符兆。然后征召韩博，将其逮捕下狱，指控他说了不该说的话，将他斩首弃市。

7 关东（函谷关以东）连年旱灾饥荒，力子都等党众越来越多，达六七万人。

地皇元年（庚辰，公元20年）

1 春，正月乙未日（正月无此日），赦天下，根据之前制定的三万六千年纪年，改元地皇。

2 王莽下书说："如今出军行师之时，敢有奔跑号叫，触犯法令的，即刻论斩，不问季节！"于是春夏斩人于都市，百姓震惧，路上相遇都不敢说话打招呼，目视致意而已。

【华杉讲透】

王莽崇古，都是假的。春夏不行刑，这是刑法上最大的"古"，王莽弃之若敝屣。没有一以贯之的价值观，就不能凝聚任何人，成了独夫民贼了。

3 王莽见四方盗贼越来越多，想要造声势镇压，于是下书说："我的皇初祖考黄帝平定天下时，率兵为大将军，内设大将，外置大司马五人，从大将军到各级军官一共七十三万八千九百人，士兵一千三百五十万人。我受符命而领天下，将参照前人，补足编制！"于是设置前、后、左、中、右大司马之位，赐给各州从州牧到县宰各领大将军、偏将、裨将、校尉等称号。乘坐朝廷驿车的使者，川流不息前往全国各郡县，一天有十几拨，而官府粮仓中已经没有粮食供应，驿站车马也不充足，路上遇见民间车马，就当场征收，需要什么都在民间拿取。

【王夫之曰】

严尤谏止王莽伐匈奴，他的意见对于王莽来说是对的。但是，后世将之引为定论，认为匈奴不该伐，那又未必了。王莽招乱，确实是从伐匈奴开始，欺天罔人，疲敝中原，必然要闯大祸。严尤不敢说王莽不能伐匈奴，而说匈奴不可伐，那是回避王莽的忌讳。

秦朝的灭亡，亡在阿房宫，亡在骊山，亡在诛杀无度，而不是亡在筑长城而斥远匈奴之害。汉武帝之疲敝天下，在于建章宫，在于柏梁台，在于求仙拜神巡游无度，在于贪图所谓汗血宝马而兴万里之师，不在于扫除幕南（沙漠以南）单于王庭而剪除匈奴之害。

秦得天下于力战，民未休息，而筑城戍边之役暴兴，则民怨起。汉武帝承文、景休息之余，中原无事，而举兵匈奴，所以武帝的功勋，到宣帝、元帝时期得以完成，而直到哀帝、平帝时期，匈奴仍然臣服不二。王莽的政权来源合法性，还不如秦，却急于动员久已不习战事的百姓，那他将遭遇的祸患，必定重蹈亡秦的覆辙，而且比亡秦更惨。严尤对此了然，只是不敢明说而已。后世不可因此认为匈奴不可伐，而抹灭了汉武帝的功勋。

4 秋，七月，大风摧毁王路堂（未央宫前殿，王莽将之改名为王路堂），王莽下书说："七月壬午日（七月无此日）黄昏时分，有烈风雷雨发屋折木之变，我很恐惧，仔细思考了十天，然后才解开了谜底。之前符命上写的是立王安为新迁王，王临封国在洛阳，为统义阳王，议论的人都说：'王临封国在洛阳，而且称号为统，那就寓示着他是据中土而为新室之统，应该立为皇太子。'自此之后，王临一直久病，虽然痊愈，也不能恢复当初的健康。王临有哥哥，却称皇太子，名不正。我即位以来，阴阳未能调和，农作物收成减少，蛮夷侵犯华夏，地方贼寇频繁，百姓惶惶不安，手脚无措。我深深地思考下来，原因就在于名不正。现在，就立王安为新迁王，王临为统义阳王。"

【华杉讲透】

王莽说："有烈风雷雨发屋折木之变，予甚恐焉，伏念一旬，迷乃解矣。"这是他的政治话术，这句话用的典故出自《尚书·尧典》尧对舜的考察，“纳于大麓，烈风雷雨弗迷”，就是把他送进山林中，看他在狂风暴雨中，是否也能不迷失方向。王莽这一说，是传位给他的天帝在考察他了。

他深思下来，错在王临做皇太子“名不正”。“名不正”出自《论语》，子路问孔子，如果让他主持卫国政治，他先从哪里入手。孔子说，一定要先正名。

> 名不正，则言不顺；言不顺，则事不成；事不成，则礼乐不兴；礼乐不兴，则刑罚不中；刑罚不中，则民无所措手足。

王莽后面说“百姓无所措手足”，也就是引用孔子这段话了，孔子这段话，恰恰就是王莽政权现状的写照。

真是绝妙讽刺，王莽知道“名不正”的原理，却不知道自己名不正，不知道那所谓“符命”名不正。这就是人性的弱点，表面上有所信念，成天挂在嘴边，但他是选择性相信，对他有利的，他就信，对他不利的，他就无视，或者认为自己是例外。

所谓相信，就是没有选择性，没有例外，读者宜熟玩焉！

5 王莽又下书说：“宝黄厮赤（以黄色为宝，是新朝的颜色。红色是汉朝的颜色，让厮役贱仆都穿红色，用以贬低汉朝），嘱令郎官和从官都穿大红色衣服。”

6 有很多望气的人都说出现了兴建土木工程的征兆，九月甲申日（九月无此日），王莽在长安城南兴建九庙，其中黄帝庙方四十丈，高十七丈，其他的庙规模是黄帝庙的一半，规制非常雄伟，征召天下工匠及官吏百姓捐钱捐粮的人，在道路上络绎不绝。九庙穷极百工之巧，花费数百万，在建造工程中死亡的士卒和工人，数以万计。

7 从九月开始，大雨连绵六十余日。

8 巨鹿男子马适求等人阴谋发动燕、赵兵马诛杀王莽，大司空士王丹发觉，向王莽报告。王莽派三公大夫逮捕马适求及其党羽，株连郡国豪杰数千人，全部处死。封王丹为辅国侯。

9 王莽的法令：私自铸钱的，死罪；非议新朝廷币制的，流放四方蛮荒之地。但是犯法的人太多，没法执行。于是减轻刑罚，私自铸钱的，与妻子儿女一并没收进官府为奴婢，非议币制的，百姓罚做一年劳役，官吏免职。

【华杉讲透】

如此可以想象，犯法的人更多了，官府恐怕也用不了那么多奴婢，正好给叛军准备兵源，今天敢造假币的，明天就敢造反。

10 太傅平晏死，以予虞（王莽改水衡都尉为予虞，掌皇室财政）唐尊为太傅。唐尊说："国虚民贫，咎在奢侈浪费。"于是身穿短衣小袄，骑母马，坐着简陋没有装饰的柴车，睡在麦秸填成的褥子上，饮食用瓦器，并把这些东西，分送给公卿们。出门路上遇见男女不分开走的，唐尊就亲自下车，对他们施以"象刑"——用一块布条，蘸上红色的赭石染料，去画脏他们的衣服。王莽听说后，非常欣赏，下诏给公卿们说："你们要向唐尊看齐！"封唐尊为平化侯。

【胡三省曰】

汉朝鼎盛时，人人都骑公马，骑母马的被人轻视，聚会都不邀请他。唐尊以上公之尊而骑母马，这是矫情欺世。

11 汝南人郅恽通晓天文历数，认为汉朝必将再受天命，上书对王莽说："上天垂戒，希望陛下醒悟，再退回到臣子的位置。取之于天，还之以天，可以说是知命了。"王莽大怒，将郅恽逮捕下狱。过了冬天，郅恽遇上大赦，得以出狱。

地皇二年（辛巳，公元21年）

1 春，正月，王莽妻子去世，谥号为孝睦皇后。当初，王莽的妻子因为王莽数次杀死自己的儿子，涕泣失明，王莽令太子王临到宫里奉养她。王莽妻子的侍女原碧，曾被王莽临幸，也曾与王临私通，担心事情泄露，两人就一起密谋要杀死王莽。王临的妻子刘愔，是国师公刘歆的女儿，对星相学很有研究（她的祖父刘更生是星相学专家，颇有家学渊源），告诉王临说，宫中有白衣之会（大凶之兆，有丧事），王临大喜，以为他的谋杀计划将要成功。结果又被贬为统义阳王，出居外第，不能住在皇后宫中了，王临更加忧惧。等到王莽妻子重病，王临给她写信说："皇上对子孙非常严苛，之前长孙、中孙（王宇、王获）都是三十岁而死，如今我也要三十岁了，担心母后一旦不在人世，我也不知道死在哪里了！"王莽去探望妻子的病情，看到王临的信，大怒，怀疑王临有恶意，不许他参加母亲的葬礼。葬礼结束后，就逮捕原碧等拷问，原碧将她和王临的奸情以及谋杀王莽的阴谋全部招供。王莽希望将此事保密，派人将他派去负责审案的司命从事（司命的属官）全部秘密处决，尸体就埋在监狱里，家人都不知道他们的去向。又赐给王临毒药，王临不肯吃药，自刺而死。又下诏给刘歆说："王临不懂星象，事情是因刘愔而起。"于是刘愔也自杀了。

【华杉讲透】

儒家价值观，首要的就是修身、齐家，王莽杀死了自己三个亲生儿子，还号称"大儒"，也只能是"大辱"了。

2 这一月，新迁王王安病死。当初，王莽还是新都侯的时候，回到封国，临幸过侍女增秩、怀能，分别生下儿子王兴、王匡，都留在新都国，因为不能确定是不是他的儿子（侍女也可能跟别人私通）。如今王安去世（王莽跟妻子生的儿子全死了），王莽于是派使者带着王车去新都国迎接王兴、王匡，封王兴为功修公，王匡为功建公。

3 卜者王况对魏成郡大尹李焉说："汉室将要复兴，李氏为辅佐。"于是为李焉作预言未来的谶书，一共十余万字之多。事发，王莽将二人全部诛杀。

4 王莽派太师羲仲（羲仲是太师府属官）景尚、更始将军所属护军王党，率军攻打青州、徐州贼寇，国师和仲（和仲是国师的属官）曹放协助郭兴攻击句町，都不能攻克，军纪败坏，百姓苦难深重。

5 王莽又转运天下粮食布帛到西河、五原、朔方、渔阳等郡，每郡数以百万计，作为准备攻打匈奴的物资。须卜当病死，王莽把自己的庶生女儿（王莽与侍女开明所生的女儿王捷）嫁给他的儿子后安公须卜奢，对他十分尊宠，赏赐丰厚，铁了心要出兵送他回匈奴立为单于。后来王莽失败，伊墨居次云和须卜奢也死了。

6 秋，大霜冻死庄稼，关东发生大饥荒，并有蝗灾。

7 王莽减轻私自铸钱的刑罚后，犯法的人更多了，加上连坐的邻居，都没收入官府做奴婢，男子装上槛车，女子步行，铁链锁住脖子，从各郡国押解到长安钟官（掌铸钱的官）监狱，数以十万计。到了之后，将夫妻拆散，重新指配，因愁苦而死者十分之六七。

8 上谷人储夏，自荐去说降瓜田仪（会稽郡变民首领）。瓜田仪还没来得及出来投降就死了。王莽派人找到瓜田仪尸体，安葬，筑起坟墓、祠室，谥号为瓜宁殇男。

9 闰八月二十七日，大赦。

10 郎官阳成修献符命，说应该立"民母"（皇后），又说："黄帝因为有一百二十个女子侍奉他，所以成为神仙。"（汉儒说天子应当有三夫人、九嫔、二十七世妇、八十一御妻，也是一百二十位。）王莽于是派遣中散大夫、谒者各四十五人，分行天下，博采乡里所称道的淑女，汇报名册上来。

11 王莽厌恶高庙神灵（刘邦祭庙），派虎贲武士进入高庙，四面捶击，用斧子劈坏门窗，用桃木煮的水四处浇泼，又用赭石染料染红的鞭子鞭打墙壁，命轻车校尉住在里面。

12 这一年，南郡人秦丰聚众已达万人，平原女子迟昭平也聚众数千人在黄河泛滥区。王莽召群臣问擒贼方略，都说："这些不过是得罪于天，死在须臾的行尸走肉而已。"前任左将军公孙禄也被召来参加廷议，他说："太史令宗宣，负责观察星象，占侯气变，他把凶兆说成吉兆，扰乱天文，误导朝廷；太傅平化侯唐尊，虚伪掩饰，欺世盗名，误人子弟；国师嘉新公刘歆，颠倒五经，毁师灭法，令学士疑惑；明学男张邯、地理侯孙阳，推行井田制，让百姓失去土地；羲和鲁匡，设立六筦，让工商业穷困；说符侯崔发，阿谀谄媚，让下情不能上通。应该把这几个人诛杀，以告慰天下！"又说："匈奴不可攻，应该和亲。我恐怕新室之忧，不在匈奴，而在国内。"王莽怒，派虎贲武士把公孙禄扶出去，不过对他的意见却颇有采纳，以百姓怨言为理由，将鲁匡贬为五原郡卒正（郡长）。不过六筦的官府专卖垄断，并不是鲁匡一个人的意思，王莽贬他来安抚众心而已。

当初，四方变民都不过是因为饥寒穷愁而起为盗贼，稍稍聚集成群，但都盼望能有丰年，能够回归乡里。所以，虽然聚众达到万人，也不敢攻打城邑，每天抢来的，也就刚刚够充饥而已。那些死去的高级官员，都是死于自己部队的互斗，变民并不敢杀他们，但是，王莽始终不了解这其中的缘故。这一年，荆州牧征发奔命兵二万人讨伐绿林贼，贼帅王匡等在云杜迎击，大破朝廷军，杀数千人，缴获全部辎重。荆州牧向北撤退，贼帅马武等再拦击，钩住了荆州牧座车的挡泥板，杀了他的陪乘卫士，但是始终都不敢杀他。贼军又转战云杜、安陆，抢了很多妇女，又撤回绿林中，聚众达五万人，州郡无法制伏他们。

又有大司马士（相当于大司马府的秘书）到豫州查案，被贼寇抓获，但并没有伤害他，反而将他护送到县城。大司马士回到京师，汇报事情经过和实情，王莽大怒，认为他诬罔胡说，下书责备四辅、三公，说："什么叫吏，就是理！宣德明恩，以牧养百姓，这是仁之道；抑强督奸，捕诛盗贼，这是义之节。如今你们却不是这样，发生盗贼，官吏不能捕获，反而被盗贼抓去。逃脱回来，又胡说什么：'我数次责问他们为什么做贼，他们说是因为贫穷。后来贼寇们保护我，护送我出来。'以至于俗人议论都这么说。如果真的是因为贫穷而做贼，那不过是大者成群为盗，小者偷窃，无非这两种情况。如今聚众达到以千百数，这是叛逆作乱，哪里是饥寒所迫的强盗呢？四辅、三公应该严厉督促卿大夫、卒正、连率、庶尹，牧养善民，紧急追捕消灭贼寇！再有不同心并力仇恨贼寇，反而妄称他们是饥寒所迫的，立即逮捕治罪！"

于是群下更加恐惧，再也没有敢说贼情的，州郡又没有兵权，不能擅自发兵，盗贼于是失去控制。

唯独翼平郡连率（郡守）田况，一向果敢，动员十八岁以上丁壮四万余人，发给他们武库里的兵器，在石头上刻上誓约。樊崇等人听说后，不敢进入翼平郡界。王莽责备田况说："朝廷没有赐给虎符，而擅自发兵，这就是擅弄兵权，与抗命不出战同罪。不过，田况自信可以消灭盗贼，暂且不治罪。"后来，田况自告奋勇，出界击贼，所向皆胜。王莽以玺书令田况兼领青州牧、徐州牧，田况上书说："盗贼初起时，事件十分轻微，地方上主管捕盗的官吏就能解决。问题出在上级官员不以为意，县欺骗郡，郡欺骗朝廷，明明有一百个盗贼，只说十个，有一千个，则只说一百个，于是朝廷也没有重视，没有督责他们。等到蔓延数州，才派遣将帅，大批钦差使者，巡察追究。郡县官员则全力应对查问辩诘，供应饮食，奉献金银，以求逃脱死罪，更没有工夫去操心盗贼和本职工作了。将帅们又不能身先士卒，战则为贼所破，士气低落，白白牺牲百姓。之前所幸颁下赦令，贼众想要解散，结果反而被朝廷军拦击，于是重入山谷，相互转告，所以各郡县之前投降的贼寇，都很惊骇，担心被欺骗屠灭，加上饥馑，不能安生，十天之中，又集结十余万人，这就是盗贼多的缘故。如今洛阳以东，米价高达二千一石，我见朝廷诏书，要派遣太师和更始将军二人讨平盗贼。二人是国家爪牙重臣，随从人马众多，沿途无法供应。如果供应太少，又不足以威示远方。我建议，应该选拔州牧、大尹以下官员，明其赏罚，将乡村的，小诸侯国没有城墙的，老弱全部迁入大城，积藏粮食，并立固守。贼众来攻城，不能攻下；所过的地方找不到粮食，就无法群聚，如此，招之必降，击之则灭。如今一味地派出将帅，他们给地方上带来的痛苦，反而甚于盗贼。应该召回那些在地方上督察的使者，让郡县得到休息。委任我负责剿灭所属二州的盗贼，一定将他们平定！”

王莽畏惧厌恶田况的才能，暗中准备换掉他，派使者赐给田况玺书。使者到了田况处，立即接管了田况的兵权，派田况到长安，拜为师尉大夫。田况离开后，齐地局势就败坏了。

【华杉讲透】

田况的清剿战略完全正确，就是坚壁清野，贼众打不下城池，乡野里又没有粮食，就聚集不起来，招之必降，击之则灭。所陈述中央大员给地方上带来的痛苦，也是实情。但是，直接要求王莽撤回所有钦差，这不是政治幼稚，就是别有用心，所以王莽必须把他换掉。监督和信任，必须有一个平衡，如果王莽在地方上一个耳目都没有，全权委任他去平贼，以后谁还能控制他呢？

地皇三年（壬午，公元22年）

1 春节，正月，新朝的九庙落成，供奉起王莽先祖神位，王莽进庙谒见，乘着六匹马拉的御车，以五彩羽毛编织成龙纹的衣服，披在马身上，上面还有龙角，长达三尺。又造了一个九重华盖，高八丈一尺，以四轮车装载，前面拉车的人一路高呼：“登仙！”王莽出发时，就让这华盖在前开路。百官窃窃私语地说："这很像丧车，不像仙车。"

2 二月，樊崇等击杀景尚（去年派去讨贼的太师羲仲）。

3 关东"人相食"（饥荒带来人吃人的惨剧）。

4 夏，四月，派太师王匡、更始将军廉丹东讨众贼。当初，樊崇等人部众越来越多，就制定约法："杀人抵命，伤人者赔偿。"其中地位最高的号称三老，其次是从事，再次为卒吏。后来听说太师、更始将军将要来讨伐，担心他的部众和王莽的士兵之间无法识别，于是全部将眉毛涂成红色，由此号为"赤眉"。王匡、廉丹一起率领锐士十余万人，所过军纪败坏，放纵不法，东方百姓都说："宁逢赤眉，不逢太师！太师尚可，更始杀我！"和田况的预言一模一样。

【华杉讲透】

这是一个分水岭，贼众开始建立组织纪律，而朝廷军则有组织无纪律，到底谁是贼，就换了位置了。

5 王莽又派出很多大夫、谒者，分赴各地，教百姓煮草木做成干酪，这些酪没法吃，白白给百姓增加负担。

6 绿林贼遇到疾疫，死了一半，于是各自分散引去。王常、成丹西入南郡，号称"下江兵"，王凤、王匡、马武及其支党朱鲔、张卬等北入南阳，号称"新市兵"，都自称将军。王莽派遣司命大将军孔仁征剿豫州，纳言大将军严尤、秩宗大将军陈茂剿荆州，各自带着随从吏士百余人，乘朝廷驿车到地方上招募士兵。严尤对陈茂说："派遣大将，却不给兵符，一定要先请示，才能行动，这就像用绳子拴住凶猛的韩卢（战国时代韩国著名的猎犬），却要它捕捉野兽！"

【华杉讲透】

任何事一开始错了，往后就怎么也对不了。王莽对谁也不信任，因为没法信任。他自己得位不正，自然怀疑别人。天下人都对他不服、不满，谁掌握了兵权也很容易就想推翻他。所以他只能这样，这是他的困境，不授权是等死，授权则大概率是找死。

面临等死和找死的抉择时，应该选择“找死”，因为等死的概率是百分之百，找死则还有生机。但是，这没有标准答案，因为每个人的选择不一样。此时王莽需要有本事、有领导力，不断凝聚自己力量的支持者。他没有这个本事和领导力，就横竖是一个死了。

早知今日，何必当初，悔之晚矣！更何况，他此时还不知悔。

7 蝗虫从东方飞来，遮天蔽日。

8 流民进入函谷关的，有数十万人，于是设置养赡官进行救济，派使者监督，但是，负责监督的使者和担任养赡官的小吏共同舞弊，盗卖粮食，饥民饿死十分之七八。

之前，王莽派中黄门王业负责在长安市场采购，王业压低采购价格，市民深受其害，王业以节省经费的功劳，赐爵为附城。王莽听说长安城中闹饥荒，问王业，王业说：“都是流民。”并把市场上售卖的米饭和肉羹拿到宫中给王莽看，说：“长安市民吃的都是这些东西。”王莽相信他了。

9 秋，七月，新市贼王匡等攻打随县，平林人陈牧、廖湛等聚众千余人，号称平林兵，响应王匡。

10 王莽下诏责让廉丹说：“仓廪尽矣，府库空矣，可以怒矣，可以战矣！将军受国重任，不捐身于中野，无以报恩塞责！”廉丹惶恐，夜里召见他的掾（佐助）冯衍，把诏书给他看。冯衍说：“张良家族，五世为韩国国相，所以在博浪沙以铁锥谋刺秦始皇。将军的先祖，也是汉室忠臣。新室之兴，天下英俊之士，都不亲附。如今海内溃乱，人心思汉，甚于周朝人思念召公。我为将军考虑，不如屯据大郡，镇抚吏士，砥砺其节操，纳雄杰之士，询忠智之谋，兴社稷之利，除万人之害，则福禄流于无穷，功烈著于不灭。何必为王莽卖命，大军覆灭于中原，身躯抛尸于草野，功败名裂，耻及先祖呢？”

廉丹不听。

冯衍，是左将军冯奉世的曾孙。

冬，无盐人索卢恢等人举兵，占领县城，响应叛军。廉丹、王匡攻下城池，斩首万余级。王莽派中郎将奉着玺书前往慰劳廉丹、王匡，进爵为公爵，封吏士有功者十余人。

赤眉将领董宪等聚众数万人在梁郡，王匡准备进攻，廉丹认为刚刚攻拔城池，士卒疲劳，应该休士养威。王匡不听，引兵独进，廉丹只好带兵跟随。在成昌合战，兵败，王匡逃走。廉丹派军吏将他的印、绂、符节全送去交给王匡，说：“小儿可走，吾不可！”于是继续战斗，直到战死。校尉汝云、王隆等二十余人正在别处厮杀，听说廉丹战死，都说：“廉公已死，我们还为谁活着呢？”于是冲上去迎战敌人，全部战死。

国将哀章自告奋勇，负责讨平山东（崤山以东）盗贼，王莽派哀章飞驰向东，与王匡会合；又派大将阳浚守敖仓；司徒王寻将十余万屯驻洛阳，镇守南宫；大司马董忠在长安中军北垒练兵，加强射击训练；大司空王邑兼领三公职责。

11 当初，长沙定王刘发生了舂陵节侯刘买，刘买生了戴侯刘熊渠，刘熊渠生了考侯刘仁。刘仁因为南方地势低，湿气重，迁封到南阳白水乡，定居下来。刘仁死后，儿子刘敞继承了爵位，赶上王莽篡位，封国被撤除。

刘买的小儿子刘外，是郁林太守，刘外生巨鹿都尉刘回。刘回生南顿县令刘钦。刘钦娶了湖阳人樊重的女儿，生下三个儿子：刘縯、刘仲、刘秀。刘钦去世得早，兄弟三人，都是由叔父刘良抚养长大。刘縯性情刚毅，慷慨有大节，自从王莽篡汉，经常愤愤不平，有恢复社稷之志，不但不经营家产，反而倾家荡产去交结天下雄俊之士。刘秀长得“隆准日角”（隆准，高鼻梁，刘邦以高鼻梁著称，杜甫有诗云：“高帝子孙尽龙准。”日角，是额角有骨隆起如日，也是帝王之相），性情勤劳，总是在田里劳作。刘縯经常笑话他，拿高祖刘邦的兄弟来相比（刘邦登基后，曾经在酒宴上对父亲谈笑说：“当初您说我不事产业，不如刘仲。如今您看我的产业，比刘仲如何？”）刘秀的姐姐刘元，是新野人邓晨的妻子。刘秀曾经和邓晨一起到穰县人蔡少公家，蔡少公颇通图谶预言之术，说：“刘秀当为天子。”有人问：“您是说国师公刘秀（刘歆）吗？”刘秀玩笑说：“你怎么知道不是我呢？”在座皆大笑，邓晨心中独喜。

宛县人李守，喜好星象及图谶，当时担任宗卿师（胡三省注：王莽郡国设宗卿师以主管当地宗室事务，应该是管理刘氏宗室），曾经对他的儿子李通说：“刘氏当兴，李氏为辅。”等到新市、平林兵起，南阳骚动，李通的堂弟李轶对李通说：“如今四方扰乱，汉室当复兴。南阳宗室，唯独刘伯升（刘縯）兄弟有胸怀，能容众，可以和他们谋大事！”李通笑道：“我也有此意！”正好刘秀来宛县卖粮，李通派李轶去迎接刘秀，与他相见，详细说了图谶预言的事，和他结定盟约，定下计议。李通计划在立秋那天，骑兵武士大检阅的时候，劫持前队大夫（王莽改南阳郡为前队郡，置前队大夫一人，职如太守，掌治其郡）甄阜以及属正（职如郡都尉，掌全郡兵马及地方治安）梁丘赐，然后号令大众。李轶则与刘秀回春陵举兵相应。

于是刘縯召集诸豪杰计议说：“王莽暴虐，百姓分崩离析，如今又枯旱连年，兵革并起，这正是天要王莽灭亡，高祖之业复兴，再定万世太平之时！”众豪杰一致同意。于是分别派出亲友宾客，到各县动员起事，刘縯自己则动员春陵子弟。诸家子弟恐惧，都逃走藏起来，说：“伯升杀我！”等到看见刘秀也身穿红衣，头戴武冠，都惊讶说：“谨慎敦厚的人也干上了呀！”于是稍稍安心下来。如此得子弟七八千人，部署宾客，自称“柱天都部”（柱天，是天之柱石，都部，是都统其众，相当于“柱天将军”）。刘秀时年二十八岁。李通还没来得及发动，事情泄露，李通逃走，其父李守及家属连坐而死者六十四人。

刘縯派族人刘嘉游说新市兵、平林兵，和他们的统帅王凤、陈牧合兵一处，向西攻打长聚，攻进唐子乡，大肆屠杀，又杀死湖阳县尉。军中分财物不均，众人怨恨，要反攻诸刘。刘秀收集宗族所得财物，全部交出，众人才转怒为喜。又继续进击，打下棘阳县。李轶、邓晨也带着他们的宾客来会合。

12 严尤、陈茂击破下江兵。成丹、王常、张印等人收集残兵败将，退入蒌溪，在三钟山和石龙山之间打游击，声势又振奋起来，引军与荆州牧战于上唐，大获全胜。

13 十一月，张六星旁出现孛星。

14 刘縯欲进攻宛县，到了小长安聚，与甄阜、梁丘赐交战，当时大雾弥漫，汉军大败。刘秀单骑败走，路上遇见妹妹伯姬，带她上马一起逃跑，前行，又遇见姐姐刘元，催促她赶快上马。刘元说："你们快走吧，不要救我，否则没有一个人能活。"这时追兵赶到，刘元及她的三个女儿都被杀死，刘縯的弟弟刘仲及宗族一起被杀的有数十人。

刘縯再收集兵众，退保棘阳。甄阜、梁丘赐乘胜留辎重于蓝乡，引精兵十万南渡潢淳河，到达沘水，在潢淳、沘水两河之间扎营，撤毁桥梁，以示绝不生还的决心。新市兵、平林兵见汉兵数败，甄阜、梁丘赐大军又到，都想各自逃走，刘縯很忧虑。这时正好下江兵五千余人到宜秋，刘縯于是与刘秀及李通到下江兵军营登门拜访说："我们想拜见下江的一位贤将，与他商议大事。"众人推举王常。刘縯见王常，给他分析联合作战的好处，王常大悟说："王莽残虐，百姓思汉，如今刘氏复兴，就是真主！我正当挺身而出，为您所用，辅佐您成就大功！"刘縯说："如果大事可成，我岂敢独享其利！"于是与王常深相结交而去。王常回营，与成丹、张印等人说了情况和想法，成丹、张印自负也是一军之主，说："大丈夫既然起事，应该各自为主，何故受制于人呢？"王常于是徐徐游说将帅们说：“王莽苛酷，一错再错，失了天下人心，百姓思念汉朝，不是一天两天了，所以我们才能有起事的基础。百姓所怨恨的，就是上天要除去的；百姓所思念的，就是上天要复兴的。举大事，必当下顺民心，上合天意，才能成功。如果负强恃勇，纵情恣欲，就算得了天下，也会失去。以秦朝、项羽之势，尚且至于夷灭，何况我们只是布衣相聚于草泽，这样下去，不过是灭亡之道。如今南阳诸刘举兵，我观察他们来与我议事的人，都有深计大虑，确实是王公之才，和他们合并，必成大功，这正是上天保佑我们的部众！”下江诸将虽然倔强，见识也不多，但是一向敬重王常，于是都道歉说：“如果不是王将军教导，我们几乎陷于不义！”即刻引兵与汉军、新市兵、平林兵合并。于是诸将齐心协力，锐气益壮。刘縯大肆犒劳军士，设定盟约，休息三天，分为六部。十二月三十日，夜晚秘密拔营，突袭蓝乡，缴获甄阜军全部辎重。

【华杉讲透】

王常后来成为光武中兴的云台二十八将之一。

卷第三十九　汉纪三十一

（公元23年—公元24年，共2年）

主要历史事件

主要学习点

淮阳王

更始元年（癸未，公元23年）

1 春，正月初一，汉兵与下江兵一起攻打甄阜、梁丘赐，斩杀二人，并杀死士卒二万余人。王莽的纳言大将军严尤、秩宗将军陈茂引兵欲据守宛城，刘縯与之战于淯阳，大破之，于是包围宛城。之前，青州、徐州贼众虽然达到数十万人，但是没有文书、号令、旌旗、部曲（组织架构、部队编制、指挥系统），等到汉兵起，都跟着学会了，全都称将军，攻城略地，发布文告，指控王莽罪行。王莽听到这种变化，开始感到恐惧。

春陵戴侯的曾孙刘玄，在平林兵中，号更始将军。当时汉兵已经十余万，诸将认为兵多，不能没有统一指挥，希望立刘氏以从人望。南阳豪杰及王常等都想立刘縯，但是新市、平林将帅乐于放纵自由，忌惮刘縯威严，贪图刘玄懦弱，抢先一起定策立刘玄，造成既成事实，再召刘縯来征求意见。刘縯说："诸位将军要尊立宗室，用心非常好！但如今赤眉军在青州、徐州，部众有数十万，如果他们听说南阳立了宗室，恐怕他们也会拥立一位宗室。这样就会造成王莽未灭，而宗室自相残杀的局面，让天下人不知所从，从而损害我们的威权，这不是推翻王莽的好计策。从舂陵到宛县，不过三百里的地盘，这样急匆匆立皇帝，将成为众矢之的，让后人承受衰弊，不是好事。不如暂且先称王，称王也足以节制诸将。如果赤眉所立的皇帝更有贤德，我们就去投奔他，他也不会褫夺我们的爵位。如果他们没有立皇帝，我们攻破王莽之后，再招降赤眉，那时候称帝也不晚啊！”（后来果如刘縯所言，赤眉立了刘盆子为帝。）

诸将大多同意刘縯意见。张卬拔剑击地，说：“疑事无功，今日之议，不得有二！”众将于是都听从他。二月初一，在淯水沙滩上筑立坛场，刘玄即皇帝位，南面而立，群臣朝拜。刘玄羞愧流汗，抬手都说不出话来。于是大赦，改元，以叔父刘良为国三老，王匡为定国上公，王凤为成国上公，朱鲔为大司马，刘縯为大司徒，陈牧为大司空，其他人都是九卿将军。从此豪杰们大失所望，很多人都不服。

2 王莽为了对外显示他安之若素，将头发胡须都染黑，立杜陵人史谌的女儿为皇后，又设置后宫，有三夫人，位比三公；九嫔，位比九卿，二十七世妇，位比二十七卿；八十一御妻，位比八十一元士，一共一百二十人。

3 王莽赦天下，下诏说：“王匡、哀章等征讨青州、徐州盗贼，严尤、陈茂等人之前征讨前队（南阳郡）丑虏，已经给他们明告生路，只要投降，都可免罪。但贼众继续执迷不悟，拒绝解散，现在，令大司空、隆新公王邑，率百万之师，将他们剿绝！”

4 三月，王凤与太常偏将军刘秀等人率军攻打昆阳、定陵、郾县，全都被攻克。

5 王莽听说严尤、陈茂兵败，于是派司空王邑乘朝廷驿车，与司徒王寻发兵平定山东（崤山以东），征召通晓兵法的六十三位专家担任军吏，以巨人巨毋霸为垒尉（掌管军营周围的防御建筑），又驱使猛兽，有老虎、豹子、犀牛、大象等，以助军威。王邑到了洛阳，州郡各选精兵，由州牧、郡守为大将，前来会合，总兵力达到四十三万人，号称百万。其他还在路上的兵马，旌旗、辎重，绵延千里，络绎不绝。夏，五月，王寻、王邑南出颍川，与严尤、陈茂会师。

汉军诸将见王寻、王邑兵势盛大，都转身逃走，进入昆阳城，惶惶不安，觉得十分恐怖，又忧念妻子儿女，都想分散回自己地盘。刘秀说："如今我们兵少粮少，而敌人强大，如果并立抵御，或许还能建功。如果分散，一定不能保全。况且刘縯包围宛城，还未攻下，不能前来救援，一旦我们放弃昆阳，一天之内，就会被敌人全部消灭。如今大家难道不共举功名，反而想守着妻子财物吗？"诸将都怒道："刘将军何出此言！"刘秀笑笑起身。正好此时侦察骑兵进来，说："大兵将到城北，军阵数百里，看不到尾。"诸将一向轻视刘秀，到了这急迫的时候，只好说："请刘将军定计！"刘秀于是向他们分析成败因素和军事计划。诸将都说："听你的！"当时城中只有八九千人，刘秀让王凤与廷尉大将军王常守昆阳，夜里与五威将军李轶等十三骑出城南门，到城外收集军士。

当时王莽军队到城下的已有十万人，刘秀等几乎出不了城。王寻、王邑纵兵包围昆阳，严尤对王邑说："昆阳城小而坚，而如今贼兵假称帝号的首领在宛城。我们直扑宛城，他们一定崩溃。宛城一败，昆阳自然降伏。"王邑说："我之前包围翟义，因为没能将他生擒，而受到责备。如今将百万之众，遇城而不能下，不能展示国威。应当先屠此城，然后喋血而进，前歌后舞，岂不快哉！"于是将昆阳城包围了数十重，列营以百数，战鼓和号角声，绵延数十里，挖掘地道，又用撞车攻城，弓弩乱发，箭下如雨，城里的人打水都要背着门板。王凤等人乞求投降，王邑不许。王寻、王邑自以为成功就在眼前，对军事毫不在意。严尤说："《孙子兵法》说：'围城为之阙。'要留一个缺口，让他们逃出去，把恐怖的消息传到宛城。"王邑又不听。

【华杉讲透】

严尤讲的道理，出自《孙子兵法》：

围师必阙。

包围敌人，一定要留一个缺口，留一条生路给他。为什么呢？你如果把他围得死死的，他就只能“置之死地而后生”，一个人能鼓起十个人的勇气和力量，和你死战。留一个缺口呢，士兵们就有了贪生之念，就没有斗志了。他们从这个缺口突围，你正好在这个缺口杀他们，在他们逃跑的道路上伏击他们，在他们身后追杀他们，这样才能把他们杀得片甲不留，自己还不用损兵折将。如果包围战不留缺口，敌人死战，又占有防守的地利，即便攻下，杀他一人，我军可能要牺牲十人。

这个道理是军事常识，王寻、王邑当然懂得，但是他们现在数十上百万人包围区区七八千人，他不在乎。就算牺牲十万人去换这七八千人，他也不在乎，所以别说留一个缺口，连王凤乞降，他都不接受，一定不要放走一个，全部杀绝以立威。

王寻、王邑太大意，太放松，这就要发生“黑天鹅”事件了。

6 棘阳守长（代理县长）岑彭与前队郡副大夫严说一起把守宛城，汉兵围攻数月，城中出现人吃人的惨状，于是举城投降。更始帝进入宛城，以之为首都。诸将欲杀岑彭，刘縯说：“岑彭，是郡里的高级官员，执心固守，这是他的气节。如今我们举大事，应该表彰义士，不如给他封爵。”更始帝于是封岑彭为归德侯。

7 刘秀到了郾县、定陵，征调一切可以动员的部队。诸将贪惜财物，想要留一部分士兵守营。刘秀说：“如果能击破敌人，珍宝万倍，大功可成，如果失败，人头都没了，财物还是我们的吗？”于是全部出动。六月初一，刘秀与各路部队一起进发，自己率领步骑兵一千多人为前锋，离王寻、王邑大军四五里列阵。王寻、王邑以数千人迎战，刘秀冲上去，斩杀数十人。诸将高兴地说：“刘将军平生见到小敌就胆怯，如今见到大敌，反而勇敢，真是怪事！还是请刘将军为先锋，我们在后面助战！”于是刘秀再往前挺进，王寻、王邑部队退却，汉军诸将乘势掩杀，斩首数百上千级，又胜一仗。于是勇往直前，诸将胆气越来越壮，无不以一当百。刘秀于是率敢死队三千人从城西水上直冲王寻、王邑中军营垒。王寻、王邑没把刘秀这三千人放在眼里，下令各军营诸将不得擅自行动，自己率领一万余人迎战。刚一接触，作战不利，但是因为之前有军令，大军不敢擅自相救，王寻、王邑阵势乱了，汉军乘势冲击，王寻、王邑部队崩溃，于是王寻被斩杀。昆阳城中的部队也鼓噪而出，里应外合，呼声惊天动地，王莽军队大溃，奔走者互相踩踏，伏尸一百多里。又赶上大雷，大风天气，屋瓦都吹飞起来，大雨如注，滍水暴涨，虎豹都恐惧发抖，士卒溺死者以万计，堵塞到河水都不流动了。王邑、严尤、陈茂都轻骑踏着死尸渡河逃去，汉军缴获全部粮食、辎重，不可胜算，几个月都搬运不完，只好把剩余的全部烧毁。王莽军中的士卒各自逃回家乡，王邑独自率领着长安带出来的数千人回到洛阳，关中为之震恐。于是海内豪杰翕然响应，都杀掉他们的郡守，自称将军，用汉朝年号，等待汉朝皇帝的诏令。一个月之间，全国都脱离了王莽政权控制。

【华杉讲透】

王寻、王邑犯了什么错误？最根本的错误，还是那个管理心理学问题——成功人士的过分自信。更何况，他二人根本不是什么成功人士，只是自以为将要成功的人士。当你过分自信，“黑天鹅”就飞来了。

他们自信到什么程度呢？他们自信到要打“表演赛”，他们以为这是一场表演赛，却不知道这是决赛。

王寻、王邑下令各军营不许擅自出战，这个命令没错，这是兵法原则。当敌人来劫营，比如说晚上来偷袭，兵法的教导就是各营不要乱动，各自坚壁固守，这样就敌我分明了。都冲出来，容易敌我不分，乱成一团，反而失败。各营都严阵以待，专有一支部队去迎战，还有营区各处放哨瞭望的高台上往下射箭，敌人冲到哪里，由哪里的部队阻击，这样两下就把他们杀光了。他们没多少人嘛！

但是，他们错在不应该亲自出战，你下了不许乱动的命令，又亲自出战，如果你出什么问题，不就没有下一道命令了吗？就算亲自出战，您二位只上一个，留一个人指挥不行吗？为什么要两人一起上呢？这就是他们的“表演赛”，他们都要亲自取这个战功，要和自己手下的将领争功。这和之前王邑拒绝接受王凤投降，是一个心态。他自己已经写好了得胜剧本，要“前歌后舞”，他不愿意自己的剧本被改写，不愿意自己的“愉悦感”被破坏，就不知不觉走向死路。

《孙子兵法》讲将道，讲将领的职业操守：

进不求名，退不避罪，唯人是保，而利合于主。

这四句话，王邑全部违反。首先，他没有做到“进不求名”，他从头到尾都在求名，先是求攻下昆阳之名，然后求亲自杀敌之名。

其次，他没有做到“退不避罪”，严尤劝他放下昆阳去解宛城之围，他拒绝的理由，不是军事理由，而是说他之前因为没有生擒翟义被责怪，也就是说，他不退，是为了避免这个罪名。

第三，他没有做到“唯人是保”，他没有去保卫已经到了“人相食”地步的宛城，没有去救岑彭；在昆阳城下呢，他围城不阙，让士兵攻打殊死搏斗的叛军，用自家十条命，去换敌人一条命，他没有任何仁爱心肠，去保全自己的士卒。

第四，他没有做到“利合于主”，他的所有决策，都不是从王莽的立场、王莽的利益出发，而是为了满足自己。

这就是他失败的真正原因了。

兵法不讲以少胜多，兵法的原则，是以多胜少。以少胜多，都是“黑天鹅事件”，那么王寻、王邑百万大军，为什么会被刘秀一支小部队击败呢？可以说，刘秀用了一个“战略瘫痪”策略，直冲中军，打掉了主帅，就打掉了王莽军的指挥系统，没有指挥，百万大军也就成了乌合之众，成了待宰的羔羊。军队的力量来源于指挥，王寻、王邑没有安排好接替指挥的人，全军得到的最后一道命令，就是“按部毋得动”，那古代没有电子通信，也不知道前面发生了什么。再来一场狂风暴雨掺和，就成就了著名的昆阳之战。

8 王莽听说汉兵指控他毒死了孝平皇帝，就是在王路堂（未央宫前殿）大会公卿，打开金柜，拿出当初孝平皇帝生病时，他向天请命，愿意以身代死的策书，哭泣着展示给群臣看。

9 刘秀继续转战颍川，攻打父城，未能攻克，屯兵在巾车乡。颍川郡掾冯异巡视所属五县，被汉兵俘虏。冯异说：“我母亲在父城，如果放我回去，我愿意说降五座城来报答恩德！”刘秀同意。冯异回到父城，对县令苗萌说：“诸将横暴，唯独刘将军所到之处，都不抢掠，观其言谈举止，非庸人也！”于是与苗萌带着五个县都投降了刘秀。

10 新市、平林诸将见刘縯兄弟威名日盛，阴谋劝更始帝除掉他们。刘秀对刘縯说：“看情形不对劲。”刘縯笑道：“一向就是这样呀。”更始帝大会诸将，取刘縯的宝剑来观看。绣衣御史申徒建献上玉玦，更始帝不敢发动。刘縯的舅舅樊宏对刘縯说：“申徒建不是有范增之意吧（指鸿门宴上，范增举玉玦示意项羽决断杀死刘邦）？”刘縯不回应。李轶当初与刘縯兄弟相善，后来又谄事新贵。刘秀警告刘縯说：“此人不可再信任！”刘縯不听。刘縯的部将刘稷，勇冠三军，听说立了更始帝，怒道：“本来起兵图大事的，是刘伯升兄弟，如今的更始帝做了什么呢？”更始帝任命刘稷为抗威将军，刘稷拒绝接受。更始帝于是与诸将陈兵数千人，逮捕刘稷，要处死他。刘縯坚决反对。李轶、朱鲔于是劝更始帝将刘縯也抓起来，当天就处死了。任命更始帝的族兄、光禄勋刘赐为大司徒。刘秀听到消息，从父城奔驰到宛城谢罪。刘縯的官属来迎接并向刘秀吊唁，刘秀并不与他们私下交谈，只是深切地责备自己的过错，丝毫不谈昆阳的功劳，又不敢为刘縯服丧，饮食言笑一如平常。更始帝觉得内疚，拜刘秀为破虏大将军，封武信侯。

【华杉讲透】

你可以瞧不起他，但是你不能不敬畏他，因为他在那个位置。他越是被人瞧不起，越是自卑，就越容易起杀心，因为他身怀利器，杀心自起。

《吴起兵法》讲将道，叫“出门如见敌”。要把遇见的所有人都假设为敌人，保持高度警惕。孔子讲修养，叫“出门如见大宾”。要把路上遇见的所有人都假设为重要的宾客，保持尊敬。刘縯这两条都没做到。他在更始帝的小朝廷，周围全是大敌和大宾，他却毫无意识，只是一番“英雄情怀”“宽阔胸怀”，空有宏图大志，却稀里糊涂丢了性命，都是因为性格弱点。

11 道士西门君惠对王莽的卫将军王涉说：“有图谶预言刘氏当复兴，姓名都指出来了，就是国师公。”（国师公刘秀，就是刘歆，不过刘歆这个“刘秀”的名字，是他之前自己改的，不是本名。）王涉于是与国师公刘歆、大司马董忠、司中大赘孙伋密谋，以所部兵马劫持王莽降汉，以保全自己的宗族。秋，七月，孙伋向王莽告密，王莽召董忠责问，并当场将他格杀，让虎贲武士用斩马剑将董忠尸体挫成碎片，屠杀他全族，推进一个大坑，以浓醋、毒药、利刃、荆棘混合一起埋葬。刘歆、王涉都自杀。王莽见自己的骨肉亲人和亲信旧臣都背叛了（王涉是王根的儿子，王莽的堂兄。刘歆是王莽篡位的主谋），无法公开交代，只好秘而不宣。

王莽的军队在外打败仗，大臣在内搞叛变，左右的人不知道有谁还能信任，也不能再管远方郡国的事了，于是将王邑召回，任命为大司马，以大长秋张邯为大司徒，崔发为大司空，司中、寿容人苗䜣为国师。王莽忧虑愤懑，吃不下饭，只是喝酒，吃鳆鱼，读兵书，累了就靠着茶几打盹，不能上床安枕。

12 成纪人隗崔、隗义，上邽人杨广、冀人周宗，一同起兵响应汉军，攻下平襄县，杀死了王莽的镇戎大尹李育。隗崔哥哥的儿子隗嚣，一向有名，好经书，隗崔等共同推举他为上将军，隗崔为白虎将军，隗义为左将军。隗嚣派使者去请来平陵人方望，聘为军师。方望建议隗嚣在平襄城东修建高庙。七月二十日，举行仪式，祭祀高祖刘邦、太宗刘恒、世宗刘彻，隗嚣等都称臣执事，杀马为盟，誓言复兴刘氏，辅佐刘氏宗族。然后传檄给郡国，数落王莽罪恶，勒兵十万，击杀雍州牧陈庆、安定大尹王向。分遣诸将攻打陇西、武都、金城、武威、张掖、酒泉、敦煌，全部攻下。

13 当初，茂陵人公孙述为清水县令，以才能干练闻名，擢升为导江（王莽改蜀郡为导江）卒正，治理临邛。汉兵起，南阳人宗成、商县人王岑起兵响应，攻打汉中，杀死王莽的庸部牧宋遵，部众达到数万人。公孙述遣使去迎接宗成，宗成等人到了成都，掳掠暴横。公孙述召集郡中豪杰，说："天下人为新室所苦，思念刘氏已经很久了，所以听说汉朝将军来到，飞奔去迎接。但如今百姓受害，妻子儿女被凌辱，这是寇贼，不是义兵。"于是派人诈称汉朝使者，授予公孙述辅汉将军、蜀郡太守兼益州牧印绶，选精兵攻击宗成等，杀死宗成，兼并了他的部队。

14 前钟武侯刘望起兵于汝南，王莽的纳言大将军严尤、秩宗大将军陈茂都前往归顺他。八月，刘望即皇帝位，以严尤为大司马，陈茂为丞相。

15 王莽派太师王匡、国将哀章守洛阳，更始帝派定国上公王匡攻洛阳，西屏大将军申屠建、丞相司直李松攻武关，三辅震动。析县人邓晔、于匡在南乡起兵响应，攻打武关都尉朱萌，朱萌投降，又进攻右队（王莽改弘农郡为右队）大夫宋纲，杀之，继续向西挺进，又攻下湖县。王莽更加忧虑，不知所措。崔发说："古代国有大灾，则哭号以压之，我们应向上天哀哭求救。"王莽于是率群臣到南郊，陈列他的符命，向上天哭诉他受符命而即皇帝位的事情经过，仰天大哭，气都哭断了，又伏地叩头。诸生、小民也早晚都聚集在一起哀哭，为他们供应粥食，其中哭得悲哀的，就擢升为郎官，一下子提拔了五千人。

王莽拜将军九人，都以“虎”为称号，率领北军精兵数万人向东迎敌。又将他们的妻子儿女接到皇宫中做人质。当时宫中还有黄金六十余万斤，其他财物价值也差不多有这个数，但是王莽爱财，九位虎将每人只给赏赐四千钱，众军士十分怨怒，都没有斗志。九位虎将到了华阴县回溪，据险固守。于匡、邓晔进攻，六位虎将败走，其中两位虎将逃回未央宫宫门请死，王莽派使者问：“死的人在哪里？”二人自杀。其他四位虎将于是逃亡。剩下三位虎将收集残兵败将，退保京师仓。

邓晔打开武关迎接汉兵。李松率领三千余人到湖县，与邓晔等合攻京师仓，未能攻下。邓晔以弘农掾王宪为校尉，率数百人北渡渭河，进入左冯翊地界。李松派偏将军韩臣等人从西路小径直插新丰，攻打王莽的波水将军窦融，一路追击到长门宫。王宪向北抵达频阳，所过之处，望风迎降。诸县大姓豪强，都各自起兵，自称汉朝将军，率众追随王宪。李松、邓晔等引兵到华阴，而长安城下，四面都是汉兵。又听说天水隗氏刚刚也到了，都想抢先进城，贪图既立大功，又能抢掠财物。王莽赦免城中囚犯，都发给武器，杀猪，饮血立誓：“有不为新室战斗的，神鬼都不会放过他！”命更始将军史谌率领他们出击，军队刚过渭桥，就一哄而散，史谌独自回来。城外汉兵发掘了王莽妻子、儿子、父亲及祖先的坟墓，烧掉了他们的棺椁、祭庙，以及明堂、辟雍（学校），火光冲天，直照城中。

九月初一，汉兵从宣成门进城，大司徒张邯遇到汉兵，首先被杀。王邑、王林、王巡、蒂恽等人分别率兵在未央宫北门阻击，到了黄昏时分，各官府、宅第里的人全部逃亡一空。

九月初二，长安城中少年朱弟、张鱼等担心家里被抢掠，聚集起来也加入汉军，火烧作室（未央宫工匠出入的便门），又用斧头劈开敬法殿小门，高呼：“反贼王莽，何不出降？”大火一路烧到掖庭、承明殿。承明殿是黄皇室主（汉平帝的皇后）所居住的地方。黄皇室主说：“我有何面目以见汉家！”自己投入火中而死。

王莽避火到宣室前殿，大火则跟着他烧过来。王莽身穿青赤色衣服，拿着舜帝当年用的匕首（胡三省注：舜帝时代，哪儿来的匕首！这是王莽假造来愚弄人的），天文郎就在王莽面前，占卜时日方位。王莽转动座席，顺着斗柄所指示的方位而坐，说："天生德于我，汉兵能奈我何！"（"天生德于予"，这时王莽还在掉书袋，模仿孔子的话。《论语》记载，孔子在宋国遇险，宋国司马桓魋要杀他。子曰："天生德于予，桓魋其如予何？"上天把德赋予了我，桓魋能把我怎么样呢？）

九月初三，黎明时分，群臣搀扶着王莽从前殿到渐台（渐台在太液池中，四面环水），公卿从官还有一千多人跟着他。王邑昼夜奋战，疲惫至极，士卒死伤殆尽，飞驰进攻，辗转到渐台，看见他的儿子、侍中王睦正在偷偷脱掉官服准备逃走。王邑呵斥他，令他回来，父子一同守着王莽。汉军进入殿中，听说王莽在渐台，把渐台包围了数百重，相互射箭攻击。箭矢用尽，短兵相接，王邑父子、蒂恽、王巡战死，王莽进入室内。晚饭时分，汉兵攻上渐台，苗䜣、唐尊、王盛等都被杀死。商县人杜吴杀死王莽，校尉、东海人公宾就（姓公宾，名就）斩下王莽首级。士兵们一哄而上，肢解王莽尸体，哄抢尸块，争抢中又相互杀死数十人。公宾就手持王莽首级，向王宪报到。王宪自称汉大将军，城中兵数十万都归他统领。王宪住在东宫，接收了王莽的后宫为自己的妻妾，又穿王莽的衣服，乘王莽的车。九月初六，李松、邓晔进入长安，将军赵明、申屠建也到了，指控王宪得了天子玺绶却不上交，又霸占宫女，建天子旌旗鼓号，将王宪逮捕斩首。

【华杉讲透】

王宪太兴奋，不能自已，结果是过把瘾就死。

王莽的人头被送到宛县，悬挂于街市。百姓们冲上去，将人头解下当球踢，甚至有人切下他的舌头。

【班固曰】

王莽发迹于外戚，折节力行，以骗取名誉，到了位居辅政，勤劳国家，直道而行，岂不正是孔子说的“色取仁而行违”吗（假仁假义，而实际行为却完全违背仁义）？王莽不仁，却有巧言令色之才，又继承了四位叔父（王凤、王音、王商、王根）相继秉政之权，遭遇汉室衰微，接连三代绝嗣（成帝、哀帝、平帝），而太后（王政君）又活了那么长，为他撑腰，所以让他能肆其奸谋而成篡盗之祸。从这来讲，他的成功，也是天时，不是人力可为！等他篡位之后，倾覆之势险于桀、纣，他却晏然自以为是黄帝、舜帝复出，恣意妄为，施展他的威势和欺诈，乱了中原，祸延蛮夷，还不能让他满足欲望。于是四海之内，百姓不得安生，中外怨愤，远近并发，城池不守，四分五裂，以至天下城邑空虚，生灵涂炭，自从有文字记载的历史以来，乱臣贼子造成的祸败，还没有达到王莽这么严重的！当初秦朝焚烧诗书，建立自己的一套理论。而王莽呢，满嘴都是六经金句，以文饰他的奸言。他们都是殊途同归，自取灭亡，为后起的圣王扫清道路而已！

【华杉讲透】

一个字总结王莽，就是“骗”，他一点真本事也没有，全是假的。说他是“大儒”，是“学者”吗？假的！读书不是会背诵，不是拿书上的道理去教别人，也不是学以润身，自己照那书上的道理去做。你是领导者，你去做了，率先垂范，别人自然跟着做，这就是修身、齐家、治国、平天下的原理。王莽并没有理解和相信书上的任何道理，更不用说切实笃行，都是拿来骗别人。自己亲生儿子都被他杀了三个，还齐家、治国吗？

再说他的“复古”呢，他忘了孔子的话：

> 生乎今之世，返古之道，如此者，灾及其身也。

要与时俱进，哪能回到两千年前？再说他又哪里知道两千年前是怎么回事，就只能改地名，改官名，做“复古游戏”而已，他的复古，就像他临死手里拿的那把舜帝的“匕首”，真是让人笑掉大牙，这正是王莽的标志性符号——假古董。

人有两种，一种是你和他离得远的时候，认识时间短的时候，觉得他德高望重，能经天纬地，很了不起，等到走近了，时间长了，他就原形毕露，臭不可闻。另一种呢，就是你离他远的时候，认识时间短的时候，觉得他稀松平常，一点也不起眼，等到走近了，时间长了，才觉得仰之弥高，钻之弥坚，高山仰止。这就是《中庸》说的：

君子之道，黯然而日彰。小人之道，的然而日亡。

读者在此可以想一想，自己要做哪种人？

王莽就是前一种人的代表，周公则是后一种人的原型。给王莽盖棺论定，我们还是引用白居易的那首诗：

赠君一法决狐疑，不用钻龟与祝蓍。
试玉要烧三日满，辨材须待七年期。
周公恐惧流言日，王莽谦恭未篡时。
向使当初身便死，一生真伪复谁知？

16 定国公王匡攻下洛阳，生擒王莽的太师王匡、哀章，将二人斩首。冬，十月，奋威大将军刘信击杀刘望于汝南，并诛杀严尤、陈茂，所属郡县，全部投降。

17 更始帝确立以洛阳为首都，任命刘秀为司隶校尉，先行前往整修宫殿和政府衙门。刘秀于是设置僚属，发送文书，从事监察，一切都按汉朝的规章制度行事。当时三辅地区官吏士人东迎更始帝，见诸将都用布巾包着头，穿着女人衣裳，都觉得可笑。等到见了司隶校尉的僚属，都喜不自胜，有老吏流泪说：“没想到今天能再见到汉官威仪！”从此，有见识的人，都归心于刘秀。

更始帝定都洛阳，分别派使者到各郡国，宣告说："先投降的，保持他原来的爵位！"使者到了上谷，上谷太守、扶风人耿况迎接，呈上印绶投降。使者收了印绶，过了一夜，却没有归还的意思。功曹（相当于太守的首席助理）寇恂带着兵进去见使者，请他发还印绶。使者拒绝，说："我是天子使节，功曹要威胁我吗？"寇恂说："不敢威胁使君，只是对你的思虑不周，感到惋惜。如今天下初定，使君拿着符节，带着天子的命令，郡国莫不伸长脖子盼望使君到来，但是刚刚才到上谷，就失去信用，以后如何去号令其他郡县呢？"使者不回应。寇恂喝令手下，以使者的命令召见耿况。耿况进来，寇恂自己上前取了印绶交还耿况。使者不得已，于是以皇上名义下诏，任命耿况为上谷太守。耿况接受任命，告辞回去。

宛县人彭宠、吴汉亡命在渔阳，同乡韩鸿为更始帝使者，巡行北方郡县，以皇帝名义下诏，拜彭宠为偏将军，代理渔阳太守，吴汉为安乐县令。

更始帝派使者去招降赤眉。樊崇等听说汉室复兴，于是留下部众，带着二十余个将领随使者到洛阳。更始帝将他们全部封侯，但是没有封地。这时候，留在原地的部众，开始有人背叛离去，樊崇等于是又逃回他们的基地大营（当时在濮阳）。

18 王莽的庐江郡连率（相当于太守）、颍川人李宪据郡自守，称淮南王。

19 已故梁王刘立的儿子刘永到洛阳，更始帝仍将他封为梁王，都城在睢阳。

20 更始帝欲派亲信大将前往黄河以北地区招降宣抚，大司徒刘赐说："南阳诸位宗室子弟中，唯有刘秀可用。"朱鲔等人反对，更始帝也狐疑不决，刘赐深切地劝说，更始帝于是任命刘秀为代理大司马，持节北渡黄河，镇慰州郡。

【华杉讲透】

樊崇归营，刘秀出笼，新的形势形成了。

21 以大司徒刘赐为丞相，令他先入关，修复宗庙、宫室。

22 大司马刘秀到河北，所过郡县，考察官吏，提拔有才干的，罢黜没能力的，公平审理狱讼，将被冤枉的人无罪释放。又废除王莽时期的苛政，恢复汉朝官名，官吏百姓一片喜悦，争相拿着牛肉和酒前来迎接慰劳，刘秀一概不接受。

南阳人邓禹骑马追赶投奔刘秀，到邺县追上。刘秀说："我有专断封拜之权，邓生远来，是想要做官吗？"邓禹说："不愿。"刘秀："那你来，是想要做什么呢？"邓禹说："但愿明公威德加于四海，而邓禹能效尺寸之功，垂名于青史罢了。"刘秀笑了，留邓禹住下，长夜密谈。邓禹说："如今崤山以东，并未安定，赤眉、青犊等部动辄数以万计。更始帝才干平平，而且又做不了主，诸将都是庸人，靠着机会运气爬上高位，一心只在钱财上，争相作威作福，以逞一时之快而已，并非有忠良明智，深虑远图，想要尊主安民。我看历代圣人之兴起，无非两条，就是天时与人事。如今从天时来讲，更始初立，而灾变方兴；从人事来讲，帝王大业，不是凡夫俗子所能胜任，其分崩离析，形势可见，明公您虽然有建立藩辅的大功，到时候恐怕也没有立足之地。为今之计，不如延揽英雄，务悦民心，立高祖之业，救万民之命，以明公的英明，天下可定！"

刘秀大悦，将邓禹留在身边，随时商议定计，每次任命驱使诸将，都征询邓禹意见，所用之人，都能人尽其才。

刘秀自从哥哥刘縯死后，每当独处时，就不碰酒肉，枕席上常有泪痕。主簿冯异悄悄叩头宽慰他，刘秀制止说："你不要出去乱说！"冯异进言说："更始政乱，百姓无所依靠爱戴。人饥渴得久了，就容易吃饱满足。如今明公得以专断一方，应该分遣官属，巡行郡县，宣布惠泽。”刘秀采纳了他的意见。

骑都尉、宋子县人耿纯，在邯郸拜谒刘秀，退出之后，发现刘秀的官属、兵将与法度，与其他将领都大不相同，于是主动与刘秀深相结交。

23 已故赵缪王刘元的儿子刘林，劝说刘秀扒开黄河堤坝，决水以灌赤眉军。刘秀没有听从，去往真定县。刘林在赵、魏之间，一向好打抱不平，讲义气。王莽时，长安有人自称是成帝的儿子刘子舆，被王莽处决。如今，邯郸一位算命先生王郎，自称他才是真的刘子舆，说：“母亲本是成帝的歌女，曾经见到黄气从上而下，罩住她的身体，于是怀孕。赵飞燕要害死孩子，于是用别人家婴儿顶替，才得以保全。”刘林相信了他这一番鬼话，与赵国大豪强李育、张参等阴谋要拥立王郎为帝。正赶上民间传言赤眉军将要渡过黄河，刘林等人于是宣称：“赤眉军将要拥立刘子舆！”来试探民心。百姓也有很多人相信。十二月，刘林等人率车骑数百人，清晨进入邯郸城，在赵王王宫停下，立王郎为天子，分遣将帅巡行幽州、冀州，向各州郡传递文告，赵国以北，辽东以西地区，都望风响应。

更始二年（甲申，公元24年）

1 春，正月，大司马刘秀因为王郎新近兴盛，于是向北经略蓟县。

2 申屠建、李松从长安出发，去迎接更始帝迁都。二月，更始帝从洛阳出发。当初，三辅豪杰假称尊号诛杀王莽者，人人都盼着封侯。申屠建斩杀王宪之后，又扬言：“三辅都是狡黠之徒，一起杀死了他们的主子。”官吏百姓都很惶恐，在各县屯聚，申屠建不能攻下。更始帝到了长安，于是下诏大赦，只要不是王莽的儿子，其他人一律免罪。于是三辅平定。

当时长安唯有未央宫被焚，其他宫室、供帐、官府都一切如故，街道里弄也不改旧貌。更始帝住在长乐宫，在前殿升殿，郎吏按次序站列庭中。更始帝羞惭变色，低头看着座席，不敢看人。诸将有后进来的，更始帝张嘴就问："抢得多少东西？"左右侍官都是宫里的老吏，对此惊愕相视。

李松与棘阳人赵萌游说更始帝给诸位功臣全部封王。朱鲔争辩以为不可，说当年高祖有约，不是刘姓，不能封王。更始帝于是先封诸宗室。封刘祉为定陶王，刘庆为燕王，刘歙为元氏王，刘嘉为汉中王，刘赐为宛王，刘信为汝阴王。然后立王匡为泚阳王，王凤为宜城王，朱鲔为胶东王，王常为邓王，申屠建为平氏王，陈牧为阴平王，卫尉大将军张卬为淮阳王，执金吾大将军廖湛为穰王，尚书胡殷为随王，柱天大将军李通为西平王，五威中郎将李轶为舞阴王，水衡大将军成丹为襄邑王，骠骑大将军宗佻为颍阴王，尹尊为郾王。唯有朱鲔坚辞不受。于是以朱鲔为左大司马，宛王刘赐为前大司马，派他们与李轶一起镇抚关东。又派李通镇抚荆州，王常代理南阳太守。任命李松为丞相，赵萌为右大司马，共同秉掌内政。

更始帝纳赵萌之女为夫人，所以委政于赵萌，自己日夜在后宫饮宴。群臣要找他汇报工作，他往往酒醉不能见面，实在不得已，就让侍中坐在床帏中跟他说。韩夫人尤其嗜酒，每次侍奉饮宴，见中常侍进来奏事，就怒道："皇帝正跟我喝酒，你偏要这时候来奏事吗？"起身，击破书案。

赵萌专权，生杀予夺，都自己决定。郎吏中有说赵萌放纵的，更始帝发怒，拔剑将议论的人斩杀，从此再也没人敢说话。以至于群小、伙夫，都被滥授官职。长安市井民谣说："灶下养，中郎将。烂羊胃，骑都尉。烂羊头，关内侯。"（养，是烹调。意思是说以烹煮熟烂为功劳封官。）军师李淑上书进谏说："陛下定业，虽然是依靠下江军、平林军之势，但只是临时借用，不能长久依靠他们去安定国家。名与器，是圣人所重。如今国家名器所加，都不得其人，要指望这些人对国家有万分之一的用处，那是缘木求鱼，升山采珠，绝不可能。海内之人，看到这种状况，又会起非分之心，窥视我汉室江山了。”更始帝大怒，将李淑逮捕下狱。

诸将在外者都专断诛赏，各自设置州牧郡守，各自设置的州郡，边界重叠，混乱不清，吏民不知所从。于是关中离心，四海怨叛。

【华杉讲透】

李淑的谏言“唯名与器，圣人所重”引用的是《左传》里的话：

唯器与名，不可以假人，君之所司也。

名器，是指名号与车服仪仗，名器是最大的政治，不可以滥施，更不可以授权给他人，一定是出自国君。更始帝先是滥施名器，上面封了一大堆王，下面伙夫、厨师都封中郎将、骑都尉，那真正有功的人，要么没得封，要么封了也没有荣誉感和获得感，就没人为国家卖命了。然后又盲目授权，或者根本没有授权，而是不承担行使权力的责任，放任自流，以至于下面的将领可以自己划定疆界，自己任命郡守，乱成一团。更始帝的国，还没有建立，就要崩溃了。

德薄而位尊，力小而任重，这句话用在更始帝身上最恰当不过了。他的政治智商和秦二世差不多，如何做得成开国君主？也是过把瘾就死。

3 更始帝征召隗嚣及其叔父隗崔、隗义等人。隗嚣将要起程，方望认为更始帝成败尚未可知，坚决反对。隗嚣不听，方望留下一封书信，辞职而去。隗嚣等人到了长安，更始帝任命隗嚣为右将军，隗崔、隗义则按他们过去的称号，再正式授予他们。

【胡三省曰】

隗嚣不听方望的话，投奔更始帝。后来，又不听马援的话，背叛光武帝。两次站队都站错，第一次差点被杀，第二次终于灭族。良禽择木而栖，但是“择木”太难了！

4 耿况派他的儿子耿弇奉奏书到长安，耿弇时年二十一岁。走到宋子县，正赶上王郎起兵，耿弇的从吏孙仓、卫包都说："刘子舆是成帝正统，不归顺他，还跑那么远干什么呢？"耿弇按剑说："子舆不过是个败贼，很快就是降虏了。我到长安，是向国家汇报上谷、渔阳兵马状况，回去之后，再发动骑兵，冲突敌阵，碾碎这些乌合之众，就如摧枯拉朽一般。我看你们没有择主而从的眼光，在不久的将来，就要遭族灭之祸！"孙仓、卫包于是逃走，投降王郎。

耿弇听说大司马刘秀在卢奴县，于是奔驰北上，拜谒刘秀。刘秀留耿弇在府中做长史，带他一起北上蓟县。王郎传檄各地，悬赏十万户购刘秀人头。刘秀令功曹令史、颍川人王霸到街市中招兵攻打王郎，市人都大笑，举手揶揄他，王霸羞惭而返。刘秀即将南归，耿弇说："如今敌军从南方来，不可南行。渔阳太守彭宠，是您的同乡；上谷太守，是我的父亲。征发这两郡控弦之士，可得一万骑兵，邯郸之敌，不足为虑。"刘秀的官属心腹都不肯，说："死尚且要头朝南方，怎么会向北行，正钻到口袋里去！"刘秀指着耿弇说："这就是我的北道主人！"

恰好前广阳王的儿子刘接在蓟中起兵响应王郎，城中扰乱，流言说邯郸使者刚到，二千石以下官员都出迎，于是刘秀驾车出发，到了南城门，城门已关闭，他们立刻攻打，得以冲出城门，昼夜向南奔驰，不敢入城邑，就在路边食宿。到了芜蒌亭，当时天气酷寒，冯异呈上豆粥。到了饶阳县，官属都没有吃的了。刘秀于是自称邯郸使者，进入官府驿站，驿站小吏正在吃饭，刘秀的随从饥饿，冲上去抢食。小吏怀疑他们是假冒的，于是擂鼓数十通，假称："邯郸将军到！"官属都大惊失色。刘秀登车准备逃走，既而想恐怕要逃也逃不掉，于是徐徐下车，回来坐下，说："请邯郸将军进来。"过了很久，才驾车离开，昼夜兼行，顶霜冒雪，脸都被寒风割破了。

到了下曲阳，传闻王郎追兵在后，从者皆震恐。到了滹沱河，负责在前探路的小吏回来汇报说："河水解冻，没有船，渡不过去。"刘秀派王霸再去看。王霸怕惊动众人，想先往前走，实在不行再回来，于是谎称："冰坚可渡。"官属都欢喜，刘秀笑道："探路小吏果然乱说！"于是前进。到了河边，河面结冰也合上了，于是让王霸监护大家渡河，最后还有数骑没有过去，冰也融化了。到了南宫县，遇上大风雨，刘秀驾车进入路旁空宅，冯异抱来柴薪，邓禹生火，刘秀对着炉灶烤干衣服。冯异又呈上麦饭。

【华杉讲透】

与皇上一起落难是难得的经历，史书详细记载“冯异上豆粥”“冯异抱薪，邓禹爇火”“冯邑复进麦饭”，因为这在得天下之后，都是比上阵杀敌还大的功劳。这也是中国历史的原型故事之一，历朝历代都津津乐道。能否得到爵位利禄，除了安邦定国的功劳，关键是你离皇上的距离有多近，一起落过难，这就是最近的距离了。

刘秀等人到了下博县城西，惶惑不知该往哪里走。有一位白衣老者站在道旁，指着方向说：“努力前进！信都郡是长安的门户，离此八十里。”刘秀即刻向信都驱驰。当时周边各郡县封国都已投降王郎，只有信都太守、南阳人任光，和戎太守、信都人邳彤不肯投降。任光自以孤城独守，恐怕难以保全，听说刘秀到了，大喜，官吏百姓都欢呼万岁。邳彤也从和戎赶来相会。会议中，很多人都提出，可以用信都的兵护送刘秀一行西回长安。邳彤说：“吏民歌吟思汉，已经很久了，所以更始帝举尊号而天下响应，三辅百姓清理宫室，扫除道路以迎接他。如今王郎一个算命先生，假托宗室之名，利用天下未定的形势，驱集乌合之众，占据燕、赵之地，但是，并无根本之固。明公您如果奋举二郡之兵以讨伐他，何愁不能攻克！如今舍弃二郡而归长安，岂不是白白丢失了河北，必然更加惊动三辅，堕损您的威名，这不是恰当的计策。如果明公您不再有征伐之意，那就是信都的兵，恐怕也动员不了。为什么呢？明公您如果西行，那么邯郸之国势成，王郎之位号定，百姓怎肯抛弃父母，背叛既成之主，而千里护送明公您呢？那就成了离散逃亡了。”刘秀于是放弃了西归的想法。

【华杉讲透】

英雄也有意志薄弱的时候，刘秀以大司马身份，奉命经略河北，却丢了邯郸。王郎在邯郸称帝，各郡国都望风归附王郎。应该说，刘秀应该为此负责，回到长安，问罪斩他也不为过。任光、邳彤为更始帝坚守孤城，好不容易盼来大司马，领导他们守城，并讨伐王郎，是刘秀义不容辞的责任。刘秀此刻如果抛弃他们，那就是不义。人家本来就不够兵守城，还要发兵护送刘秀回长安，那刘秀就不是来帮忙的，是来添乱的了。邳彤的分析很准确，刘秀如果逃跑，根本就不会有兵护送他，他恐怕也逃不出去。

刘秀在昆阳之战能以数千人攻打数十万敌军，那是因为他没有退路，只能死战。如今有了长安这条退路，就没有死战之心了。邳彤给他分析明白了，这条“退路”，看起来好像在那里，但你只要一走，它就不见了。

刘秀认为二郡兵弱，想要进入到城头子路、力子都军中。任光认为不可。于是征发周边各县，得精兵四千人，拜任光为左大将军，信都都尉李忠为右大将军，邳彤为后大将军，和戎太守照旧，信都令万修为偏将军，全都封侯。留南阳人宗广兼领信都太守，派任光、李忠、万修率兵跟从，邳彤为先锋在前。任光于是多发檄文，说：“大司马刘公率城头子路、力子都百万大军从东方来，讨伐反虏！”派骑兵将檄文传送到巨鹿界中，吏民得到檄文，相互传告。刘秀傍晚进到堂阳县界，多派骑兵，拿着火把，弥漫在草泽中，堂阳县于是投降。又攻打贳县，贳县也投降了。

城头子路，是东平人爰曾，在黄河、济水一带为寇，有部众二十余万，力子都有部众六七万，所以刘秀想依靠他们。

昌城人刘植聚兵数千人占据昌城，迎接刘秀。刘秀任命刘植为骁骑将军。

耿纯率宗族宾客二千余人，老病者都带着棺材跟随，迎刘秀于育县。刘秀拜耿纯为前将军，进攻曲阳，曲阳投降。刘秀兵众此刻已达数万人，于是向北攻打中山。耿纯担心宗族子弟有二心，派堂弟耿䜣夜里回到家乡，把房子全烧了，绝了他们的后路。

刘秀攻下卢奴县，所到之处，都征发当地奔命兵（相当于应急部队），传檄边郡共击邯郸，各郡县都响应。当时真定王刘杨起兵依附王郎，有部众十余万，刘秀派刘植游说刘杨，刘杨投降。刘秀于是留在真定，娶刘杨的外甥女郭氏为夫人，以相结纳。刘秀继续进击元氏县、防子县，全都攻下。到了鄗县，击斩王郎将领李恽，到柏人县，又击破王郎将领李育，李育退回城中固守，刘秀攻城，未能攻克。

【华杉讲透】

意志就是力量。刘秀担心二郡兵弱，想要到城头子路、力子都军中去做思想工作，招降他们。但是他们的思想，可能因你的行动而改变，却很难因你的口舌之辩而动。去了，就是摆明了没他们你就干不成，他们到底该跟你，还是跟王郎，还是再看看呢？你自己先发动，表明你坚定的战斗意志，别人才能跟上来。在刘秀反复胆怯的时候，邳彤、任光二人给了他最关键的意志力量，因为这二人意志坚定，刘秀没来之前，他们就是准备死守的，刘秀来了，就一定要举兵进攻了。

5 南郑人延岑起兵占据汉中，汉中王刘嘉发兵攻击，延岑投降，有部众数十万。校尉、南阳人贾复见更始帝政治混乱，就游说刘嘉：“如今天下未定，而大王安守您所保卫的，但是您所保卫的，恐怕也会不可保吧？”刘嘉说：“你这个话太大了，不是我所能担当的，大司马在河北，他一定能用你！”于是写信推荐贾复及长史、南阳人陈俊给刘秀。贾复等在柏人见到刘秀，刘秀任命贾复为破虏将军，陈俊为安集掾。

刘秀家中少年犯法，军市令（军中设贸易市场，有军官掌管，此官称军市令）、颍川人祭遵将他格杀。刘秀怒，下令逮捕祭遵。主簿陈副进谏说：“明公常常希望众军整齐，如今祭遵执法不避权贵，正是您的教令得以推行的结果啊。”于是赦免祭遵，任命为刺奸将军，对诸将说：“你们注意着点祭遵，我家中少年犯法，尚且被他格杀，一定不会对你们有所偏私的。”

6 当初，王莽杀了鲍宣，上党都尉路平想要杀了他的儿子鲍永，太守苟谏把他保护下来。更始帝征召鲍永为尚书仆射（尚书令的副职），行大将军事，率领军队驻扎在河东郡、并州郡，有权自己任命偏将、裨将。鲍永到了河东，攻打青犊军，大破之。任命冯衍为立汉将军，屯驻太原，与上党太守田邑等人修治兵甲，训练士卒，以保卫并州。

7 有人对大司马刘秀说，守着柏人，不如平定巨鹿。于是，刘秀引兵向东北进发，攻下广阿。刘秀打开地图，指给邓禹看，说：“天下郡国这么多，如今咱们才得到一个，你之前跟我说不愁不能平定天下，是什么道理呢？”邓禹说：“方今海内淆乱，人思明君，如赤子思慕慈母。古代兴起的圣人，在于德之厚薄，不在于国土的大小。”

【华杉讲透】

邓禹所言，是孟子的王道思想。

> 孟子曰：“以力假仁者霸，霸必有大国；以德行仁者王，王不待大。汤以七十里，文王以百里。以力服人者，非心服也，力不赡也；以德服人者，心悦而诚服也，如七十子之服孔子也。诗云：‘自东自西，自南自北，无思不服。’此之谓也。”

这一段，是王道、霸道的分野。王，是天下之王。霸，是诸侯之长，其势力强大，足以把持天下。孟子说，依仗实力，然后假借仁义之名以号召征伐的，可以称霸诸侯。齐桓公、晋文公是霸道的“历史原型人物”，后世的曹操，挟天子以令诸侯，就是典型的霸道。霸必有大国，要行霸道，必须有实力，地方千里，带甲十万。有多大实力，才能霸多大地盘。王道则不同，王道不需要地盘。商汤起家是七十里土地，周文王起家是一百里。国家都非常小，但施行仁政，天下归心，所有的百姓都想加入他们的国家。

依仗实力来使人服从的，人家不会心服。力不赡也，赡是足够，力量不够，不如你，不敢违抗你。而以德服人呢，人家才会心悦诚服，就像孔子的七十多个弟子服孔子一样。《诗经》上讲“自东自西，自南自北，无思不服”，就是这个意思。

张居正说，王道、霸道的区别，关键在心术。依仗土地甲兵之力，而假托于救世安民之事，他做的事情虽然是为天下之公，但内心实际上都是为自己的私欲，这是霸道。王道呢，是大公无私，至正之德，行救世安民之仁，心是实心，政是实政，其至诚足以让人感动，其善政又足以招徕天下之人民和贤才，所以他不需要土地之广、甲兵之盛，自然天下悦服，朝诸侯而有天下。

商汤、周文王都经过这个过程，当然不是从七十里、一百里，然后一步就有天下，而是一个仁政的超级磁场，不断地吸附周边诸侯。文王以百里的说法不准确，应该是周太王，也就是文王的爷爷，起家的时候大概一百里，到文王去世的时候，周国已经三分天下有其二，商只拥有国都周围及东方诸侯罢了。所以武王伐纣，是摧枯拉朽。

刘秀如果要看自己的地盘和力量，那他要“打天下”就太难了。但是，更始帝是个荒唐天子，天下未定，他就已经沉湎酒色，下面全是骄兵悍将，没有有效的组织，不需要人打败他，他自己就会打败自己。全天下百姓都在渴盼一个能安邦定国的明君，刘秀是刘氏宗室，本身又有继位的合法性基础，名正言顺，只要他展现出自己的品德，就有机会了。

修身、齐家、治国、平天下，就是这个原理。修身，修养自己的品德，刘秀做到了。齐家，自己家中少年犯法，也不包庇，刘秀做到了。治国，就是治理好自己的地盘。下一步就是天下归心，那就看天心民心，是不是授天命于他了。

这些道理，刘秀何尝不晓得，但是在巨大的压力下，难免焦虑沮丧，这时候就需要邓禹这样的贤臣佐助，给他精神力量，这也是战略顾问的心理咨询服务。心理咨询服务在哪儿呢？在《大学》的八条目里，修身、齐家、治国、平天下，只是后四条，前面还有四条，叫“格物、致知、诚意、正心”。要平天下，得先治好自己的国；要治国，得先齐家；要齐家，得先修身；要修身，得先正心；要正心，得先有诚意。刘秀需要先问自己的内心，有没有为天下人谋福利的诚意，那么就能做到仁者无忧，知者不惑，勇者不惧，无忧、不惑、不惧，勇往直前。要“知者不惑”，就要格物致知，知天、知地、知己、知人、知命，知是非，知善恶，则可以知胜矣！苟利国家生死以，岂因祸福趋避之，求仁得仁，无怨无悔，无忧无惑无惧。

格物致知。刘秀格那地图，知天下之大，和自己力量之小。邓禹格那地图，则知百姓的痛苦，而无人解民于倒悬，进而知孟子所言：“王天下易如反掌！”有一点点脆弱的刘秀，所幸有能鼓励他的良师益友。一个英雄，需要很多人来成就他，这是他们共同的成就。

8 蓟中之乱，耿弇与刘秀走散了。耿弇北走昌平，找到他的父亲耿况，游说耿况攻打邯郸。当时王郎派出将领到渔阳、上谷，紧急征发当地部队。北部各州都疑虑困惑，很多都想屈从于王郎。上谷功曹（郡府职事机构，职掌选举，兼参诸曹事务）寇恂、门下掾（州郡长官自己选荐的属吏，因常居门下，故称门下掾）闵业对耿况说：“邯郸仓促崛起，难以相信他能成事。大司马刘秀，是刘伯升同母兄弟，尊贤下士，我们可以归附他。”耿况说：“邯郸如今势力正盛，我们难以独力对抗他，怎么办？”寇恂说：“如今上谷完备充实，控弦之士，尚有骑兵一万，可以从容选择去就。请您派往向东，与渔阳结盟，齐心合众，邯郸也不能把我们怎么样！”耿况认同，于是派寇恂向东，与彭宠结盟，计划各自带骑兵二千，步兵一千，去投奔刘秀。

安乐县令吴汉、护军盖延、狐奴县令王梁也劝彭宠归附刘秀，彭宠认同，但是手下官属都想归附王郎，彭宠无法定夺。吴汉出城，在路边凉亭遇到一个儒生，问他有什么消息。儒生说：“大司马刘公，所过之处，都为郡县吏民所称道。邯郸称帝的人，其实不是刘氏。”吴汉大喜，马上假造一封刘秀的书信，传檄渔阳，就派那儒生带着信送给彭宠，让他把刚才那番话说给彭宠听。正好寇恂也到了，彭宠于是征发步骑兵三千人，以吴汉为代行长史（太守官属之长）之职，与盖延、王梁一起率领军队，向南攻打蓟县，杀死王郎大将赵闳。

寇恂返回上谷，与上谷长史景丹及耿弇率兵一起向南，与渔阳部队会合，一路斩击王郎大将、九卿、校尉以下，共斩首三万级，平定涿郡、中山、巨鹿、清河、河间等，一共二十二个县。一路挺进到广阿，听说城中车骑甚众，景丹等勒兵询问："城中是谁的部队？"回答说："大司马刘公。"诸将大喜，即刻进军到城下。城中起初传言二郡兵马从邯郸来，大家都很恐惧。刘秀亲自登西城楼，警戒询问，耿弇拜于城下，即刻将耿弇召入。耿弇详细汇报了发兵前后经过。刘秀将景丹等人全部召入，笑道："邯郸将帅数次号称要征召渔阳、上谷兵马。我也号称说：'我要征召渔阳、上谷兵马。'没想到二郡兵马真的为我而来！我将与各位一起成就功名！"于是任命景丹、寇恂、耿弇、盖延、吴汉、王梁等皆为偏将军，仍旧率领自己之前所部兵马，擢升耿况、彭宠为大将军，耿况、彭宠、景丹、盖延等人皆封侯。

吴汉为人，忠厚朴实，不善文辞，一着急的时候，往往词不达意，但是沉稳厚重，有智略。邓禹数次向刘秀推荐他，刘秀对他也慢慢亲近重视起来。

更始帝遣尚书令谢躬率领六位将军征讨王郎，攻打邯郸，不能攻下。刘秀率部抵达，与之合兵向东围攻巨鹿，攻城一个多月，还是未能攻下。王郎派将领攻打信都，城中大姓马宠等打开城门，放进王郎部队。更始帝再派兵收复信都。刘秀派李忠回信都，代理太守事务。

王郎派将领倪宏、刘奉率数万人救援巨鹿，刘秀在南繇阻击，作战不利。景丹等人纵突击骑兵冲击，倪宏等人大败。刘秀说："我一向听说突骑是天下精兵，今天见到实战，实在让人兴奋！"

耿纯对刘秀说："久守巨鹿，士众疲敝，不如将大兵精锐进攻邯郸，如果诛灭了王郎，那巨鹿就不战而下了。"刘秀听从。夏，四月，留将军邓满守巨鹿，大军进军邯郸，连战连胜，王郎于是派他的谏大夫杜威请降。杜威说王郎确实是成帝嫡亲骨肉。刘秀说："就算是成帝复生，也不能得天下，何况是一个假冒的刘子舆！"杜威请求能封王郎万户侯。

刘秀说：“饶他不死，已经够了。”杜威发怒而去。刘秀紧急攻城，过了二十多天，五月初一，王郎的少傅李立打开城门迎接汉军，于是攻克邯郸。王郎连夜逃走，王霸追上他，将他斩杀。刘秀收拾检查了王郎的文书，得到自己手下官吏与王郎交流的信件数千封，有通报消息的，还有对刘秀有毁谤言辞的，刘秀也不细看，召集诸将，当面一把火烧了，说：“辗转反侧，不能自安的，如今都可以安心了！”

【华杉讲透】

所谓成帝的嫡亲儿子刘子舆，之前是长安人武仲自称的。王莽时期，立国将军孙建上奏说：“不知道从什么地方跑出一个男子，拦住我的车，自称是‘汉氏刘子舆，成帝姬妾的儿子。刘氏将要复辟，赶快把宫殿腾出来！’我当场逮捕这个男子，审讯得实，是长安人，叫武仲。”武仲版刘子舆被王莽斩了，这事就过去了。而十三年后，邯郸一个算命先生王郎，居然能利用这个故事，说他才是真正的刘子舆，然后，居然就有人相信，拥立他当皇帝，造成这么大声势。这是什么情况？

这是人性的弱点，叫索隐行怪，喜欢探索那偏僻隐秘的事，喜欢推崇那特立怪异的行为，相信各种阴谋论。这种毛病体现在多个方面，比如在学习上，“舍其易者而不行，究其难者以为学”，简单的事他不愿意做，一定要找那难度高的当学问。你说刘玄、刘秀是汉室宗亲，家谱一清二楚，确凿无疑的，他觉得稀松平常，汉室宗亲多了去了，全中国还不得有十万八万的，有什么了不起？但一说那算命先生王郎，才是成帝的嫡亲儿子，是一个歌姬生的，之前在长安被处斩的那个武仲版刘子舆，是假冒的。他就兴奋了，觉得自己掌握了一般人没掌握的秘密，有一种荣誉感、自豪感，他就敢把自己的身家性命都投进去。

为什么愚蠢的人会坚信阴谋论？他会相信美国登月是一场骗局，他会相信“9·11事件”是美国政府自己导演的，他会相信希特勒根本没死，后来逃到了南美洲隐居。因为在现实社会里他不如别人，而通过相信阴谋论，能找到一种幻觉，你们都错了，我才知道真相！

索隐行怪、阴谋论，就是弱者的大麻，能够造成一种人所不知、而我独知的愉悦感。野心家就会利用这种大麻，这样的事，世界各国、历朝历代都有，刘子舆是一例，清朝的朱三太子也是一例。

刘秀分配士卒各自隶属诸军，士卒们都说愿意跟大树将军。大树将军，是指偏将军冯异，为人谦退，从不表功，要求他的部众，除了交战接敌，其他时候，都要排在各部队后面。每次战后宿营，诸将坐在一起论谁的功劳大，冯异就常常独自走到一边，坐在一棵大树上，不参与争功。所以大家都叫他大树将军。

护军、宛县人朱祐对刘秀说："长安政乱，明公您有日角之相（日角指的是额骨中央隐隐隆起部分，形状如日高耸有气势、上插发际，是帝王之相），这是天命啊！"刘秀说："召刺奸将军来，逮捕护军！"朱祐于是不敢再说。

更始帝遣使立刘秀为萧王，下令部队复员，令刘秀与诸将有功者到更始帝处报到。又派苗曾为幽州牧，韦顺为上谷太守，蔡充为渔阳太守，接管北部地区。

刘秀住在邯郸宫殿中，白天在温明殿小睡。耿弇进来，直接走到床边，要求单独谈话，说："吏士死伤太多，请派我回上谷征兵。"刘秀说："王郎已破，河北平定，还用兵做什么？"耿弇说："王郎虽破，天下兵革才刚开始而已。如今使者从西方来，要兵士复员，这话不能听。铜马、赤眉之类，还有数十伙，每一伙有数十百万人，更始办不了他们，不久之后，一定会败亡。"刘秀坐起来说："你说错话，我要斩你！"耿弇说："大王待我如父子，所以我才敢一片赤心跟您说啊！"刘秀说："我跟你开玩笑罢了，你详细说说。"耿弇说："百姓患苦王莽，复思刘氏，听说汉兵兴起，无不欢喜，如同逃离虎口而归慈母。如今更始为天子，而诸将擅命于山东（崤山以东），贵戚纵横于都内，掳掠自恣，百姓痛心，反而更思念王莽的时候了。所以我知道他一定会败。明公名誉已著，以义征伐，天下可传檄而定。天下至重，明公可自取，不要让别人得了。"刘秀于是向使者推辞说，河北尚未平定，不能接受征召。从这时起，刘秀就不听更始帝的了。

当时，各路变民军队有铜马、大肜、高湖、重连、铁胫、大枪、尤来、上江、青犊、五校、五幡、五楼、富平、获索等，全部加起来有数百万人，所在之处，寇掠一方。刘秀要攻击他们，于是拜吴汉、耿弇为大将军，持节向北，征调幽州十郡的突骑兵。苗曾听说后，秘密下令诸郡不得应调。吴汉带着二十骑兵先到了无终，苗曾出城在道路上迎接，吴汉当即逮捕苗曾，将其斩首。耿弇到了上谷，也逮捕了韦顺、蔡充，将他们斩首。北部各州震骇，于是征发全部军队。

秋，刘秀在鄡县攻打铜马贼，吴汉带着突骑兵到清阳与刘秀会合，士马壮盛。吴汉将士兵名册全部上交幕府，再请求拨付钱粮物资时，没有一点私心，刘秀更加看重他。

刘秀任命偏将军、沛国人朱浮为大将军、幽州牧，州府设在蓟城。铜马贼粮食吃尽，夜里遁逃，刘秀追击到馆陶，铜马大败投降。刘秀正在受降，高湖、重连两支变民军队从东南来，与还没投降的铜马贼联合。刘秀再与之在蒲阳大战，将他们打败。刘秀封贼军首领为列侯。但是汉军诸将不能信任贼军，投降的人心中也不能自安。刘秀知道他们的心思，于是下令贼军诸将各回自己军营，依旧率领原来的军队，然后自己带着轻骑到各部巡视。降将降兵们相互说："萧王推自己的一颗赤心放置到我们的腹中（这就是"推心置腹"成语的由来），我们能不为他效死命吗？"于是众心皆服。刘秀将降兵分配给诸将，大军达到数十万之众。

赤眉军一位将领，与青犊、上江、大肜、铁胫、五幡各部十余万人在射犬，刘秀引兵进击，大破之，再向南攻打河内。河内太守韩歆投降。

9 当初，尚书令谢躬与刘秀一起灭了王郎，但他与刘秀不和，常想突袭刘秀，因畏惧刘秀兵强，没有发动。虽然两人都在邯郸，但各有营地防区。刘秀一向慰劳安抚他。谢躬勤于吏职，刘秀时常称赞他说："谢尚书，那才是真正做官的！"所以谢躬也就不再戒备。他的妻子知道后，时常告诫他说："你与刘秀一向不和，却相信他的虚话，终将受他所制。"谢躬不听。后来，谢躬率兵数万屯驻在邺城，刘秀南击青犊，派谢躬在隆虑山拦击尤来。谢躬大败。刘秀见谢躬在外，派吴汉与刺奸将军岑彭袭据邺城。谢躬不知道，轻骑回到邺城，吴汉等将他逮捕斩首，谢躬的部队都投降了刘秀。

10 更始帝派柱功侯李宝、益州刺史李忠率兵一万余人南下，经略蜀郡、汉中。公孙述派他的弟弟公孙恢在绵竹攻击李宝、李忠。二李大败退走。公孙述于是自立为蜀王，定都成都，百姓和蛮夷都依附他。

11 冬，更始帝遣中郎将归德侯刘飒、大司马护军陈遵一起出使匈奴，授予单于汉朝旧制的玺绶（王莽篡汉，换了单于的玺绶，如今再换回原样），并将伊墨居次云和须卜当剩余的亲属、贵人、随从送回匈奴。单于舆很骄傲，对陈遵、刘飒二人说："匈奴本来和汉朝是兄弟关系，匈奴中间有一段时间内乱，孝宣皇帝辅立呼韩邪单于，所以匈奴称臣以尊汉。如今汉朝也大乱，为王莽所篡，匈奴也出兵攻击王莽，使他边境空虚，天下骚动而思汉。王莽因此才败亡，而汉朝复兴。这都是我出的力！所以，现在应该是汉朝尊奉我！"陈遵与他反复争辩，单于始终坚持他的说法。

12 赤眉军樊崇等人率兵入颍川，将部众分为两部，樊崇与逄安为一部，徐宣、谢禄、杨音为一部。赤眉军虽然数战数胜，但是士卒都疲惫厌战，日夜愁泣，思欲东归。樊崇等人计议，如果向东，部队就散了（赤眉军是琅琊一带饥民，如果回到故乡，就一哄而散，各自回家了），不如西攻长安。于是樊崇、逄安走武关，徐宣等人走陆浑关，两路并进。更始帝派王匡、成丹与抗威将军刘均等人分据河东、弘农设防阻击。

13 刘秀将要向北经略燕、赵，又度量这赤眉军一定会攻破长安，想要乘机吞并关中，不知道把这个重任交给谁好，于是拜邓禹为前将军，分给他麾下精兵二万人，派他西入函谷关，令他自己选择偏将、裨将。当时，更始政权的朱鲔、李轶、田立、陈侨等人率兵号称三十万，与河南太守武勃共守洛阳；鲍永、田邑在并州。刘秀认为，河内地区险要富实（北有太行，南有黄河），要在诸将中选一位镇守，但是始终想不出谁最合适，就问邓禹意见。邓禹说："寇恂文武兼备，有领导驾驭的才干，非他莫属！"于是拜寇恂为河内太守，代理大将军职权。刘秀对寇恂说："当初高祖留萧何在关中，如今我把河内委托给你，应当给足军粮，训练士马，防止其他军队进犯，不要让敌人北渡黄河！"又拜冯异为孟津将军（把守黄河孟津渡口），统率魏郡、河内兵马，在黄河北岸驻防，抵御洛阳更始军。刘秀亲自送邓禹到野王，邓禹西征，刘秀再引兵向北。寇恂征调军粮，制造军械，以供应军队。军队虽然远征，但寇恂的后勤保障从未匮乏。

14 隗崔、隗义密谋背叛更始帝，返回天水，隗嚣害怕祸及自己，向更始帝告发。更始帝诛杀隗崔、隗义，任命隗嚣为御史大夫。

15 梁王刘永在自己封国起兵，招揽诸郡豪杰，沛郡人周建等人为将帅，攻下济阴、山阳、沛郡、楚郡、淮阳、汝南，一共二十八座城。又派出使节，任命西防贼帅山阳人佼强为横行将军，东海贼帅董宪为翼汉大将军，琅琊贼帅张步为辅汉大将军，统辖青州、徐州，与他的军队相连，于是专据东方。

16 邵县人秦丰在黎丘起兵，攻下邵县、宜城等十几个县，有部众万人，号称楚黎王。

17 汝南人田戎攻陷夷陵，自称扫地大将军，转战寇掠郡县，有部众数万人。

卷第四十 汉纪三十二

（公元25年—公元26年，共2年）

主要历史事件

主要学习点

世祖光武皇帝上之上

建武元年（乙酉，公元25年）

1 春，正月，方望与安陵人弓林，一起拥立前安定公刘婴为天子，聚众数千人，占据临泾县。更始帝派丞相李松等人去讨伐，将他们全部斩杀。

【华杉讲透】

刘婴是汉宣帝的玄孙，十九年前，还是一个婴儿，被王莽选中为西汉皇太子位，没有当上皇帝，王莽呼之为“孺子”。刘婴一生仅仅做了三年皇太子，四岁被囚，又通令禁止任何人与他讲话。孺子婴长大后，六畜不识，话也说不清楚，成了一个傻子。如今又被两个只有几千人就敢争天下的野心家利用，立为“天子”，结果被杀。

2 邓禹挺进到箕关，击破河东都尉，进军包围安邑。

3 赤眉军两部在弘农会师。更始帝派讨难将军苏茂迎击。苏茂大败。赤眉军于是大举集结，每一万人为一营，一共三十营。三月，更始帝派丞相李松与赤眉战于蓩乡，李松大败，死者三万余人。赤眉军北上推进到湖县。

4 蜀郡功曹李熊游说公孙述，说他应该称天子。夏，四月，公孙述即皇帝位，国号成家（*以成都为家*），改元龙兴，李熊为大司徒，公孙述的弟弟公孙光为大司马，公孙恢为大司空。越嶲郡蛮夷首领任贵，率全郡投降公孙述。

5 刘秀向北，攻打尤来、大枪、五幡于元氏，一路追击到北平，连战连捷，又战于顺水北岸，乘胜轻兵进击，反而被变民军反击打败。刘秀跳下一个高坡，正遇上骑兵王丰，王丰下马，将马让给刘秀，刘秀才得以逃脱。败兵退归范阳。因军中见不到刘秀，有人说他已经被杀，诸将不知所措。吴汉说："卿曹努力！大王哥哥的儿子还在南阳，何愁没有主公！"众人依旧恐惧，过了好几天才平静下来。贼军虽然战胜，但是忌惮刘秀威名，夜里引兵离去。大军继续挺进，到了安次，再与贼军交战，破之。贼军退入渔阳，所过之处，大肆掳掠。强弩将军陈俊对刘秀说："贼军没有辎重，应该令轻骑兵抢在贼军前面，下令沿途百姓坚壁清野，这样，等贼兵到了，什么物资也得不到，粮食断绝，我们可以不战而胜。"刘秀同意，派陈俊带轻骑绕到贼军前面，看见防卫严密的村庄，就下令他们坚壁固守，散放在野外的粮草，一律掠取收缴。贼军到了，一无所得，于是溃散。刘秀对陈俊说："消灭这股贼军，全靠将军您的计策！"

6 孟津将军冯异给李轶送去一封书信，向他分析祸福，劝他归顺刘秀。李轶知道长安已危，但是当初刘伯升之死，他是主谋，心中不能自安，于是回信说："李轶我本来与萧王首谋造汉，如今李轶镇守洛阳，将军镇守孟津，都是战略中心，机轴之地，这是千载难逢的良机，希望我们兄弟齐心，其利断金，请将军转告萧王，我愿献上愚策，以佐国安民。”李轶自从通信之后，就不与冯异争锋。所以冯异得以北攻天井关，攻克上党两座城池，又南下河南成皋以东十三县，降者十余万。武勃率兵万余人来攻，冯异与之战于士乡，大破之，斩下武勃。李轶闭门不救。冯异见他说话有信用，向刘秀汇报。刘秀回信给冯异说：“李轶多诈，别人不知道他在想什么，把他的信给各郡守、校尉传阅。”大家都奇怪刘秀为什么要泄露李轶的书信，朱鲔得到消息，派人刺杀李轶，于是城中相互猜忌，很多人都出城投降过来。

朱鲔听说刘秀北征，而河内空虚，于是派他的将领苏茂、贾强率兵三万余人渡过巩河，攻打温县。朱鲔亲自率数万人攻打平阴，以牵制冯异。檄书到了河内，寇恂即刻勒兵驰出，并且移告下属各县，紧急发兵，到温县会合。军吏都进谏说：“如今洛阳兵渡河，络绎不绝，我们应该等部队集结完成之后，才能出师。”寇恂说：“温县，是郡城的屏障，如果失了温县，郡城也守不住。”于是驱驰赶到温县，第二天，寇恂与敌军交战，正好此时冯异派来的救兵以及诸县兵马都赶到了。寇恂让众兵将登城鼓噪：“刘公兵到！”苏茂部队听见了，阵势摇动，寇恂于是出城突袭，大破之。冯异也渡河攻打朱鲔，朱鲔败走。冯异与寇恂一路追击到洛阳，绕城一圈，耀武扬威，然后回去。自此洛阳震恐，白天也紧闭城门。

冯异、寇恂移檄汇报战况，诸将进帐祝贺，然后请求刘秀上尊号，称帝。将军、南阳人马武首先说：“大王虽然坚持谦让，但是把宗庙社稷置于何处呢？应该先即位为天子，然后再议征伐。否则像今天这样，到底谁是贼呢？”

【华杉讲透】

马武说得对，刘秀此时不宜再以萧王名义行事，因为他的萧王是更始帝封的，而他现在已经在和更始帝交战，不能没个说法，向兄弟们明确共同愿景。如果还是萧王，就应该听更始帝命令，不听就是叛贼。自己称帝，则兄弟们都争做开国功臣。时机也差不多了。

刘秀惊道："将军何出此言？可以将你斩首了！"于是引军回到蓟县。又派吴汉率耿弇、景丹等十三将军追击尤来，斩首一万三千余级，一路穷追猛打，到了浚靡县才回师。贼军散乱逃入辽西、辽东，被当地乌桓、貊人等蛮夷抢掠杀光了。

都护将军贾复，与五校军战于真定，受了重伤。刘秀大惊说："我之所以不让贾复独当一面，就是因为他一贯轻敌冒进，果然！让我失去一员名将！听说他的妻子有身孕，如果生下女儿，就嫁给我的儿子。如果生下儿子，我女儿嫁给他！不要让他担心他的妻子儿女！"后来贾复伤好了，追到蓟县和刘秀相见，两人都非常欢喜。

刘秀回到中山，诸将又请上尊号，刘秀又不听。走到南平棘，诸将再次坚持固请，刘秀不许。诸将退，耿纯进言说："天下士大夫，抛弃亲戚，离开故土，跟从大王于矢石之间，无非就是希望能攀龙鳞，附凤翼，以成就其志向。如今大王您拖延时辰，违逆众望，不正位号。臣担心士大夫们绝望技穷，则有去归之意，不能长期跟着您吃苦了。大众一散，再要召集起来就难了！"耿纯言辞极为恳切。刘秀深深感叹说："我会考虑的。"

到了鄗县，召冯异，问四方动静。冯异说："更始必败，宗庙的责任在于大王您，应该听从大家的意见。"正好儒生强华从关中带着赤伏符来，上面写着："刘秀发兵捕不道，四夷云集龙斗野，四七之际火为王。"（四七二十八，从高祖到光武初起，二百二十八年）。群臣于是借着这事再请求刘秀即位。六月二十日，刘秀（本年三十岁）在鄗南即皇帝位，改元，大赦。

7 邓禹围攻安邑，数月未能攻下。更始大将军樊参率数万人从大阳县渡过黄河，准备攻击邓禹。邓禹在解南迎击，斩杀樊参。王匡、成丹、刘均合军十余万，一起攻击邓禹，邓禹作战不利。第二天，六月二十四日，王匡等人认为是六甲穷日，不宜出战，邓禹才得以休整，重新排兵布阵。六月二十五日，王匡等人率全军出击，攻打邓禹。邓禹下令军中不得妄动，等到王匡攻到营下，才传发诸将，击鼓并进，一鼓作气，大破王匡军。王匡等人皆败走，邓禹追斩刘均以及河东太守杨宝，于是平定河东，王匡等人逃回长安。

张卬与诸将商议说："赤眉军随时会打过来，我们恐怕撑不住，不如抢掠长安城，然后东归南阳；事情如果不顺利，我们不过是重新进入江湖中做盗贼罢了！"于是一起进宫，游说更始帝。更始帝愤怒不言，他们也不敢再说话。更始帝派王匡、陈牧、成丹、赵萌屯驻新丰，李松驻军掫城，以抵御赤眉军。张卬、廖湛、胡殷、申屠建与隗嚣合谋，准备在立秋日杀牲畜祭祀宗庙时一起劫持更始帝，实施之前抢掠长安然后东归的计划。更始帝知道了他们的阴谋，托病不出，召张卬等人进宫，准备将他们全部诛杀。唯独隗嚣称病不去，与宾客王遵、周宗等人勒兵自守。更始帝狐疑不决，张卬、廖湛、胡殷等怀疑有变，于是突围而出。只有申屠建在，更始帝于是斩杀申屠建，派执金吾邓晔率兵包围隗嚣宅第。张卬、廖湛、胡殷带兵火烧宫门，入战宫中，更始帝大败。隗嚣也突围而出，跑回天水。第二天一早，更始帝东奔新丰，投奔赵萌。更始帝也怀疑王匡、陈牧、成丹与张卬等人是同谋，于是一并召入；陈牧、成丹先到，当即斩杀。王匡恐惧，率兵进入长安，与张卬等人会合。

8 赤眉军挺进至华阴，军中有齐地巫师，经常擂鼓起舞，祭祠城阳景王（城阳景王刘章，刘肥之子，吕后时期受封朱虚侯，吕后驾崩后九月，周勃掌握北军，刘章率千人入未央宫，杀丞相吕产，因平定吕后一族有功，受封城阳王，谥号景），巫师狂言："景王大怒曰：'当为天子，何故为贼！'"有取笑巫师的，马上就生病，军中惊动。方望的弟弟方阳对樊崇等说："今将军拥百万之众，西向帝城，而无称号，名为群贼，不可以长久。不如立宗室，挟义诛伐，以此号令，谁敢不从！"樊崇等人深以为然，而巫师狂言更甚。前至郑县，樊崇等人相互商议说："如今迫近长安，而鬼神若此，当求刘氏共尊立之。"

之前，赤眉军经过式县的时候，掳掠故式侯刘萌之子刘恭、刘茂、刘盆子三人，带在军中。刘恭少年时就研习《尚书》，后随樊崇等人投降更始帝于洛阳，也被封为式侯，担任侍中，后到长安。刘茂与刘盆子留在军中，属右校卒史刘侠卿管辖，负责放牛。等到樊崇等欲立刘氏为帝，访求军中景王后代，得七十余人，唯有刘茂、刘盆子以及前西安侯刘孝与景工血缘关系最近。樊崇等说：“听说在古代，如果天子亲自率兵，就称上将军。”于是以书札写上“上将军”。又以两个空札一起，放在笥中，于郑北设坛场，祭祠城阳景王，诸三老、从事皆参加大会。列刘盆子等三人居中站立，按年龄大小以此取书札，刘盆子年纪最小，最后探取，取得“上将军”书符；诸将皆称臣，跪拜。刘盆子时年只有十五岁，披头散发，光着脚都没有鞋穿，衣衫褴褛，一身臭汗，见众人跪拜，吓得将要哭起来。刘茂对他说：“把上将军书符收藏好！”刘盆子却把那符折叠扔了。之后任命徐宣为丞相，樊崇为御史大夫，逄安为左大司马，谢禄为右大司马，其余皆列卿、将军。刘盆子虽然被拥立为帝，还是朝夕跪拜刘侠卿，想到外面去和牧童们嬉戏；刘侠卿怒而制止他。樊崇等人也不来拜他这个皇帝。

9 秋，七月初一，刘秀派使者持节拜邓禹为大司徒，封酂侯（这是之前萧何的爵位和封地），食邑一万户，邓禹当时年仅二十四岁。又朝议选拔大司空，刘秀因为赤伏符上有谶言说，“王梁主卫作玄武”，于七月初七，任命野王县县令王梁为大司空。刘秀又想以谶言任命平狄将军孙咸为大司马，大家都不高兴。七月十二日，任命吴汉为大司马。

【华杉讲透】

卫，是指春秋时的卫国。公元前252年，卫怀君前往魏国觐见魏安厘王，被执杀，魏安厘王改立自己的女婿卫元君为卫君。元君十二年（公元前241年），秦国攻下魏国东部领土，秦国开始在这一带设置东郡。秦国废掉元君，改立卫国公室后裔卫角为卫君，把新立的卫君角迁徙到野王县，并把濮阳合并到东郡。玄武，是北方之神。刘秀按此谶言，任命王梁为大司空，还要继续按谶言任命孙咸，大家不高兴了。国家名器，既不论功行赏，也不按资排辈，按神秘的谶言，当然众心不服。看来按谶言行事，不只是王莽的把戏，也成为一种民间文化，刘秀也深受其影响。

当初，更始帝以琅琊人伏湛为平原太守。当时天下兵起，唯独伏湛晏然自安，抚慰百姓，照常治理郡务。伏湛门下督（郡国守相的属吏，主掌兵卫。汉全称为“门下督盗贼”，简称“门下督”）建议伏湛起兵，伏湛将他逮捕斩首。于是官吏百姓都信任归附他，平原全境因此得以平安无事。刘秀征召伏湛为尚书，命他整理旧有典章制度。又因为邓禹西征，拜伏湛为司直，代理大司徒事（相当于代理宰相职权，司直，是丞相府司直，丞相府的执行长）。刘秀车驾每次外出征伐，伏湛就留下负责镇守后方。

10 邓禹从汾阴渡过黄河，进入夏阳县。更始帝左辅都尉公乘歙带领他的部队十万人与左冯翊所部兵马在卫县布防，抵御邓禹。邓禹将他们击破，公乘歙败走。

宗室刘茂在京县、密县之间聚众起兵，自称厌新将军，攻下颍川、汝南，部众达到十余万人。刘秀派骠骑大将军景丹、建威大将军耿弇、强弩将军陈俊攻打他。刘茂前来投降，被封为中山王。

11 七月二十九日，刘秀抵达怀县，派耿弇、陈俊驻扎在五社津黄河渡口，监视荥阳以东；派吴汉率建义大将军朱祜等十一位将军，将朱鲔包围在洛阳。八月，刘秀进入河阳县。

12 更始政权宰相李松从掫城带兵回来，跟从更始帝，与赵萌一起，攻打王匡、张卬于长安。连战一个多月，王匡等败走，更始帝迁居长信宫。

赤眉军到了高陵，王匡、张卬等人迎降，于是连兵一处，一起攻打东都门。李松出战，被赤眉军生擒。李松的弟弟李况为城门校尉，开门把赤眉军放进来。九月，赤眉军进入长安，更始帝单骑而走，从厨城门出逃。

当初，式侯刘恭因为赤眉军立了他的弟弟刘盆子，把自己绑了，到诏狱报到。更始帝败走，刘恭才走出诏狱，求见定陶王刘祉。刘祉将他的刑具解下，两人一起追随更始帝到渭水河畔。右辅都尉严本，担心更始帝走失，自己会被赤眉诛杀，于是将更始帝迁往高陵，自己率兵宿卫，实际上是将更始帝软禁起来。更始帝的将相都投降了赤眉。只有丞相曹竟拒绝投降，用佩剑格斗，被杀。

13 九月初六，皇帝刘秀下诏，封前更始帝刘玄为淮阳王，吏民有敢伤害刘玄的，以“大逆”论罪。有把刘玄送到官府的，封侯。

14 当初，宛县人卓茂，宽仁恭爱，恬静坦荡，安居乐道，性情朴实，不追求虚华的外表，行事在清浊之间，从不走极端，从成年到白头，从来没有跟人争执过。乡党故旧，虽然行为做不到跟他一样，但是都爱慕欣赏他。哀帝、平帝年间，卓茂为密县县令，爱民如子，树立善言善行的模范，来施行教化，从来不说凶恶的话，官吏百姓都亲爱他，不忍心欺骗他。曾经有一个百姓，举报说亭长收受他送的米和肉。卓茂问：“是亭长向你索取的呢，还是你有事求他而送他的呢，还是平时就有恩情所以你送他的呢？”回答说：“是我主动去送给他的。”卓茂问：“你自己去送给他，又来告状，这是为何？”那人说：“我听说贤明之君，能让百姓不畏惧官吏，官吏不向百姓索取。如今我畏惧他，所以才给他送礼，而他也收下了，所以我来向您报告。”卓茂说：“你就是真正的刁民！人之所以群聚而不乱，异于禽兽者，就是因为有仁爱礼义，知道相互尊敬。你却不在乎这些，难道你能远走高飞，不食人间烟火？官吏自然不应该弄权索贿，但是亭长一向是好官，你每年送他一点礼物，也是礼义。”那人说：“既然如此，那律令为什么禁止呢？”卓茂说：“律令为行为立下法则，礼义则是顺应人情，我如今以礼义教导你，你一定无怨无恨；如果我用律令来惩治你，你手脚都不知道往哪儿放了，就在这大门之内，小罪可以处罚，大罪可以诛杀，你回去自己想想。”

卓茂初到任的时候，对有些事情，搁置起来不处理，官吏百姓都笑话他，临县的人听说了，也耻笑他没有能力。河南郡专门给密县又派来一位县令，卓茂也没意见，治事自若。过了数年，教化大行，道不拾遗，卓茂被擢升为京部丞（王莽时置大司农部丞十三人，一人主一州，掌劝课农桑。京部丞为十三丞之一）。密县老少皆涕泣相送。到了王莽摄政时，卓茂因病辞职回乡。刘秀即位为皇帝之后，先访求卓茂，卓茂已经七十多岁。九月十九日，刘秀下诏说："名冠天下者，当受天下重赏，任命卓茂为太傅，封褒德侯。"

【司马光曰】

孔子说："举善而教不能，则劝。"（出自《论语》，对那有德有才的人，举而用之；对那德行能力比较差的，也不是弃之不理，而是教导他。大家看你这样，自然相互劝勉，就是正能量了）所以舜举用皋陶，商汤举用伊尹，不仁之人，自然就远去了，因为二人都有高贵的品德。光武帝继位之初，群雄竞逐，四海鼎沸，摧坚陷敌之人，权谋诡辩之士，最受重视。而光武帝唯独能注意寻访忠厚之臣，表彰循规蹈矩的良吏，将他们从草莱之中，擢升到三公之上的高位。这正是他能光复汉室、国运长久的原因，因为他知道什么事情应该先做，知道什么事情才是根本。

【华杉讲透】

什么叫格局？刘秀这就叫格局。仗还没有打完，首都都还没定下来，多少人等着做开国功臣，等着论功行赏，封侯拜相。刘秀却先寻访忠厚之臣、徇良之吏，找到卓茂，任命为太傅，先给他封侯。因为刘秀的事业，不是建立一个新的政权，而是要恢复旧的政权，这是他的道统，是他的政权的合法性，也是让天下人看到，他是来安天下的，不是来打天下的。司马光说刘秀"知所先务，而得起本原"，这是《大学》里的话：

物有本末，事有始终，知所先后，则近道矣。

本末先后，凡事你都要有判断，什么是本，什么是末，什么在先，什么在后，知道本末先后，就接近大道了。比较刘秀和更始帝刘玄，你会发现，刘玄从来没把自己当皇帝，从来没有想过如何负起一个皇帝的责任，而刘秀始终在用皇帝的标准来要求自己，按皇帝的行为方式来行事。谁该做皇帝，“天命”就作出选择了。

15 诸将围洛阳数月，朱鲔坚守不下。刘秀因为廷尉岑彭曾经是朱鲔手下校尉，派他去说降。朱鲔在城上，岑彭在城下，向他陈说成败。朱鲔说：“大司徒（刘縯）被害时，我曾参与其谋，又曾经向更始帝进谏，不要派萧王北伐，所以自知罪恶深重，不敢投降！”岑彭回来，详细跟刘秀说了情况。刘秀说：“举大事者不计小怨，朱鲔今天如果投降，官爵都可以不变，更何论诛罚！黄河为证，我决不食言！”岑彭回去再告诉朱鲔。朱鲔从城上放下绳梯，说：“你如果说的是真的，就请上城！”岑彭攀着绳梯要上。朱鲔见他确实有诚意，就表态投降。

九月十九日，朱鲔面缚（双手反绑，面向胜利者，表示放弃抵抗投降），与岑彭一起到河阳。刘秀为他松绑，召见他，又令岑彭当晚送朱鲔回城。第二天，朱鲔与苏茂等全军出降。刘秀拜朱鲔为平狄将军，封扶沟侯，后来又担任少府，封爵世代相传。

【王夫之曰】

朱鲔起于平林军，举事在刘縯、刘秀兄弟之前，和刘縯没有交情。尊奉更始帝之后，为更始帝设谋杀刘縯，就像范增为项羽设谋要杀刘邦一样，也是一番愚忠。更始诸将都是贼，唯有朱鲔不同。杀刘縯，进谏不要放走刘秀，都是他只忠于更始帝，不管其他人。诸将挟功而欲封王，只有朱鲔守着高祖“非刘氏不王”之约，封他胶东王，他也坚持不受。受命守洛阳，与寇恂、冯异血战。长安城破，更始投降赤眉，洛阳孤立无援，他仍然坚壁固守，以杀刘縯为惭而不降。所以说，整个更始朝廷，有为之人，朱鲔一人而已！于事君之义，立身之耻，也没什么人能赶上他了。光武帝如果以私怨而废天下公义，又如何能劝勉忠臣呢？孔子曰：“以直报怨。”什么是直，就是理而已！

【华杉讲透】

王夫之正论。刘秀的话不太恰当，“举大事者不计小怨”，杀兄之仇，不是小怨，只是各为其主的“职务行为”而已。

刘秀命侍御史（在御史大夫之下，掌监察）、河内人杜诗负责安抚洛阳，凝聚百姓。将军萧广纵容士兵暴横，杜诗警告他，他仍不改正。杜诗于是格杀萧广，回来向刘秀汇报。刘秀召见杜诗，赐给他棨戟（有缯衣或油漆的木戟。官吏所用的仪仗，出行时作为前导，后亦列于门庭），并擢升他官职。

冬，十月初十，车驾入洛阳，住在南宫，于是定都洛阳。

16 赤眉下书给更始帝说：“圣公如果投降，封为长沙王，超过二十天，就不再接受了。”更始帝派刘恭请降，赤眉派谢禄前往受降。更始帝跟着谢禄，光着上身（表示犯罪，准备接受鞭打），向刘盆子缴上皇帝玺绶。但是，赤眉仍然将更始帝定罪，置于庭中，准备处决。刘恭、谢禄为他求情，不被批准。于是将更始帝带出去，刘恭追呼说：“臣尽力了，请得先死！”拔剑欲自刎，樊崇等把他救下来。于是又赦免了更始帝，封为畏威侯。刘恭坚持要求兑现承诺，竟然得封为长沙王。更始帝常常依靠谢禄居住，刘恭也保护他。

17 刘盆子住在长乐宫。三辅郡县、营长遣使贡献（当时三辅豪杰处处屯聚，各有营长），兵士们就抢夺他们的财物，又数次暴掠吏民。于是豪杰们又各自回营固守。

百姓人心惶惶，不知所归，听说邓禹乘胜而来，而且军纪严明，都扶老携幼，望风归降，每天都有数千人，人数号称有一百万。邓禹每到一处，就停下车，竖起符节，慰劳百姓。父老儿童站满他的车旁，无不感悦，于是名震关西。

诸将豪杰都劝邓禹直取长安。邓禹说：“不对。如今我们虽然人多，但是真正能打仗的兵很少，前面没有粮草积蓄可以取，后面的供应也跟不上。而赤眉军刚刚打下长安，财谷充实，锐不可当。他们这些盗贼，群居一处，没有什么长久之策，财谷虽然多，他们自己内部的变故更多，不可能长期坚守。上郡、北地、安定三郡，地广人稀，粮食牲畜都很丰饶。我们暂且休兵北道，就粮养士，以观其敝，然后再做图谋。”于是引兵北至栒邑。所处之处，各郡县百姓都打开筑以自保的营寨，争相归附。

18 刘秀派岑彭攻打荆州群贼，攻克犨县、叶县等十余座城池。

19 十一月二十日，刘秀到怀县。

20 梁王刘永在睢阳称帝。

21 十二月十一日，刘秀返回洛阳。

22 三辅百姓苦于赤眉的暴虐，反过来怜悯更始帝，想要把他救出来。张卬等人深以为虑，于是派谢禄将他勒死。刘恭夜里赶过去，收藏他的尸体。刘秀下诏，命邓禹将更始葬在霸陵。

中郎将、宛县人赵熹，率军出武关，路上遇到更始帝亲属，都光脚没鞋穿，又饥又困。赵熹竭其物资粮食以供应他们，保护着他们前行。宛王刘赐听说了，将他们接回家乡。

【王夫之曰】

为了名正言顺而有所推奉的，他的忠贞并不坚固；人家为了名正言顺而尊奉你的，你的地位也不稳固；项梁立楚怀王，新市、平林立更始帝，都是这种情况。当初天下愤楚之亡，和今天望刘氏之再兴，是天下人的同情，而不是项梁与张卬、王凤、朱鲔的真情。怀王、更始帝没有自知之明，受其推戴而尸位素餐，那名义岂足以统治天下，又岂足以节制桀骜者私利之心呢？楚怀王任用宋义，压制项羽，而祸发于项氏；更始帝始终依恃诸将，而无与捍赤眉之锋。以不坚之志，立不固之基，不管你是怀疑他，还是信任他，往哪边走，无非都是召祸之门。

23 隗嚣回到天水，重招旧部，兴修故业，自称西州上将军。三辅士大夫避乱者多去归附他。隗嚣礼贤下士，和他们建立布衣之交，以平陵人范逡为师友，前凉州刺史、河内人郑兴为祭酒（学官，掌教育和考试），茂陵人申屠刚、杜林为治书（治书侍御史，掌监察、司法），马援为绥德将军，杨广、王遵、周宗及平襄人行巡、阿阳人王捷、长陵人王元为大将军，安陵人班彪等为宾客幕僚。由此名震西州，崤山以东也都知道他的名声。

马援年轻的时候，因为家用不足，辞别他的哥哥马况，想要到边郡去耕田放牧。马况说："你是大才，将会大器晚成，一个优良的工匠，决不把没有完成的半成品给别人看，你想做什么就去吧！"于是马援到北地，垦荒放牧，经常对宾客们说："大丈夫立志，穷当益坚，老当益壮。"后来，有了牲畜数千头，谷物数万斛，马援叹息说："积累财富，在于能够施舍帮助他人，否则，就是守财奴而已。"于是将牲畜谷物全部分赠给亲属旧友。听说隗嚣好士，就前往投奔隗嚣。隗嚣对他非常敬重，重要的决策都和他商量。

班彪，是班稺的儿子。

24 当初，平陵人窦融祖上几代都在河西做官，了解河西风土人情。窦融与更始帝的右大司马赵萌关系好，曾私下告诉兄弟们说："天下安危未可知，河西殷实富足，又有黄河天险庇护，张掖等属国有精兵万骑，一旦有变，切断黄河渡口，足以自守，这是保全宗族的地方！"于是通过赵萌，请求能到河西去。赵萌向更始帝推荐窦融，窦融得以被任命为张掖属国（移民区）都尉。窦融到任之后，抚慰结交当地豪杰，怀柔羌族部落，很能得到他们的欢心。当时，酒泉太守、安定人梁统，金城太守库钧，张掖都尉、茂陵人史苞，酒泉都尉竺曾，敦煌都尉辛肜，都是州郡有实力的英俊之士。窦融和他们都亲厚友善。等到更始帝败亡，窦融与梁统等人商议说："如今天下扰乱，不知道最后归心于谁。河西地区夹在羌族和匈奴之间，如果不同心戮力，就不能自守。如今咱们这些人，权力级别都差不多，不能相互指挥，应该推举一人为大将军，统一领导五郡，以观察形势变化。"计议已定，又相互谦让，最后依照资历，一致推举梁统。梁统坚决推辞，于是推举窦融代理河西五郡大将军。

五威太守马期、张掖太守任仲，都孤立无援，窦融等人写信告诉他们新的安排，二人即刻解下印绶离开。于是以梁统为武威太守，史苞为张掖太守，竺曾为酒泉太守，辛肜为敦煌太守。窦融停留在张掖属国，照常行使属国都尉职权，设置官属，监察五郡。河西民俗质朴，窦融的政策也宽和，于是上下相亲，一片安乐富足的景象。修兵马，习战射，明烽燧，羌族或匈奴来犯，窦融则亲自率兵与诸郡相互救援，都能迅速集结，每战必胜。其后羌族和匈奴都震服亲附，内郡逃避兵祸及饥荒的难民络绎不绝地来投奔。

25 王莽时期，天下人都思念汉朝，安定郡三水县人卢芳，住在该县左谷（三水县有左谷、右谷），诈称自己是汉武帝的曾孙刘文伯，说："我的曾祖母是匈奴浑邪王的姐姐。"经常拿这套谎话在安定散布。王莽末年，卢芳与三水属国羌族、匈奴起兵。更始帝到了长安，征召卢芳为骑都尉，派他镇抚安定以西。更始败亡，三水豪杰共立卢芳为上将军、西平王。卢芳派使节出使匈奴，与匈奴和亲。单于认为："汉室中绝，刘氏来归，我应当像汉朝当年立呼韩邪单于一样，立他为汉朝皇帝，让他尊奉我！"于是派句林王率领千骑兵，将卢芳兄弟迎入匈奴，立为汉朝皇帝，以卢芳的弟弟卢程为中郎将，率领匈奴骑兵，回到安定。

26 刘秀认为关中尚未平定，而邓禹长时间都不进兵，赐书责备他说："如今司徒你，就如同是尧，那长安城中的毛贼，就如同是桀。长安吏民惶惶无所依归，你应该以时进讨，镇慰西京，维系百姓人心！"但是，邓禹仍然坚持他之前的战略，继续攻打上郡诸县，又征兵征粮，回到大要县（属北地郡）。积弩将军冯愔、车骑将军宗歆镇守栒邑，二人争权相攻，冯愔杀了宗歆，然后造反，攻击邓禹。邓禹派使者向刘秀汇报。刘秀问使者："冯愔跟谁比较亲近？"回答说："护军黄防。"刘秀猜度冯愔、黄防两人不能久和，一定会翻脸，于是带话给邓禹说："缚冯愔者，必黄防也！"于是派尚书宗广持节去招降。过了一个多月，黄防果然绑了冯愔，率领他的部队前来请罪。更始诸将王匡、胡殷、成丹等人也向宗广投降，一起东归，到了安邑，又想逃亡，宗广将他们全部斩首。

冯愔叛变的时候，引兵西向天水，隗嚣逆击，在高平击破冯愔军，缴获全部辎重。于是邓禹代表皇帝，承制遣使，持节，任命隗嚣为西州大将军，得以专制凉州、朔方事务。

27 腊祭之日，赤眉军在长安宫中大设歌舞宴会，还没有开始喝，群臣就开始吵闹打斗起来，而士兵们则各自斩杀守门士卒，冲进宫中，抢掠酒肉，互相杀伤。卫尉诸葛稺听说了，带兵进来，格杀数百人，才平定下来。刘盆子惶恐，日夜哭泣，从官都怜悯他。

28 刘秀派宗正刘延攻打天井关，与田邑连战十余回合，刘延不能前进。等到更始败亡，田邑遣使请降，当即拜为上党太守。刘秀又派谏议大夫储大伯持节征召鲍永，鲍永不知道更始存亡，疑虑不肯服从，并把储大伯抓起来，自己派使者飞驰去长安打探虚实。

29 当初，刘秀跟随更始帝在宛县，娶了新野阴氏之女阴丽华。这一年，派使者去迎接阴丽华及刘秀的姐姐胡阳公主、妹妹宁平公主一起到洛阳，以阴丽华为贵人。更始政权的西平王李通之前娶了宁平公主为妻，刘秀任命李通为卫尉。

【华杉讲透】

阴丽华是刘秀少年时代的梦中情人，刘秀少年时到长安求学，看见执金吾（率禁兵保卫京城和宫城的官员，本名中尉。其所属兵卒也称为北军，地位较高）车骑甚盛，十分羡慕，留下一句诗："仕宦当作执金吾，娶妻当得阴丽华。”这就是刘秀少年时代的梦想。

30 当初，更始帝任命王闳为琅琊太守，张步据守琅琊郡，抵御王闳。王闳晓谕招降，得赣榆等六个县，收集兵马与张步作战，不能取胜。张步接受了刘永官号，在剧县练兵，遣将一路攻下泰山、东莱、城阳、胶东、北海、济南、齐郡。王闳力不能敌，于是亲自去找张步求见。张步摆出盛大军容接见他，怒道：“我有何罪？你之前攻打我，而且打得那么厉害？”王闳按剑说：“我是太守，奉朝廷之命，而你拥兵相拒。我攻打你，是讨贼而已，有什么厉害不厉害！”张步起身，下跪谢罪，与王闳宴饮，待为上宾，让王闳执掌郡事。

建武二年（丙戌，公元26年）

1 春，正月初一，出现日食。

2 刘恭知道赤眉必败，秘密叫弟弟刘盆子交出皇帝玺绶，并且练习辞让的台词。到了元旦大会，刘恭先发言说：“诸君共立我的弟弟为皇帝，恩德深厚！但是，即位一年了，天下淆乱日甚，可见我弟弟并不能成事，恐怕死而无益，希望能退位为庶人，另求贤智之人。请诸君省察！”樊崇等人谢罪说：“这都是我们的罪过！”刘恭坚决要求让刘盆子退位。有人说：“这事跟你有什么相干？”刘恭惶恐，起身离去。刘盆子于是从宝座上下来，解下玺绶，叩头说：“如今我做了皇帝，但是大家仍然继续做贼，四方怨恨，不再信服我们，这也是所立非人的缘故。希望给我一条生路，让我离去，给圣贤让路！如果一定要杀我来为此负责，我也只有一死！”于是涕泣唏嘘。樊崇等参会的数百人，无不哀怜他，于是都离开座席叩头说：“臣等无状，有负于陛下，从今往后，再也不敢放纵！”于是一起抱着盆子，把玺绶又给他系上。盆子号呼，不得已。散会之后，各自回营自守。三辅翕然安定，称赞天子聪明，百姓争相回到长安，街市上又人头涌涌了。过了二十多天，赤眉军故态复萌，又各自出营，大肆抢掠。

3 力子都为其部曲所杀，余党与诸贼会于檀乡，号称檀乡贼，在魏郡、清河一带寇掠。魏郡大吏（郡府里级别较高的官员）李熊的弟弟李陆，密谋策反，准备开城迎接檀乡贼。有人向魏郡太守、颍川人铫期告密。铫期召问李熊，李熊叩头服罪，愿与老母一起就死。铫期说："做官还不如做贼快乐吗？你可以带着母亲，一起去投奔李陆吧！"派官吏将李熊母子送出城去。李熊找到李陆，带他一起到邺城西门，李陆羞愧，自杀谢罪。铫期嗟叹，礼葬李陆，并让李熊官复原职。于是郡中都服气他的威信。

刘秀派吴汉率领王梁等九位将军在邺城东漳水河畔攻打檀乡贼，大破之，十余万众皆降。又派王梁与大将军杜茂率兵平定魏郡、清河、东郡，所有地方百姓自守的营寨堡垒全部平定，三郡清净，从洛阳到各边郡的道路，全部畅通。

4 正月十七日，刘秀封所有功臣为列侯，梁侯邓禹、广平侯吴汉，食邑都达到四个县。博士丁恭谏议说："古代封诸侯，封地不过一百里，强干弱枝（加强树干，削弱枝叶，寓意加强中央集权，削弱地方势力），所以才能天下大治，如今封四个县，不合法制。"刘秀说："古之亡国，都是因为无道，没有听说功臣地多而导致亡国的。"阴乡侯阴识，是贵人阴丽华之兄，以军功应当增加封地。阴识叩头辞让说："天下初定，将帅有功者众，臣是后宫亲属，如果再加爵邑，不可以示范天下，这就成了'亲戚受赏，国人计功'了（此处引用公孙龙谏劝平原君赵胜的话，意思是以亲戚的身份得了封爵，又以国人的身份论功行赏，那你是两头都占，不太好吧）。"刘秀听从了他的意见。

刘秀让诸将各自谈谈他们愿意封在哪里，个个都想占最好的县，唯有河南太守、颍川人丁綝，申请把他的故乡封给他。有人问他缘故。丁綝说："我能力不大，功劳也小，能封一个乡亭侯，就已经很丰厚了。"

刘秀从其志，封他为新安乡侯（汉朝法律，大县侯位置跟三公平级，小县侯位比上卿，乡亭侯相当于中二千石）。

刘秀派郎中、魏郡人冯勤负责诸侯封赏之事，冯勤估量各人功劳大小，封地远近，土壤好坏，处理得十分恰当，无人不服。刘秀认为他很有能力，让他总管尚书之事。按照之前的惯例，尚书郎出缺，要由尚书令吏依次升迁替补，刘秀这是首次直接用地方政府推举上来的孝廉为尚书郎。

5 在洛阳修建高庙，每年春夏秋冬四季，合祀高祖刘邦、太宗刘恒、世宗刘彻。在高庙右侧修建社稷，在洛阳城南郊建筑祭坛。

6 长安城中粮尽，赤眉军将搜刮来的金银财宝装车，大肆纵火烧宫室、市里，恣意杀戮抢掠，长安城中都没有行人。于是引兵向西，号称百万大军，沿着南山，一路转战抢掠城邑，进入安定、北地。邓禹引兵南至长安，驻军在昆明池，拜谒祭祀高庙，收取十一位先帝的牌位，送到洛阳，又巡行先帝园陵，设置吏士守卫。

7 真定王刘杨伪造了一个谶记，说："赤九之后，瘿杨为主。"汉以火德，赤就是汉朝；九，刘秀是刘邦九代孙。赤九，就是刘秀。瘿，是脖子上生的瘤子，刘杨脖子上长了一个瘤子，瘿杨就是他。他就想用这么一个谶言来迷惑众人，意思是刘秀之后就是他做天子，并和绵曼县的贼人互相勾结。刘秀派骑都尉陈副、游击将军邓隆征召他，刘杨紧闭城门，不让他们进去。刘秀再派前将军耿纯，拿着符节，巡行幽州、冀州，沿途慰劳王、侯，秘密下令他逮捕刘杨。耿纯到了真定，停留在驿站，邀刘杨前来相见。耿纯的母亲，是真定宗室之女，所以刘杨没有疑心，况且自恃兵多将强，而耿纯仪态安静，不觉得有什么问题，于是带着从官去见他。刘杨的兄弟们带着轻装士兵在门外警戒，刘杨进门，见了耿纯，耿纯礼敬相接，又请刘杨的兄弟们都进屋。进来之后，耿纯即刻关门，将他们全部诛杀，随即率领军队出来。真定震怖，没人敢动。

刘秀怜悯刘杨只是有阴谋，并没有实际反叛行动，就被诛杀，于是仍封他的儿子为真定王。

8 二月十六日，刘秀车驾到达修武。

9 更始故将鲍永、冯衍，终于确认更始帝已经死亡的消息，于是为更始帝发丧，释放储大伯等（当初刘秀派谏议大夫储大伯持节征召鲍永，鲍永不知道更始存亡，疑虑不肯服从，把储大伯抓起来），封上印绶，将部队解散，用布巾包头，穿着平民服装来河内投降。刘秀见了鲍永，问："你的部队呢？"鲍永离开座席叩头说："臣事奉更始帝，却不能保全他，不敢再用他的部众来换取富贵，所以全部将部队解散复员了。"刘秀说："你这个话有点大。"但心里很不高兴。

后来，鲍永因为立功，得到重用。冯衍却逐渐被废弃了。鲍永对冯衍说："当初高祖赏季布之罪，诛丁固之功，如今我们能遇到明主，有什么好忧虑的呢？"

冯衍说："有人调戏邻居的妻妾，那年长的骂他，而年纪小的却向他示好。后来她们的丈夫死了，他却娶了那年纪长的。有人问他说：'她当初不是骂你吗？'他回答说：'如果她是别人的妻子，我希望她跟我好；如果她是我的妻子，我就希望谁调戏她，她就骂谁！'所以啊，天命难知，人道易守，只要守自己的道，还怕什么生死呢。"

【华杉讲透】

刘秀说鲍永："卿言大。"你这个话有点大。鲍永的做派，确实是矫情，将领投降，把自己的部队解散了，再一个人去的，历史上还真没见过先例。天下未定，国家需要军队，你说不敢用军队来换富贵，算哪门子道理呢？

后面讲到季布和李固的故事。季布效力于项羽，多次击败刘邦军队。项羽败亡后，被汉高祖刘邦悬赏缉拿。后在夏侯婴说情下，刘邦饶赦了他，并拜他为郎中。

刘邦在彭城之战中大败而逃，丁公率兵在彭城以西追上了刘邦，两军短兵相接，刘邦急了，回头对丁公说：“两条好汉难道要互相迫害吗？”丁公便带兵返回，刘邦因此突围而去。项羽失败后，丁公拜见刘邦，刘邦把丁公带到军队中游行示众，说：“丁公作为项羽的臣子却不忠诚，让项羽失去天下的人，就是丁公。”于是刘邦杀死了丁公并说：“让后世做臣子的人不要效仿丁公！”

10 大司空王梁，屡次违反诏命（之前王梁与吴汉一起出击檀乡，刘秀诏命军事由吴汉负责，而王梁却擅自征发野王兵。刘秀认为他不奉诏，下令他就地停止。而王梁又以将在外，君命有所不受为由，自行进军，所以说他屡次违背诏命），刘秀怒，派尚书宗广持节到军中，要将王梁就地斩首。宗广用槛车将王梁押送洛阳。到了之后，刘秀又赦免了他，任命为中郎将，北守箕关。

11 二月十九日，以太中大夫、京兆人宋弘为大司空，宋弘推荐沛国人桓谭为议郎、给事中。刘秀让桓谭弹琴，喜欢他奏出的浮靡之音。宋弘听说了，很不高兴。等到桓谭从宫中出来的时候，身穿朝服，端坐府上，派小吏去把桓谭召来。桓谭到了，也不给他设座席，斥责他，然后问道：“是你自己改正呢，还是我正式纠举你依法治罪呢？”桓谭叩头谢罪，过了好长时间，才放他回去。后来群臣大会，刘秀又让桓谭弹琴。桓谭见宋弘在场，态度失常。刘秀觉得奇怪，问他，宋弘于是离开座席，脱下冠帽，谢罪说：“臣之所以举荐桓谭，是希望他能以忠诚正直引导君主，但是，他却让朝廷沉迷于郑国的靡靡之音，这是臣的罪过！”刘秀于是动容道歉。

湖阳公主（刘秀的姐姐）新寡，刘秀和她议论群臣，看看她喜欢谁，公主说：“宋公威容德器，群臣莫及。”刘秀说：“我想想办法。”后来引见宋弘，刘秀让公主坐在屏风后，对宋弘说：“谚语说：‘富易妻，贵易友’，是不是人之常情呢？”宋弘说：“臣听说，贫贱之知不可忘，糟糠之妻不下堂。”刘秀回头对着屏风说：“这事儿办不成了。”

12 刘秀征讨王郎的时候，彭宠（渔阳太守）发突骑兵以助军，转运粮食，前后不绝。到了刘秀追击铜马贼到蓟县，（彭宠去觐见刘秀）彭宠自认为功高，期望也很高，觉得刘秀对他的接待规格不够，心中不平。等到刘秀即位为皇帝，吴汉、王梁都是彭宠部下，并列三公，而彭宠却没有得到加封，所以怏怏不得志，叹息说："如果这样，那我应该封王！难道陛下把我忘了吗？"

当时北部州郡破败，唯独渔阳还算完好。渔阳有旧铁矿，彭宠转运铁矿，购买粮食，蓄积珍宝，更加富强。幽州牧朱浮，年少有俊才，想要复兴风俗教化，收买士人之心，就招揽州中名士，以及王莽时期的二千石官吏，都安排在自己幕府，征调各郡粮食以赡养他们的妻子儿女。彭宠认为天下未定，还在用兵之际，不应该多设官属，耗用军费，所以拒绝从命。朱浮的性格，一向急躁自负，彭宠呢，也是倔强狠辣之人，两人积怨越来越深。朱浮数次进谗言构陷彭宠，密奏说彭宠多聚军粮，意图难以预料。刘秀则故意将朱浮的密奏泄露给彭宠，以敲打他。这时，刘秀下诏征召彭宠，彭宠上书，愿与朱浮一起对质。刘秀不许。彭宠愈加不安。彭宠的妻子一向刚烈，不堪委屈，坚决劝彭宠不要应召，说："天下未定，四方各自为雄，渔阳大郡，兵马最精，为什么被人告状就弃之而去呢？"彭宠又与所亲信官吏商量，个个都怨恨朱浮，没有一个人劝他去洛阳的。刘秀又派彭宠的堂侄子后兰卿去劝谕他。彭宠扣留子后兰卿，发兵造反，拜署将帅，亲自率领二万余人，攻打朱浮于蓟县。又因为耿况和他一样有大功，而恩赏同样微薄，数次派使者游说耿况入伙，耿况不接受，斩了他的来使。

【华杉讲透】

刘秀是否对彭宠不公平，这没人知道。公平是一杆秤，但每个人心中都有自己的秤，每个人的秤都不一样。刘秀和彭宠的秤就不一样，而且外人也看不到他们各自秤上的刻度和秤砣。但是，有一点可以确定，就是只能以刘秀的秤为准。当你算出来和他的不一样时，你只能去研究他的算法，接受他的算法。

按彭宠的算法，耿况也受到了不公平待遇，耿况内心是否觉得委屈，我们不知道，但是，耿况的忠诚是坚决的。这就是两人的不同，彭宠始终没有死心塌地跟刘秀，而是一直在“审时度势”。王夫之说，耿况当初归附光武，也是因为寇恂态度坚决，他听了寇恂的。但是，一旦决定，就义无反顾。乱世之去就，决之以义而已，义定之后，就守之以信，不可再窥视两端。

所有的决策背后都有情绪，所有的错误决策后面都是情绪。彭宠的情绪，彭宠下属的情绪，彭宠妻子的情绪，让他们作出了错误的判断和选择。没有任何政治资本，就守着渔阳那点兵马钱粮，怎么就能争天下呢？彭宠府无智囊，家有悍妻，一步走错，就万劫不复。

王夫之说，不管彭宠怎么样，刘秀对彭宠是刻薄寡恩的，将一个后生小子朱浮放在彭宠的顶头上司位置上，是对彭宠的轻视，故意泄露朱浮的奏章给彭宠，激他造反，也不知刘秀是何居心。当初刘秀到蓟县，彭宠去拜见他，满心以为自己功劳大，刘秀一定会很亲热如兄弟般接待他，刘秀却很冷淡，这已经让他不爽了。或许，刘秀从内心认为彭宠不是真心诚意归顺，一开始就对他有成见吧！

13 延岑再度造反（之前投降汉中王刘嘉的），围攻南郑，汉中王刘嘉兵败逃走，延岑于是占据了汉中，进兵武都，被更始帝的柱功侯李宝击破，延岑败走天水。公孙述派将领侯丹攻取南郑。刘嘉收集散卒，得数万人，以李宝为丞相，从武都南击侯丹，作战不利，退守河池、下辨，再度与延岑连战，延岑北走，入散关，至陈仓。刘嘉追击，将他击破。

公孙述又派将军任满从阆中下江州，向东攻下扞关，于是益州全境为公孙述所有。

14 二月辛卯日（二月无此日），刘秀回到洛阳。

15 三月乙未日（三月无此日），大赦。

16 更始帝的大将们在南方还没有投降的，还有很多。刘秀召集诸将召开军事会议，用竹简敲打地面，问：“郾县最强，宛县其次，谁来打这一仗？”贾复轻蔑地说：“臣请击郾！”刘秀笑道：“执金吾去打郾县，我还担心啥！那大司马（吴汉）去打宛县吧！”于是派遣贾复率军攻破郾县，尹尊投降，又进攻更始帝的淮阳太守暴汜，暴汜也投降了。

17 夏，四月，虎牙大将军盖延、督驸马都尉马武等四位将军攻打刘永（在睢阳称帝的），击破刘永军，将刘永包围在睢阳。

前更始将领苏茂造反，杀淮阳太守潘蹇，占据广乐，向刘永称臣。刘永封苏茂为大司马、淮阳王。

18 吴汉攻打宛县，宛王刘赐带着更始帝的妻子儿女到洛阳投降，刘秀封刘赐为慎侯。刘秀的叔父刘良、族父刘歙、族兄刘祉都从长安来。四月初二，封刘良为广阳王，刘祉为城阳王，又封哥哥刘縯的儿子刘章为太原王，刘兴为鲁王。更始帝的三个儿子，刘求、刘歆、刘鲤，都封为列侯。

19 邓王王常投降。刘秀见了他，非常高兴，说：“我看见王廷尉，就不再担心南方了！”（王常是更始帝的廷尉，所以刘秀称呼他为王廷尉。王常投降，就得了南阳郡，所以不用担心南方了。）拜王常为左曹，封山桑侯。

20 五月十九日，封族父刘歙为泗水王。

21 刘秀以阴贵人雅性宽仁，想要立她为皇后。阴贵人认为郭贵人已经有儿子，始终不肯接受。六月初七，立郭贵人为皇后，以其子刘强为皇太子，大赦。

22 六月十五，封泗水王刘歙的儿子刘终为淄川王。

23 秋，贾复南击召陵、新息，全部平定。贾复部将在颍川杀人，颍川太守寇恂将他逮捕下狱。当时国家草创，军人犯法，大多相互包庇，而寇恂却在街市上把他公开处斩了。贾复引以为耻，还师的时候，经过颍川，对左右说："我与寇恂并列将帅，却被他陷害，这次见了寇恂，我一定叫他吃我一剑！"寇恂知道他的想法，不想和他相见。寇恂姐姐的儿子谷崇说："我是武将，可以带剑跟从在你身旁，如果他有什么动作，我也足以和他相当。"寇恂说："不对，当初蔺相如不畏秦王，却屈于廉颇，那是为了国家。"于是下令所属各县盛具酒食，执金吾的军队入界，每人都供应双份。寇恂到道旁迎接，然后称病而回。贾复要起兵追他，但是将士们都喝醉了，只好过境而去。寇恂派谷崇向刘秀汇报了事情经过，刘秀于是征召寇恂。寇恂到后，刘秀接见，寇恂进去，看见贾复在座，于是起身回避。刘秀说："天下未定，两虎怎么能私斗！今天朕给你们和解。"于是并坐极欢，同车而出，结友而去。

24 八月，刘秀亲自率领诸将，征伐五校变民集团。八月二十六日，刘秀抵达内黄县，在羛阳大破五校军，接受投降部众五万人。

25 刘秀派游击将军邓隆协助朱浮征讨彭宠，邓隆军驻扎在潞南，朱浮军驻扎在雍奴，派军吏回来汇报情况，刘秀读到书简，大怒，对来使说："两营相距一百里，怎么能相互救援？等你回去，北军已经失败了！"彭宠果然派轻兵攻击邓隆，大破之。朱浮军太远，无法相救。

【华杉讲透】

古代正常的行军速度是一天三十里，如果要急行军一百里，需要抛弃全部辎重，"卷甲而驱"，盔甲都要卷起来，轻装昼夜兼行。然后呢，《孙子兵法》说"其法十一而至"，因为战士们每个人走的速度都不一样，一百里跑下来，十分之一的人先到，然后再十分之一，再十分之一……假定五千人的部队，就分成五百人一小队分批抵达战场，假定敌人也是五千人，那他们就是打十次五千打五百的仗，而且是以逸待劳，一口一个，轻轻松松就把五千人分批吃掉了。

刘秀派邓隆去协助朱浮，他却扎营距朱浮一百里，那彭宠一定是围点打援，先把他打掉了。所以刘秀一眼就看到了结局，因为这是军事常识。

26 盖延包围睢阳数月，终于攻克。刘永逃跑到虞县。虞县人造反，杀了他的母亲、妻子。刘永与麾下数十人又逃到谯县。苏茂、佼强、周建合军三万余人救援刘永。盖延与之战于沛西，大破之。刘永、佼强、周建逃跑占据湖陵，苏茂逃回广乐。盖延于是平定沛郡、楚郡、临淮。

刘秀派太中大夫伏隆持节出使青州、徐州，招降郡国。青、徐群贼听说刘永破败，都惶怖请降。张步（刘永所封的辅汉大将军）派他的掾（副官）孙昱跟着伏隆到宫门上书，献上鳆鱼（鳆鱼，就是鲍鱼。王莽最后束手无策，就每天在宫里喝酒吃鲍鱼。现在张步投降，也给刘秀献上鲍鱼，看来鲍鱼在汉朝是最高级的食物了）。伏隆，是伏湛的儿子。

27 堵乡人董䜣在宛县造反，俘虏南阳太守刘驎。扬化将军坚镡攻陷宛县。董䜣逃回堵乡。

28 吴汉经略南阳诸县，所过之处，多有侵暴行为。破虏将军邓奉正好请假回到新野，对吴汉掳掠他的家乡非常愤怒，于是起兵造反，击破吴汉军，在淯阳屯据，和其他贼军联合。

29 九月初二，刘秀从内黄回到洛阳。

30 陕州贼军将领苏况攻破弘农。刘秀派景丹出征。不巧景丹薨逝，于是派征虏将军祭遵攻打弘农、柏华、蛮中贼军，将他们全部平定。

31 赤眉军引兵欲西上陇县，隗嚣派将军杨广迎击，破之，又乘胜追击，在乌氏、泾阳再次打败赤眉。赤眉抵达阳城、番须一带，天降大雪，坑谷都被雪填平了，士卒冻死很多，于是转回，向东撤退，发掘诸皇帝皇后陵墓，取其宝货。凡是以玉匣入殓的，尸体还都保存完好，贼军于是侮辱吕后的尸体。邓禹派兵在郁夷攻打赤眉，反而被赤眉击败，邓禹于是撤退到云阳，赤眉再度进入长安。延岑（此时延岑归属汉中王刘嘉）屯驻在杜陵。赤眉将领逢安攻打延岑。邓禹认为逢安精兵在外，就引兵攻打长安，正赶上赤眉将领谢禄来救援。邓禹败走。延岑迎击逢安，逢安大败，死者十余万人。

赤眉将领廖湛率领十八万大军攻打汉中王刘嘉，在谷口会战，廖湛大败，刘嘉亲手斩杀廖湛，于是挺进到云阳，夺取粮秣。刘嘉的妻兄，新野人来歙，正好是刘秀姑妈的儿子。刘秀令邓禹招降刘嘉。刘嘉于是跟着来歙到邓禹处投降。刘嘉的丞相李宝，态度倨傲，邓禹将他斩杀。

32 冬，十一月，以廷尉岑彭为征南大将军。刘秀在大会上指着王常对群臣说："这位下江兵的将领，辅翼汉室，心如金石，真忠臣也！"即日，拜王常为汉忠将军，让他与岑彭一起率领建义大将军朱祜等七位将军，征讨邓奉、董䜣。岑彭等先攻打堵乡，邓奉救援。朱祜军败，被邓奉生擒。

33 铜马、青犊、尤来等贼军残部共同拥立孙登为天子。孙登的部将乐玄杀了孙登，率领他的部众五万余人投降。

34 邓禹自从冯愔叛变之后，威名稍稍受损，又缺乏粮食，屡战屡败，归附者日益离散。赤眉、延岑暴乱三辅，郡县大姓各拥兵众，邓禹无法平定。刘秀于是派偏将军冯异去替换邓禹。刘秀亲自送冯异到河南县，嘱咐冯异说："三辅地区遭遇王莽、更始之祸乱，又遇赤眉、延岑之暴行，生灵涂炭，无所依诉，将军如今奉旨讨贼，注意保护降者，把他们的首领送来京师，小民就地解散，让他们回乡务农。摧毁他们的营垒，不要让他们再聚集起来。征伐不一定非要夺地屠城，关键在于瓦解和安抚。诸将不是不会打仗，只是太热衷于抢掠。你本来就善于驾驭吏士，希望你节制自己，不要再让郡县百姓受苦！”冯异磕头受命，引兵向西，所到之处，展示军威，建立信誉，群盗多降。

【司马光曰】

当初周朝人歌颂武王说：“铺时绎思，我徂惟求定。”（出自《诗经》，是歌颂文王的，司马光误记。铺作敷，同音通用。敷，布也。绎，演绎的绎，陈述。思，语末助词，无义。徂，往，去。这句诗说周文王既有此德，我接受之，布陈此德，我之往伐纣，惟求安定而已。铺与绎都是陈述的意思，一再言之，是反复强调）这是说，王者之师志在布陈威德而安民而已。观光武帝之取关中，也是此道。岂不美哉！

【华杉讲透】

之前吴汉部队在南阳“多有侵暴”，以至于自己人邓奉愤而造反，如今刘秀又亲口说“诸将非不健斗，然好掳掠”。可见刘秀的军纪也不过如此了。圣王当然只想布陈威德而安民而已，但是将士们却需要发国难财，这也是战争的潜规则。君王只是派他们去打仗，却不能拨出足够的军费，要“因粮于敌”“以战养战”，实际上也就是默许了一张“抢劫牌照”，这是战争的丑恶面。《孙子兵法》讲“掠乡分众”，掠乡就是下乡抢劫，打土豪；分众就是分批去，人人有机会，不要我们在跟敌人打仗，下乡捞油水全是你们的，那军心就不平了。抢劫本身是军队的激励手段。所以曾国藩是大儒，他打下金陵城，说一分钱也没有，没有金银财宝要上缴国库；王阳明更是圣人，他平定了宸濠之乱，打下了宁王的南昌城，也是一分钱没有。钱都到哪里去了？都是将士们分了，君王是不能真正认真过问的。皇帝要天下，主将可以封侯，那么多士兵呢？有那么多官位分配吗？有那么多钱赏赐吗？大家就自己发财吧！但是像邓禹那样，抢劫耽误了正事，那就不行了。

35 刘秀下诏，召邓禹回来，说：“不要和穷寇争锋！赤眉没有粮食，他自然会向东退却，我们以饱待饥，以逸待劳，只须折下一根树枝，就可以鞭打他们，这不用你们担心，不要再妄自进兵！”

【王夫之曰】

赤眉军弃长安城而西进，不是邓禹把他们打跑的，而是他们粮食没了，到别的地方去掳掠，等把别的地方抢光了吃完了，他们必定还会回来。邓禹不在，他们有崩溃之势之时，在后面跟踪追击，却自己晏坐长安，等他们回来。那时候他们像决堤的河水一样冲回来，还挡得住吗？于是邓禹又退守云阳了。这时候，邓禹自己士气低落，又想去反攻长安坚城，能不败吗？善用兵者，要善于掌握时机。岳飞说：“运用之妙，存乎一心。”就是这个道理。

【华杉讲透】

邓禹参加革命时间早，刘秀对他是有点偏心了，在刘秀还是更始帝的大司马的时候，邓禹就投奔他，长夜密谈，有志在天下的默契。张居正把邓禹和萧何相比，他说，萧何对刘邦“有发踪指示之功”，邓禹在初见刘秀并得到任用时，就能举用诸将，各当其才，这也是他“佐命之元功”。刘秀指着地图哀叹天下之大和自己力量之小的时候，邓禹鼓励他，又劝他延揽英雄，务悦民心，这又是修德的事。所以中兴诸将，识见没有超过邓禹的。而邓禹的战功虽然不如诸将，却能独为一代元勋，是因为他能识天下之要务。

再加上王郎兴起，刘秀逃亡的时候，邓禹又跟随左右，天寒地冻中给刘秀生过火，这样的君臣际遇，就超过了胜仗、败仗之类“小事”。刘秀把最重要的关中委托给他，也就是把挣得天下第一大功劳的机会给他，但是他开始时不能直取长安，而是北上蓄积力量。等他力量蓄积好了，又一次次打败仗。结果呢，刘秀不但没有指责，还这么给他面子。

总结起来，邓禹之功，一是启发刘秀立志，立定“平天下”之志；二是为刘秀定心，坚定取得最后胜利的信心；三是定战略，在布武之初，就能修德以行王道；四是定人才，举贤任能，所谓“进贤者受上赏”，事业越大，组织越大，人力资源工作价值越大；五是跟皇上一起落过难，吃过苦，有“落难兄弟”的私人情谊。有这五条，对于刘秀来说，其他就都是小节了。

刘秀又任命伏隆为光禄大夫，出使张步，拜张步为东莱太守，一批新任命的青州牧、守、都尉，都一起和伏隆东行上任。又授权伏隆，可以直接任命县令以下官员。

36 十二月三十日，刘秀下诏，凡是被王莽撤销封国的宗室列侯，全部恢复原来的封国。

37 三辅地区发生了极其严重的饥荒，人相食，城郭皆空，白骨蔽野，遗民往往聚为营堡，各自坚壁清野。赤眉军掳掠也抢不到东西，于是引而东归，部众还有二十余万，沿途散乱逃亡。刘秀派破奸将军侯进等人屯驻新安，建威大将军耿弇等人屯驻宜阳，以阻其归路，下令诸将说：“贼军如果向东逃跑，宜阳兵团可以往新安会师。贼军如果向南逃窜，新安兵团可以往宜阳会师。”冯异与赤眉在华阴遭遇，互相对抗六十余日，战数十合，赤眉官兵投降五千余人。

卷第四十一　汉纪三十三

（公元27年—公元29年，共3年）

主要历史事件

主要学习点

世祖光武皇帝上之下

建武三年（丁亥，公元27年）

1 春，正月初六，刘秀任命冯异为征西大将军。邓禹因为之前身受大任，却没有建功，十分惭愧，数次驱使饥饿的士卒与赤眉作战，但每次都被击败，于是率车骑将军邓弘等人从河北渡黄河而下，抵达湖县，要求冯异和他一起进攻赤眉。冯异说："我已经和贼军相拒数十日，虽然也俘虏了一些他们的将领，但是贼军兵马还有很多，可以稍稍以恩信诱降，很难马上用兵攻破。皇上如今派诸将屯驻渑池，阻击其东，我击其西，东西夹击，一举取之，才是完全之计。"邓禹、宋弘不听，宋弘先出战，与赤眉大战一整天，赤眉假装败退，抛弃辎重逃走，辎重车上都装载泥土，再在上面覆盖一层豆子。汉军饥饿，上去争抢。赤眉军回击，宋弘军溃乱。冯异与邓禹合兵救援，赤眉稍微退却。冯异认为士卒又饥又倦，应该休息。邓禹不听，再战，大为所败，死伤者三千余人。邓禹仅带着二十四骑逃脱，回到宜阳。冯异弃马奔走，徒步逃到回溪阪，与麾下数人一起回到军营，重新坚壁自守。

【华杉讲透】

《孙子兵法》的原则很清楚：

胜可知而不可为。

能不能打胜，可以在战前作出判断，不可以强求。说我没面子，我要打个胜仗争回面子，如果这样就能打胜仗，打仗岂不是太容易了！冯异说的，等皇上在渑池部署完毕，咱们先诱降一批，最后剩下的再东西夹击，就可以一举而取，这就是“知胜”。

《孙子兵法》说：

胜兵先胜而后求战，败兵先战而后求胜。

冯异的意见就是先胜而后战，胜中求战，第一是确保必胜，第二还要代价最小。邓禹呢，他就是典型的先战而后胜，战中求胜，那就是碰运气。书上都给他写明了，败兵先战而后胜，他就是败兵。不仅违反兵法基本原则，也违反儒家基本价值观，就是孔子说的，要杜绝四大毛病：意必固我——主观臆断；期必，认为自己必定会胜；固执；自我。

邓禹是皇上宠臣，他就任性，而且还把冯异拖下水。冯异也不能见死不救，只得舍命陪君子，赔了三千多人，差点把自己的老命也赔进去了。

邓禹为什么要这么干呢？因为面子问题，对于“职业经理人”来说，面子联系着权位，他需要一场胜利，来保住自己的权位，这是为自己的私利而战，一起了私心，就会心生侥幸，一有了侥幸心理，智商和思考能力就会断崖式下跌，就会损国、损公、损人，还不利己。

2 正月二十三日，皇帝刘秀在洛阳立“四亲庙”，祭祀父亲、南顿县令刘钦，祖父、巨鹿都尉刘回，曾祖父、郁林太守刘外，高祖父、春陵节侯刘买。

3 正月二十四日，大赦。

4 二月十八日（原文为“闰月”，柏杨注：本年闰二月，原文把本月称为闰月，置于二月之前，当是一误，本月原文“闰月”当是“二月”，下文原文“二月”当是“闰二月”，干支才能完全符合），邓禹交回大司徒、梁侯印绶。刘秀下诏，将梁侯印绶还给邓禹，任命为右将军。

5 冯异与赤眉约期会战，派壮士穿上赤眉服装，在道路旁埋伏。第二天，赤眉派一万人攻冯异前部，冯异先以少量士兵增援，赤眉见兵少势弱，全军出动，展开决战。冯异也纵兵大战。战到太阳偏西，贼军气力衰退了，冯异伏兵突起，衣服相乱，赤眉军无法识别敌我，于是惊溃。冯异追击，在崤底大破赤眉军，接受投降男女八万人。刘秀下玺书慰劳冯异说：“你虽然垂翅于回溪，但终能奋翼于渑池，可谓失之东隅，收之桑榆。国家正在论功行赏，回报你的功勋！”

赤眉余众东向宜阳。二月十七日，刘秀亲率六军，严阵以待。赤眉忽遇大军，惊慌震恐，不知所谓，于是派刘恭来乞降，说：“盆子将率百万众投降陛下，请问如何待他呢？”刘秀说：“饶他不死而已！”

二月十九日，刘盆子及丞相徐宣以下三十人肉袒投降，献上传国玺绶。赤眉军放下武器盔甲，堆放在宜阳城西，高度几乎与熊耳山平齐。赤眉余众还有十余万人，刘秀令县厨都供应饮食。第二天，在洛水之滨大陈兵马，让盆子君臣观礼。刘秀对樊崇说：“你是不是后悔投降啊？我放你们回营，勒兵鸣鼓再战一场，决一胜负，我不想让你们觉得委屈。”徐宣等人叩头说：“臣等当初出长安东都门时，君臣计议，就想归命圣德。但是，这些百姓，可以与他们乐享其成，不能跟他们商量大计，所以没告诉大家而已。如今终于得以投降，犹如去虎口而归慈母，诚欢诚喜，哪有什么悔恨可言呀！”刘秀说：“你倒真是铁中铮铮，庸中佼佼（鹤立鸡群的意思）！”

二月二十日，刘秀回到洛阳。

刘秀令樊崇等人各与妻子居住在洛阳，赐给田宅。后来樊崇、逄安谋反，被诛杀。杨音、徐宣卒于乡里。刘秀可怜刘盆子的遭遇，任命他为赵王郎中（侍卫官）。后来，刘盆子害病，双目失明，刘秀又赐给他荥阳均输府的国有土地，让他终身有田税收入。

刘恭为更始帝报仇，杀了谢禄，然后投案自首。刘秀赦免了他的死罪。

6 二月，刘永立董宪为海西王。刘永听说伏隆到了剧县，也派出使节，封张步为齐王。张步贪图王爵，犹豫未决。伏隆晓谕张步说："高祖与天下约，非刘氏不王，最多可得十万户侯而已。"张步想把伏隆留下，一起守青、徐二州。伏隆不听，要回去复命。张步于是扣押伏隆，接受刘永的封王。伏隆密谋遣使回洛阳上书说："臣奉命出使，却不能完成使命，反被凶逆所扣。虽然在困厄之中，但使命在身，誓死不屈。再说，吏民都知道张步反叛，心中并不依附他，愿陛下以时进兵，不要顾忌我的安危！如果臣能生还朝廷，受诛于有司，就是臣最大的心愿！如果臣不幸没身寇手，就将父母、兄弟托付给陛下。祝陛下与皇后、太子永享万国，与天同极！"刘秀收到伏隆的奏章，召见他的父亲伏湛，把奏章给他看，流涕说："我恨不能给张步封王，只求伏隆能够生还！"其后，张步杀了伏隆。刘秀当时北忧渔阳（对付北方的彭宠），南事梁、楚（对付南方的刘永、秦丰），所以张步得以盘踞齐地，地盘有十二郡之大。

【华杉讲透】

这一节，似乎三个人都有错。首先刘秀给张步的出价太低，刘永还在做梁王的时候，就已经拜张步为辅汉大将军，加封忠节侯，总督青、徐二州，刘秀却仅给他拜为东莱太守。似乎是刘秀在大败刘永一次之后，就觉得张步还能保住一个太守的位置，已经很不错了。

打天下这事，在打完之前，天下是谁的根本不知道，所以支票都是随便开，至少是往大了开。所以韩信带着刘邦给他的军队打下齐地，刘邦马上承认封他为齐王。而刘秀要求张步带着自己的地盘来投降，却只给一个太守的官职，比他原来的待遇还低。这大概是刘秀的心态不同，他已经不认为天下不一定是谁的，而是完完全全把天下当成了自己的，支票都是从自己账户开出去的，所以出价的心态就不一样了。但是，别人不是这么看的。刘秀的判断虽然正确，但是张步判断不了天下已经是刘秀的。这就有差距了。

第二个错的是张步，正如王夫之所说：

> 乱世之去就，决之以义而已，义定之后，就守之以信，不可再窥视两端。

刘秀和刘永当然都是刘氏宗族，都有合法性，但是，你看谁出价高没有用，问题是谁能兑现。支票无所谓大小，关键是这两张支票，只有一张能兑现，另一张必定是空头支票。所以，在选择的时候，完全不应该受支票大小干扰决策，因为大小没有意义。

其次，在天下未定之前，你的议价能力强，天下平定之后，就毫无议价能力了。所以，前期你抬价越高，后期你危险越大。主动降价，才是求全之道。伏隆后来把出价抬升到十万户侯，这已经太高了。当初刘邦封张良万户，他还主动要求减少两千户。这才是会“讲价”的臣子。

第三个错就是伏隆了。既然张步心不定，要你留下来一起守，当然留下来！为什么这时候想脱身而去呢？等到被扣留了，再视死如归，那已经晚了。如果痛快地留下来，再派副使回去找刘秀帮张步要价，或许还有机会。

7 刘秀抵达怀县。

8 大司马吴汉率耿弇、盖延击青犊于轵西，大破之，青犊投降。

9 三月十六日，刘秀任命司直伏湛为大司徒。

10 涿郡太守张丰反，自称无上大将军，与彭宠连兵。朱浮之前请求刘秀亲征彭宠，这回又上书求救。刘秀下诏回复说："往年赤眉跋扈长安，我料到他们粮食吃尽之后，一定会东归，结果果然东来归附。如今这些反虏，其势必有内部相互斩杀的。现在军粮物资都不充裕，必须等到下一季小麦收割，才能行动。"朱浮城中粮尽，人相食，耿况派骑兵来救，朱浮于是得以脱身逃走，蓟城就降了彭宠。彭宠自称燕王，攻夺右北平、上谷数县，向北贿赂匈奴，借兵为助，向南联结张步及富平、获索诸贼，与他们都有交通往来。

【华杉讲透】

刘秀判断准确，他此刻最大的敌人是刘永，也就是刘氏有权力称帝的。灭了刘永，天下就只有他一个刘姓皇帝了。彭宠呢，他所占的地盘，是四战之地，不像公孙述的益州成都那样有帝王之基。所以他一旦叛变刘秀，就应该即刻投降刘永，尚可一争。而其自立为燕王，无有去就，他项上人头，就成了一张巨大的彩票，一旦身边有人斩了他人头献给刘秀，就有封侯之赏。这个诱惑太大了，所谓怀璧其罪，就是这个意思。所以刘秀说他"其中必有内相斩者"。

11 刘秀亲征邓奉，到了堵阳。邓奉逃归淯阳，董䜣投降。夏，四月，刘秀追击邓奉到小长安，与之大战，大破之。邓奉肉袒，通过朱祜联系投降。刘秀怜悯邓奉是功臣故旧（邓晨哥哥的儿子），况且事情是因吴汉而起，想要保全他一条性命。岑彭、耿弇进谏说："邓奉背恩反逆，让国家劳师动众数年，陛下前来，他仍不知悔改，还亲自在战阵与陛下作战，兵败乃降。如果不诛杀邓奉，无以惩恶！"于是斩杀邓奉。恢复朱祜的官位。

12 延岑击破赤眉之后，即刻拜置州牧郡守，想要占据关中。当时关中各方武装仍然鼎盛，延岑占据蓝田，王歆占据下邽，芳丹占据新丰，蒋震占据霸陵，张邯占据长安，公孙守占据长陵，杨周占据谷口，吕鲔占据陈仓，角闳占据汧县，骆延占据盩厔，任良占据鄠县，汝章占据槐里，都自称将军，拥兵多者万余人，少者数千人，相互攻击。冯异且战且行，屯军上林苑中。延岑联合张邯、任良一起攻打冯异，冯异迎击，大破之，诸营堡依附延岑的，都来投降冯异。延岑于是从武关退走南阳。当时百姓饥饿，黄金一斤只能买到五升豆子，道路断绝，运输跟不上来。冯异的军士都以树上的果实为粮。刘秀下诏，拜南阳人赵匡为右扶风，率兵协助冯异，并送来粮秣布匹。冯异渐渐兵多粮足，稍稍能够诛灭当地豪杰中不肯服从命令的，褒赏降附有功的，把诸营堡的渠帅送到洛阳京城，其他人解散各自回到本乡务农，军威行于关中。唯有吕鲔、张邯、蒋震遣使到蜀，投降公孙述。其他关中地区都平定了。

13 吴汉派骠骑大将军杜茂等七位将军在广乐包围苏茂，周建等召集十余万人前往救援。吴汉迎战不利，坠马伤了膝盖，撤退还营。周建等于是连兵入城。诸将对吴汉说："大敌在前，而公伤卧，众心恐惧！"吴汉于是包扎伤口，勃然而起，杀牛犒赏士卒，勉励大家，于是士气倍增。第二天，苏茂、周建出兵包围吴汉，吴汉奋击，大破之。苏茂逃回湖陵。

睢阳人造反，迎接刘永。盖延率诸将围城。吴汉留杜茂、陈俊守广乐，亲自率兵帮助盖延包围睢阳。

14 刘秀车驾自小长安引还，刘秀令岑彭率傅俊、臧宫、刘宏等三万人向南攻打秦丰。五月二十四日，刘秀车驾回到洛阳。

15 五月三十日，发生日食。

16 六月初七，大赦。

17 延岑进攻南阳，打下了几座城。建威大将军耿弇与延岑战于穰县，大破之。延岑与数骑逃跑到东阳，与秦丰会合。秦丰将女儿嫁给他。建义大将军朱祜率祭遵等与延岑战于东阳，破之。延岑又逃跑并投奔秦丰。朱祜向南，与岑彭合兵一处。

延岑手下护军邓仲况拥兵占据阴县。而刘歆的孙子刘龚是他的谋士。前侍中大夫、扶风人苏竟写信游说他，邓仲况与刘龚投降。但苏竟并不邀功请赏，而是隐退乡里，寿终于家。

秦丰在邓县与岑彭相拒，秋，七月，岑彭击破秦丰，将秦丰包围在黎丘，另派积弩将军傅俊率兵攻略江东，扬州一带，全部平定。

18 盖延围睢阳百日，刘永、苏茂、周建突围而出，准备逃亡酂县。盖延紧追不舍，刘永手下部将庆吾斩下刘永人头投降。苏茂、周建逃亡垂惠，共立刘永之子刘纡为梁王。佼强奔保西防。

19 冬，十月十九日，刘秀回到舂陵，祭祀祖先墓园祭庙。

20 耿弇从容对刘秀说，自愿北上上谷郡，征发尚未参战的地方部队，平定渔阳彭宠，攻取涿郡张丰，再回师收复富平、获索，东攻张步，平定齐地。刘秀认为他很有雄心壮志，批准了他的计划。

21 十一月十二日，刘秀从舂陵回到洛阳。

22 这一年，李宪称帝，设置百官，占据九座城池，部众十余万。

23 刘秀对太中大夫来歙说："如今西州（隗嚣）还未归附，（成都）公孙述称帝，道路阻远，诸将又都在东边作战。我思考西方的战略，还没想出个头绪。"来歙说："我曾经在长安和隗嚣有过交往。他起事的时候，还是以复兴汉室为名。我愿奉陛下威命，带着陛下书信去见他，隗嚣一定束手自归，则公孙述也就是灭亡之势，不足为虑了。"刘秀觉得有道理，于是派来歙出使隗嚣。

隗嚣在更始帝时代，本来就有功于汉，又曾接受邓禹的任命（邓禹曾代表皇帝，承制遣使，持节，任命隗嚣为西州大将军，得以专制凉州、朔方事务），他的心腹谋士多劝他遣使和洛阳联系，隗嚣于是派使者到洛阳求见，呈上奏章。刘秀也回报以特殊的礼仪，回称他的字号“季孟”，用敌国之礼（对待外国元首的平等礼仪），对他的慰藉非常丰厚。

【王夫之曰】

光武帝失策在此，终究未能驾驭隗嚣。怎么能亲热去称呼他的字号，用敌国之礼来和他交往呢？隗嚣不是一般的狂狡之徒，他也是懂得名义礼仪的。当初起事西州，也是以汉为名，希望成就复兴汉室的元功而已。所以投奔更始帝。更始帝怀疑他，要杀他，他也不过是逃回西州，以待天时，并没有参与张卬、谢禄的叛逆。对他这样的人，达之以情，奖之以义，正君臣之名，成就他的初心，他也就得知己而愿意委身了。这名义，就是隗嚣自始至终所尊奉的名义。光武帝却以名义之外的殊礼来笼络他，待之以敌国之礼。隗嚣反而有想法了，这刘秀，是不是也像当初更始帝刘玄那样，先尊敬我，哄着我，最终是忌惮我，要除掉我呢？来就是臣，怎么以平等之礼呢？

光武帝的隗嚣，就好比汉文帝的南越王赵佗。赵佗本来没有归附汉朝之心，但在汉使毫不留情的严厉训斥之下，娇气自平，翕然归顺。隗嚣本来犹疑未决，光武的态度，实在是让他疑上加疑。

【华杉讲透】

看来，光武帝也有“小气”的一面，就是患得患失，打小算盘，小算盘一打，马上就会算错数。之前对待张步，他认为胜券在握，就压价太狠；如今对待隗嚣，他因为觉得自己手里没牌，又抬价太高。之前压价太狠，让张步愤而不平；如今抬价太高，高到“名不正，言不顺”的地步，隗嚣也就觉得这“事不成”，不能安心了。更何况刘秀并没有具体出价，是封王，还是封多少户侯？应该直接明确，接受你就来降，不接受咱就接着打，不给实际说法，光给面子，把礼仪搞那么高规格做什么呢？刘秀之前跟来歙说自己“思西州方略，未知所在”，看来，他确实是“未知所在”，隗嚣的使节已经来了，他仍然未知所在。

建武四年（戊子，公元28年）

1 正月初二，大赦。

2 二月初一，刘秀抵达怀县，二月十一日，回到洛阳。

3 延岑再次攻打顺阳，刘秀派邓禹率兵将他击破。延岑逃亡汉中，公孙述任命延岑为大司马，封汝宁王。

4 田戎（变民首领，盘踞夷陵，自称扫地大将军）听说秦丰被击破，恐惧，欲降。他的妻兄辛臣展开地图，指给他看彭宠、张步、董宪、公孙述等人的地盘，说：“洛阳所统治的地方，也不过巴掌那么大，不如按兵以观其变。”田戎说：“以秦王之强，尚且被征南（指征南大将军岑彭）所围，我降意已决！”于是留辛臣守夷陵，自己率军沿着长江、沔江（长江支流汉水的支流。应该是先顺长江而下，到汉口，顺汉水而上），向黎丘进发（岑彭部队此时将秦丰包围在黎丘，田戎计划投降加入岑彭军）。

田戎走后，辛臣盗取田戎的珍宝，从小道先行抵达，投降岑彭，然后给田戎写了一封信，说：“该投降还是投降，不要拘泥于我们之前的计划！”田戎怀疑辛臣出卖自己，烧龟甲占卜，龟甲从中裂开（大凶之兆），于是再次造反，与秦丰联合。岑彭击破田戎，田戎逃回夷陵。

【华杉讲透】

读史须代入自己，才能“君子多识前言往行以畜其德”——如果我是田戎，我该怎么办?

这就要谈到“本谋意识”，本谋，就是初心。田戎当初说自己“降意已决”，这是生死存亡的重大决策，但是，一出现辛臣这个无间道的“黑天鹅事件”，他就改了决策，这就是忘了本谋。天下大事，先看“天谋”，再定本谋，然后就义无反顾，接受任何结果，因为乱世之中，本来就没有什么“万全之策”。

田戎看见了天谋，所以决意归附刘秀。出现辛臣事件之后，并非不可为，不可降，还可以向岑彭派出使节，甚至同时向刘秀派出使节，说明情况，真相大白并不难。更何况投降的本钱——军队和夷陵地盘——都还在他手里。他的选择很多，可以火线起义，听岑彭指挥攻打秦丰；可以退军回夷陵，静候使节回报。总之都不需要马上投奔秦丰阵营，可以等一等呀。

仓促之间，往往慌不择路，忘了本谋，也忘了并不需要马上见分晓，事缓则圆，还可以缓一缓。这就是教训。

5 夏，四月初七，刘秀前往邺县。十九日，抵达临平，派吴汉、陈俊、王梁击破五校于临平。鬲县五个大姓，一起驱逐守长（临时代理县长，还不是正式任命）。据城而反，诸将争相要去攻打。吴汉说：“让鬲城造反，是守长之罪。敢轻冒进兵者斩！”于是移檄给郡守，命令他逮捕守长，而派人到鬲县道歉。城中五大家族大喜，相率投降。诸将心服口服，说：“吴将军能不战而下城，不是我们赶得上的！”

6 五月，刘秀前往元氏县，五月初一，抵达卢奴，准备亲征彭宠。伏湛进谏说：“如今兖州、豫州、青州、冀州，是中原的中心地带，尚且贼寇纵横，未及服从教化，渔阳边外荒耗，不值得先取。陛下舍近荡远，弃易求难，实在是让臣困惑。”刘秀于是打消念头。

7 刘秀派建义大将军朱祐、建威大将军耿弇、征虏将军祭遵、骁骑将军刘喜讨伐张丰于涿郡。祭遵先到，急攻张丰，将他生擒。

当初，张丰喜好方术，有道士说他是做皇帝的命，用五彩口袋包裹一块石头，系在他的手肘上，说："石中有玉玺。"张丰深信不疑，于是造反。等到这回被擒当斩，还说："我手肘上系着一块石头，石中有玉玺。"旁边人用铁锥将石头敲破，里面什么也没有，张丰才知道被骗，仰天长叹说："当死无恨！"

刘秀下诏，命耿弇进击彭宠。耿弇认为父亲耿况与彭宠功劳相同，兄弟中又没有一个在洛阳的，不敢单独进兵，要求返回洛阳。刘秀回复说："将军整个宗族都为国家效力，功劳显著，避什么嫌疑呢？需要什么表征呢？"耿况听了这话，立即派耿弇的弟弟耿国入侍刘秀。

当时，祭遵屯驻良乡，刘喜屯驻阳乡。彭宠带领匈奴援军，准备攻击。耿况派他的儿子耿舒袭破匈奴兵，斩杀两位亲王，彭宠于是退走。

【华杉讲透】

耿况与彭宠功劳相同，也是没有得到大的封赏，当初彭宠曾因此拉拢耿况一起起事，被耿况拒绝。所以耿弇避嫌，不愿单独去执行这个任务。刘秀说你不需要来向我表明什么。耿况听了，赶紧送一个儿子去做人质，作为表征。

8 六月初二，刘秀车驾返回洛阳。

9 秋，七月初八，刘秀抵达谯县，派遣捕虏将军马武、骑都尉王霸包围刘纡、周建于垂惠。

10 董宪手下将领贲休献出兰陵城投降。董宪得到消息，从郯城出兵，包围兰陵。盖延及平狄将军、山阳人庞萌在楚郡，请求前往救援。刘秀嘱咐说："可以直捣郯城，则兰陵之围自然解除。"盖延等人认为贲休形势危急，于是先奔赴兰陵。董宪迎战，佯装败退，盖延等人进入兰陵城。第二天，董宪大军再次将城包围。盖延等人恐惧，突围而出，前往攻打郯城。刘秀责备说：“当初让你们先打郯城，是出其不意之计！如今你们既然败走，贼军部署已定，这围还解得了吗？”盖延等人到了郯城，果然不能攻克，而董宪攻破兰陵，斩杀贲休。

【华杉讲透】

刘秀所定之计，是《孙子兵法》所谓“攻其所必救”的围魏救赵之计。攻打他的老巢郯城，一来他大军在兰陵，郯城空虚，二来他不知道攻打郯城的汉军有多少，不敢大意，他就会撤围回师来救。如果这时在半途再埋伏一军，就是“围点打援”的标准战术，不仅可解兰陵之围，而且有机会击破董宪。而在兰陵交手一次之后，董宪已经知道汉军来了，而且知道有多少兵马，多大实力，自然早有预备，汉军的出其不意，变成了郯城的严阵以待，机会已经错过了。

11 八月初十，刘秀抵达寿春，派遣扬武将军、南阳人马成率领诛虏将军、南阳人刘隆等三位将军，征发会稽、丹阳、九江、六安四郡兵马攻打李宪。九月，将李宪包围在舒城。

王莽末年，天下大乱，临淮大尹、河南人侯霸独能保全其郡。刘秀征召侯霸到寿春，拜为尚书令。当时朝廷没有以前的典章制度，又缺少以前的元老旧臣，侯霸明习以前的政事，收集散落遗失的文件，条奏前代善政法度，加以施行。

冬，十月初七，刘秀车驾回宫。

【华杉讲透】

这一节，再次显现出刘秀以天下为己任的格局。别人都在打天下，而他随时关注的都是为天下开太平的制度建设。侯霸所做的工作，也是历代到了乱世都有人做的事情。晚唐时期，国家破败，制度遗失，杜佑用了三十六年时间，收集了专叙历代典章制度的沿革变迁，从远古时代的黄帝起，到唐玄宗天宝末年止，包含经济、政治、礼法、兵刑等典章制度及地志、民族的专书，共二百卷，内分九门，子目一千五百余条，约一百九十万字。司马光写的是《通鉴》，杜佑的书叫《通典》，是中国的典章制度史。我们写到唐代时，会讲到杜佑和他的书。

有人说，中国历史只有帝王将相史，那是他自己只关注帝王将相史。历代都有埋头做事的人，就是孔子说的松柏之士。

子曰："岁寒，然后知松柏之后彫也。"

到了冬天，才知道松柏是最后凋零的。春夏和暖季节，万物茂盛，百花盛开，松柏也不过如此，甚至并不起眼，毫无突出，从未与百花争艳。而到了天寒地冻，万物凋零的季节，唯有松柏挺然苍秀，支持危局，以待天时，迎接下一个春天。正如治平之世，人人相安无事，尽显风流，小人君子无异，看不出谁比谁坚强。只有到了遇事变，临利害，则有人或因困穷而屈身，或因祸患而变节。而另一些人，挺然自持，不变其旧，威武不能动其志，死生不能动其心，所谓士穷见节义，世乱识忠臣。

《荀子》："君子隘穷而不失，劳倦而不苟，临患难而不忘细席之言，岁不寒无以知松柏，事不难无以知君子。"

《淮南子》："夫大寒至，霜雪降，然后知松柏之茂也。据难履危，利害陈于前，然后知圣人之不失道也。"

钱穆说："中华文化之历久弥新，就是因为每在国难亡国亡文化之时，总有那松柏之士，支持文化之危局，延续文明之香火，再迎接下一个春天。"

善哉斯言！吾愿从松柏之士也！

12 隗嚣派马援去考察一下公孙述那里怎么样。马援与公孙述是同乡、发小，马援以为到了之后，当握手言欢，跟过去一样，结果呢，公孙述盛陈仪仗，武士林立，请马援进去，交拜礼毕，就送他回宾馆休息。另外为马援缝制棉布单衣，交让冠（一种冠名，交让木是楠木，可能是楠木制成），在宗庙大会百官之中，马援站立在旧交的位置，然后，公孙述才在天子鸾旗（上绣鸾鸟的天子仪仗旗）、旄骑（又叫旄头骑，披头散发以驱邪的骑士。当年秦穆公伐南山大梓，有一青牛出走，入丰水中。其后牛出丰水中，派骑兵袭击，不胜。有一个骑士坠马，头发散了，重新上马，青牛看见披头散发的骑士，害怕了，退入水中不敢再出来。所以之后天子仪仗就以旄头骑在前面驱邪）为前驱，全城戒严清道之后，登车缓缓而来，一路向左右迎接的百官点头致意，礼仪、宴席和百官阵容，都非常盛大，欲授予马援封侯大将军之位。马援手下宾客都想留下来，马援晓谕他们说："天下雌雄未定，公孙述不能吐哺走迎国士（周公吐哺的典故。周公礼贤下士，求才心切，吃饭时有客来见，马上把嘴里食物吐出来，停下不吃，急于迎客，一顿饭要吐好几回），然后与之图谋成败，反而修饰边幅，搞得像木偶人一样，他怎么能长久称雄于天下呢？"于是辞别回去，跟隗嚣汇报说："公孙述啊，井底之蛙而已，而妄自尊大，我们不如一心一意侍奉东方。"

隗嚣于是派马援带着书信到洛阳。马援刚到，等了好久，中黄门宦官领他进去，刘秀在宣德殿南廊下，头上只包了一块布巾，坐在那里，迎面而笑，对马援说："先生遨游于两个皇帝之间，今天见到先生，使我很惭愧啊！"马援叩头拜谢，说："当今之世，非但君择臣，臣亦择君！臣与公孙述同县，少年时代就是好友。臣之前去蜀，公孙述戒备森严，两边站着执戟卫士，然后才接见臣。臣如今远来，陛下怎么知道不是刺客呢？这么简易就见面！"刘秀又笑了，说："先生不是刺客，是说客罢了。"马援说："天下反复，僭窃位号者不可胜数，如今见了陛下恢宏大度，才知道自有真龙天子啊！"

【华杉讲透】

之前汉朝初创，萧何修建宫室极为壮丽，刘邦批评他在天下未定、百姓疲敝、百废待兴之时，花这么多钱修建宫殿。萧何说，宫室不壮丽，不足以重威。再说，咱们既然要盖，就一步到位，也不用子孙们再添加了。公孙述大概也是这么想的，盛陈威仪，征服马援。不过，公孙述不是刘邦，成都也不是长安，不是中原定都之所，公孙述还没有摆皇帝架子的资格，所以就弄巧不成反成拙了。

13 太傅卓茂薨逝。

14 十一月十九日，刘秀抵达宛县。岑彭攻秦丰三年，斩首九万余人，秦丰只剩一千多人了，粮食也将吃尽。十二月二十日，刘秀抵达黎丘，派使者招降秦丰，秦丰还是不肯降。于是，刘秀派朱祜等代替岑彭包围黎丘，命岑彭、傅俊南击田戎。

15 公孙述聚兵数十万人，在汉中集聚粮草，又建造十层楼船，多刻天下牧守印章，派将军李育、程乌率军数万人出屯陈仓，与吕鲔策应，准备攻打三辅地区。冯异迎击，大破之，李育、程乌逃回汉中。冯异回师，再击破吕鲔，各地民众营寨，很多都投降冯异。

当时，隗嚣派兵协助冯异有功，派使者汇报情况，刘秀亲笔回信说："慕德乐义，希望能与您结交。当初周文王三分天下有其二，仍然服事殷商，但是殷商是驽马、铅刀，烂泥扶不上墙。我数次蒙您伯乐一顾之价（伯乐一顾，《战国策》里的典故，有一个人在街市上卖骏马，但是没人识货，他就去找伯乐，请求说："请您来市场上，就看一看我的马。看完离开的时候，再回头看一眼就行！我付给您一天的费用。"伯乐照他说的去看了一次，那马就以十倍的价钱卖出去了）。将军您南拒公孙述之兵，北御羌、胡之乱，所以冯异西征，仅凭数千人就能在三辅拉锯作战，如果没有将军您的帮助，则咸阳已为他人所有。假如公孙述到汉中，则三辅地区希望能得到将军的兵马相助，就能和他旗鼓相当。将军如果肯照我请求的那样去做，那就是请智士们来为您计功，割地封爵的时候了。管仲说：'生我者父母，成我者鲍叔牙'，自今往后，咱俩都亲笔通信，不要让别人挑拨离间。"

其后公孙述数次遣将来袭，隗嚣则与冯异联合策应，一起摧毁他的攻势。公孙述派使者以大司空、伏安王的印绶授给隗嚣，隗嚣则斩其来使，出兵攻击，从此蜀兵再也无法北出。

【华杉讲透】

刘秀和隗嚣，两人始终在推太极。公孙述直接出价——大司空、伏安王——价出到顶了，隗嚣则认为他成不了事，不接受他的王爵。刘秀则不出价，大概是要坚守刘邦“非刘氏不封王”的约法，而封侯的出价又太低，所以含含糊糊说“到那时候，就是计功割地之时了”，难道现在不就是割地之时吗？天下不是打完了再分，而是先分了才激励人去打。刘秀没有给隗嚣任何具体承诺，而是一句句递上“伯乐一顾”“生我者父母，成我者鲍子”这样肉麻的话，这都不是皇上对臣子说的。又嘱咐咱俩一定亲笔通信，不要让别人插进来。因为这关系不明不白，他怕被人离间。

隗嚣在这种情况下，仍然帮刘秀打公孙述。他不是刘秀的臣子，也不是朋友，因为如果是平等的朋友的话，他的地位应该和公孙述相等，咱俩先把公孙述等人灭了，咱俩再大战一场，看谁得天下。

所以啊，这两人，还在相互观察，隗嚣呢，也是走一步看一步，先帮着刘秀，以后再看。这种关系，就是名不正，言不顺，事不成，隗嚣没找到自己的位置，刘秀也不知道拿他怎么办。

人要找到自己的位置，赶紧就位，不要再患得患失，老担心自己是不是“比该得的得少了”，总觉得后面还有更大价码，总也不能签约成交。你定位清晰了，别人对你也清晰了，各方关系就顺了。你老是不定心，不定位，不定价，你的生态环境也就定不下来，早晚出问题。

16 泰山豪杰多与张步连兵。吴汉推荐强弩大将军陈俊为泰山太守，击破张步，于是平定泰山。

建武五年（己丑，公元29年）

1 春，正月十七日，刘秀车驾回宫。

2 刘秀派来歙持节送马援归陇右（陇山以西）。隗嚣与马援同榻而眠，问东方之事，马援说："之前到朝廷，皇上接见数十次（《东观记》载：一共接见十四次），每次闲谈，从晚上一直聊到天亮，皇上才明勇略，别人不是他的对手，而且开心见诚，无所隐藏，阔达多大节，略与高帝同；而经学博览，政事文辩，前世君王又没法和他相比了。"隗嚣问："那你认为他和高帝相比如何呢？"马援说："还是不如高帝。高帝无可无不可，而当今皇上喜欢管理具体政务，一举一动都要符合节度，而且又不爱喝酒。"隗嚣有点不爱听，说："照你这么说，他反而胜过高帝了。"

【王夫之曰】

起于学士大夫，研习经术，而最终能登天子之位者，历史上有三人：光武帝、昭烈帝（刘备）、梁武帝。昭烈帝习于儒术，又浸淫于申韩之学，历经事变，而权术荡漾其心，再碰上诸葛亮年少，急于建立勋业，所以走上法家刑名之治。梁武帝是篡位登基，而反而念记所学的经学大义，名义上不能自容，于是投身于佛家"心亡罪灭"的修行，托以自饰其恶。光武帝是真正能知行合一的，天下未定，战事激烈，他就能整理历代典章制度，修礼乐，行仁义，缘饰学问以充其美，三代以下称得上盛治的，没有能超过光武帝的了。

呜呼！古代有不学之天子，后世有不学之相臣，以不学之相臣辅佐不学之天子，不能依古道善治，也是从高帝开始，并不只是秦朝。秦朝不学而亡，汉朝不学而兴，亡者以为后世警戒，兴者却为后世效法，人纪之存，不亦难乎！

【华杉讲透】

天子是有学问好，还是没学问好呢？最好是有没学问的天子，然后有有学问的大臣。天子不学，则像舜一样，不管大事小事，一律问大家意见，《中庸》记载孔子赞扬舜：

> 子曰："舜其大知也与！舜好问而好察迩言，隐恶而扬善，执其两端，用其中于民，其斯以为舜乎。"

张居正讲解说，人的智慧，有小聪明，有大智慧。小聪明是自己聪明，大智慧是能用别人的智慧。天下之义理无穷，而一人之知识有限，如果只是刚愎自用，而不善于用人，那你的格局就小了。舜就有大智慧，但凡要处理一件事，他不肯说这事我知道，而是恳切地请教别人，问这件事该怎么处理。问来的言语，不但深远地去考察，就是那极浅近的，也细细地琢磨，怕其中也有可以采纳的地方，别错过了。

"隐恶扬善"，那说得不对的，我不用他的建议就是了，不要批评他，以免他受到挫折，下次不说话了。那说得对的呢，我就不但用他的建议，而且宣扬嘉奖他，让大家都踊跃谏言。这是鼓励言路畅通，不批评那说得不对的。

"执其两端，用其中于民"，接前面的话，到处访察，多听多问，对两个极端的思想都掌握，取其中而为政策，用现在的话来说，就是寻找全民幸福的最大公约数。

综合隗嚣、马援的讨论和王夫之的评论，可以说刘邦是像舜一样的天子，但是从王夫之的眼光来看，萧何等人不是合格的大臣。刘秀呢，他自己身上学问太多，学问太多，就知道得太多，知道得太多，就看不上下面人干的事，就要亲自出手。皇上一出手，大家就都看着，没人积极发挥智慧了，都等着看皇上的意思。但皇上一个人哪里懂得了全天下的所有事呢？所以马援认为刘秀不如刘邦。但是，王夫之认为刘秀超过刘邦，因为刘邦时代不是儒家政治，作为大儒，王夫之认为他没有"人纪"。

领导者的学问，关键在于问。

3 二月初一，大赦。

4 苏茂率五校兵救援周建于垂惠。马武为苏茂、周建所败，败退奔过王霸军营，大呼求救。王霸说："贼兵盛，我若出兵，一定失败，白白损失！"于是关闭营门，坚壁自守。军吏们争相要出战，王霸说："苏茂兵都是精锐，人数又多，我们的士兵心中恐惧，而马武将军又会依赖我们，两军心态不一样，这是败兵之道。如今我们闭营自守，摆明了我们不会出兵救援，贼兵一定乘胜轻进。马武将军没有救援，一定倍力死战。如此，苏茂军众疲劳。等他们锐气没了，咱们再出击，才能击破他们。"苏茂、周建果然全军尽出，攻击马武，合战良久，王霸军中数十人断发请战，王霸于是打开军营后门，出精锐骑兵袭击敌后。苏茂、周建前后受敌，惊乱败走。王霸、马武也各自归营。

苏茂、周建收拾队伍，整兵又来营前挑战，王霸坚卧不出，大宴官兵，奏乐取乐。苏茂军向营中放箭，箭如雨下，射中王霸座前酒樽，王霸安坐不动。军吏们都说："前日已经将他们击破，今天也容易对付。"王霸说："不对。苏茂客兵远来，粮食不足，所以急于挑战，以争一时之胜。我们关闭营门，休养士卒，正所谓'不战而屈人之兵'也。"

苏茂、周建求战不得，只好回营。当天晚上，周建哥哥的儿子周诵叛变，紧闭城门，不让军队进城。周建死在路上，苏茂投奔下邳，与董宪合兵一处。刘纡投奔佼强。

【华杉讲透】

王霸这一仗，太精彩了，把一部《孙子兵法》，运用得精熟无比，知行合一。《孙子兵法》云：

> 以正合，以奇胜。

奇，念jī，不念qí，奇兵的奇，是数学上奇数偶数的奇，又叫余奇，多出来的部分，就是预备队。已经上战场在打的，是正兵，还没有打出去的，就是奇兵。正兵合战，最后靠奇兵决胜，这就是“以正合，以奇胜”，这是标准战术，叫“分战法”，一定要分奇正，否则就会失败。

苏茂、周建和马武合战，从汉军这边来说，马武是正兵，王霸是奇兵，是预备队，要“以奇胜”，关键就是什么时候投入预备队。

什么时候投入预备队呢？不是马武呼救，我就马上冲出去救，《孙子兵法》说，要“知胜”，要“先胜而后战”，看到胜机出现，才能投入预备队。这就是主帅干的活。

胜机什么时候出现呢？因为对方也是“以正合，以奇胜”，你要看对方还有没有奇兵，有没有预备队，他什么时候投入预备队。

苏茂、周建以为王霸不会出战了，于是他们“以奇胜”“茂、建果悉出攻武”，全军尽出，准备解决马武。这时候，苏茂、周建的牌全打出去了，王霸就要出牌了，以奇胜了，他开军营后门，出精骑袭其背。苏茂、周建就败了。

苏茂、周建犯了大错误，他们怎么能认为王霸不会出兵呢？他们无论如何应该留一支部队监视王霸军营，全军跑前面去了，被人用骑兵冲击后背，当然要崩溃了。

王霸还运用了《孙子兵法》一个思想，就是“治气”，能治己之气，亦能治敌之气，把自己的士气治得旺旺的，等敌人气馁的时候再出击。

最后收官更精彩，不战而胜。

所以说，兵法首先不是战法，而是不战之法；不是战胜之法，而是不败之法；不是战而胜之之法，而是胜而战之之法。

5 二月二十日，刘秀抵达魏郡。

6 彭宠的妻子数次做噩梦，又常看见怪变的东西，卜筮和望气的人都说兵祸当从内部而起。

彭宠因为子后兰卿是从洛阳做了人质回来的，不信任他，让他带兵在外面，不让他留在中枢。

彭宠在便室斋戒，奴仆子密等三人，趁彭宠睡着，一起把他绑在床上，告诉外面的官吏说："大王斋禁，让你们回去休息。"又伪称彭宠命令，逮捕捆绑奴婢们，分别关押在不同的地方。又以彭宠之命，召彭宠妻子。妻子进来，惊呼："奴反！"子密等揪住她的头发，打她脸颊。彭宠急忙说："快给三位将军准备行装！"于是两个奴仆带彭宠妻子进内室去取宝物，一个奴仆留下看守彭宠。彭宠对看守他的小奴说："你这孩子，我一向爱护你，如今你是被子密胁迫而已。你给我解开绳索，我把女儿彭珠许配给你为妻，家中财物都给你。"小奴想要给他解开，向外探视，看见子密正在偷听他们的谈话，于是不敢解。

子密等收集金玉衣物，带到捆绑彭宠的房间，都装起来，又备了六匹马。接着命彭宠妻子缝了两个绸袋，天黑之后，解开彭宠的手，令他写手令给城门将军："令子密等到子后兰卿处，请放行！"手令写好后，子密等斩下彭宠及其妻子头颅，分别装进两个绸袋里，带着彭宠手令，飞驰出城，直奔洛阳宫门。

第二天早上，便室院门不开，彭宠官属们翻墙而入，看见彭宠尸体，惊怖。尚书韩立等拥立彭宠的儿子彭午为王。国师韩利斩下彭午首级，到祭遵军营前投降。祭遵把彭宠家族全部杀死。刘秀封子密为不义侯。

【权德舆曰】

彭宠叛变，子密杀君，都是乱臣贼子，罪恶不能相抵，应该分别法办，以昭示王法。可是，反而封子密以五等爵位，又以"不义"为名。既然是不义，怎么又能封侯呢？如果这都可以封侯，汉朝的爵位到底在劝勉什么呢？《春秋》直书齐豹为盗，又写出三个叛徒姓名，难道跟这件事不是一样吗？

【华杉讲透】

权德舆，是唐朝宰相。封子密为侯劝勉什么，当然就是劝勉其他叛军首领手下的人起义反正了，封侯，又名之为"不义"，正是"春秋笔法"，算恰当了。这是一个道德困境，权德舆所论，过于迂腐。司马光自己不评论，借用权德舆的话，也是表个态而已。

齐豹一案，是春秋时卫国司寇齐豹，以私怨杀卫侯之兄孟絷，《春秋》称之为强盗行为。三个叛徒的姓名，指鲁襄公二十一年（公元前551年），邾国庶其献出漆邑、闾丘投降鲁国；鲁昭公五年（公元前537年），莒国牟夷献出牟娄、防兹投降鲁国；鲁哀公十四年（公元前481年），小邾国射（姓不详）献出句绎投降鲁国。

7 刘秀任命扶风人郭伋为渔阳太守，郭伋趁离乱之后，养民训兵，开示威信，盗贼消散，匈奴远迹，在职五年，户口增长一倍。

8 刘秀派光禄大夫樊宏持节到上谷迎接耿况，说："边郡寒苦，不宜久居。"将耿况接到洛阳，赐给宅第，封牟平侯。

吴汉率耿弇、王常在平原攻打富平、获索两个变民集团，大破之，追讨余党，一路追击到勃海郡，降者四万余人。

刘秀下诏，命耿弇征讨张步。

9 平敌将军庞萌，为人谦逊恭谨，刘秀非常信任和喜爱他，常常称道他说："可以托付六尺孤儿，可以托付百里土地的，就是庞萌吧！"派庞萌与盖延一起讨伐董宪，但是诏书只下给盖延，没有下给庞萌。庞萌以为盖延说了自己坏话，心中自疑不安，于是叛变，突袭盖延，将盖延军击破，与董宪联合，自号东平王，屯驻在桃乡之北。刘秀接到消息，大怒，亲自率军讨伐庞萌，给诸将写信说："我曾经以为庞萌是社稷之臣，诸位将军不会取笑我吧！这老贼应该灭族！请各位厉兵秣马，会师睢阳！"

庞萌攻破彭城，将杀楚郡太守孙萌。郡吏刘平伏在孙萌身上，号泣请代其死，身上被砍了七刀，还是护着孙萌。庞萌佩服他的义气，赦免了他们。孙萌已经昏厥，又苏醒过来，口渴要水喝，刘平用自己伤口流出的血喂他喝。

10 岑彭攻拔夷陵，田戎逃亡入蜀。岑彭俘虏了田戎妻子儿女和士众数万人。公孙述封田戎为翼江王。

岑彭计划伐蜀，因为长江三峡两岸，粮食短缺，水势险恶，又难以漕运，于是留威虏将军冯骏屯驻江州，都尉田鸿屯驻夷陵，领军李玄屯驻夷道，岑彭自己率军回到津乡，扼守荆州要冲，晓谕周边已投降的各蛮夷部落，说已上奏册封他们的首领。

11 夏，四月，天旱，发生蝗灾。

12 隗嚣问班彪说："之前周朝衰亡，战国并争，过了几代人才定下来，是不是战国纵横之事，今天又要重现了呢？还是说有真命天子，天下将定于一人呢？"

班彪说："周朝的兴废，和汉朝不是一回事。之前周朝设立五等爵位，分封诸侯国，各自为政，王室根本衰微，而诸侯枝叶强大，所以到了末期就有纵横之事。汉朝继承秦朝的郡县制，皇帝有专断之威，而臣下没有世袭的权柄。到了成帝时期，权柄让渡给了外戚，哀帝、平帝在位时间太短，皇室三次绝嗣，所以王氏擅权，能窃取帝位。但是，这乱都在朝廷内而起，并没有伤及百姓。所以，天下无不引颈而叹息。十余年间，中外骚扰，远近俱发，变民风起云涌，都假称刘氏，可谓不谋而合。如今雄踞一方的豪杰们，都没有六国那种世袭的政治资本，而百姓讴吟思仰，汉朝将要复兴，可以说是确定无疑的事。"

隗嚣说："先生分析周朝、汉朝形势不同，这我同意。但是，说因为愚民百姓只认识刘氏姓号，就断言汉朝必将复兴，那就太想当然了。当初秦朝失去天下，刘邦奋起而夺得天下，难道在那时候，百姓就知道会有汉朝吗？"

班彪于是专门为隗嚣写了一篇《王命论》，来讽谏他：

"当初，尧禅位给舜，说：'天之历数，在你身上。'舜在禅位给禹时，也用了同样的话。稷、契，分别辅佐尧、舜，到了商汤、周武王，才取得天下（稷、契分别是周和商的始祖）。刘氏继承的是尧，尧是火德，汉也继承了火德，有刘邦是赤帝儿子的应验，为鬼神保佑，天下归心。由此看来，毫无基础凭借，祖上也没有功德记载，而能崛起以取天下的，还没有这回事。一般人看见高祖起于布衣，不知道背后的缘故，所以把王天下比作逐鹿，以为跑得快的就能追上，不知道君权有命，不可以智力相求。这真是悲哀啊！让世间多了这么多乱臣贼子！那些饥民流离失所，饥寒于道路，所期望的不过是一金，然而终究辗转死于沟壑，为什么呢？因为贫穷也是命中注定。更何况天子之贵，四海之富，神明之护佑，这是可以痴心妄想的吗？所以，有些人虽然随波逐流，窃得权柄，勇猛如韩信、英布，强悍如项梁、项羽，甚至夺位成功如王莽，其结果呢？突然之间伏于斧钺之下，投入烹杀之镬，被五马分尸，剁成肉酱。更何况一些渺小之人，连以上数人都比不上，还想坐上天子之位吗？

“当初陈婴的母亲，因为陈家世代贫贱，突然富贵，是不祥之事，所以阻止陈婴，不让他称王。王陵的母亲，因为知道汉王必得天下，伏剑而死，以坚固勉励王陵。以匹妇之明，尚且能推事理之至，探祸福之机，从而保全宗族，青史留名，更何况大丈夫呢！

“所以说，‘穷达有命，吉凶由人’，贫穷还是富贵，自有天命，而是吉是凶，就靠自己把握。陈婴的母亲，知道自己家是废的；王陵的母亲，知道高祖将要兴起；能知兴废，帝王之分，就可以决断了。加上高祖宽明而仁恕，知人善任，吃饭的时候，张良来访，高祖把嘴里的饭菜吐出来，马上接见谈话，并采纳张良的计策。洗脚的时候，郦生前来，他又马上站起来，作揖行礼，接受郦生举荐，将韩信从行列之中，擢升为大将。收留陈平于亡命之中，英雄尽心，群策群力，这是高祖的大略，所以成就帝业。其他各种灵瑞符应，那就太多了。所以韩信、张良都说，这是天授，不是人力。英雄如果能诚意觉悟，高瞻远瞩，深刻洞察，能像陈婴、王陵那样分明和本分，杜绝韩信、英布那样的觊觎之心，不要相信‘英雄逐鹿’之类鼓动，而是认识到君权天授，不可贪心，不可期冀，不要被陈、王两位母亲所耻笑，那就能福祚流于子孙，天禄永终了！”

隗嚣不听。班彪于是离开隗嚣，前往河西。窦融任命班彪为从事（相当于幕府参谋），对他十分礼重。班彪于是为窦融出谋划策，让他一心一意事奉汉室。

【华杉讲透】

所有的成功，背后都有命运和运气。没有人能掌控天下，我们只能掌控自己。能掌控自己的，已经是少数。“穷达有命，吉凶由人”，关键是你的心态，求不败，还是求全胜。班彪要隗嚣求不败，得天禄永终，子孙万代。隗嚣要求全胜，王天下。

为什么说明白那么多道理，却依旧过不好这一生？往往就是心太大，而且心存侥幸。

13 当初，窦融等人听说刘秀的威德，心中也希望归附，但是河西和洛阳隔得太远，中间还隔着隗嚣，未能联系上。于是，通过隗嚣，接受东汉“建武”年号，隗嚣也颁给他将军印绶。隗嚣表面上顺应人心，实际上心怀异志，派辩士张玄游说窦融等人说：“当初更始帝业已成，但转眼就灭亡了，这是一姓不可再兴的证明。现在如果早早认定主君，就隶属于他，自己放弃主动权，今后如果他败了，那就悔之莫及。方今豪杰竞逐，雌雄未决，应该各自占据自己的地盘，和隗嚣、公孙述联合，如果运气好，可以成为战国时代六国之一，运气不好呢，也不失为南越王赵佗。”

窦融等人召集豪杰们商议，其中有识者都说：“当今皇帝的名字，图谶上都有。前世的博物道术之士，如谷子云、夏贺良等人都说，汉朝有再次受命之符。所以刘歆改名刘秀，希望能应验那个预言。到了王莽末年，西门君惠阴谋拥立刘歆，事觉被杀，行刑前对围观的人说：‘谶文没有错，刘秀真是你们的主君！’这是大家亲眼看见，人人皆知的事。况且如今称帝者数人，而洛阳土地最广，甲兵最强，号令最明，观符命，察人事，其他人还真配不上！”其他人的意见，或同或异。

窦融于是决定归顺东方的刘秀，派长史刘均等人奉书信到洛阳。之前，刘秀正派使者带着他的书信去河西招降窦融，双方使者在路上遇见了，于是一起回到洛阳。刘秀见了刘均，非常高兴，行礼饮宴之后，就让他赶紧回去，赐给窦融玺书说："如今益州有公孙述，天水有隗将军。如果蜀、汉相攻，权重在于将军您，您的举手投足，都有轻重，如果您选择跟谁站在一边，那带来的帮助，都大到无法衡量。这就看您的抉择了，是选择建立齐桓公、晋文公那样的功业，辅佐我这个微弱的中央政府；还是选择三分天下，合纵连横；您要早日决定。天下还未统一，我和将军远隔绝域，并不能相互吞并，如今您的幕僚中，也一定有人给您献上赵佗割据南越七郡之计。不过，王者有分土，无分民，土地租税可以归你，但不能有独立的地方政权，我们只是各自做适合自己的事情罢了。"于是授窦融为凉州牧。玺书到了河西，河西官员们都大为震惊，以为天子能明见万里之外（因为指出有人献上赵佗之计）。

14 朱祜急攻黎丘，六月，秦丰穷困出降。朱祜用囚车将秦丰送到洛阳，吴汉弹劾朱祜违抗诏命，擅自接受秦丰投降。刘秀诛杀秦丰，不问罪朱祜。

15 董宪与刘纡、苏茂、佼强一起离开下邳，回到兰陵，派苏茂、佼强协助庞萌包围桃城。刘秀当时在蒙县，收到情报，就放下辎重，亲自率领轻兵日夜奔驰救援，到了亢父，有人说百官疲倦，可以停下来留宿，刘秀不听，又走了十里，住宿在任城，离桃城六十里。第二天，诸将请战，庞萌也勒兵挑战。刘秀下令诸将不得出战，休息士卒，蓄养锐气，让庞萌自己疲惫。当时吴汉在东郡，刘秀派使者飞骑去召他来。庞萌等人惊讶地说："数百里日夜兼程赶来救援，以为他要与我们作战，他却坚坐任城，让我们去他城下，那是去不得的！"于是放弃任城，全军继续攻打桃城。城中知道天子御驾亲征来了，心志更加坚固，庞萌等人攻了二十多天，疲惫不堪，还是不能攻下。吴汉、王梁、马武、王霸等人都到了，刘秀于是率众军进击，救援桃城，亲自搏战，大破之。庞萌、苏茂、佼强连夜逃跑投奔董宪。

【华杉讲透】

庞萌说："数百里晨夜行，以为至当战，而坚坐任城，致人城下，真不可往也！"这就是《孙子兵法》：

善战者，致人而不致于人。

致人，让敌人来；致于人，到敌人那儿去。善战者，能调动敌人，而不被敌人调动。刘秀本来是致于人，被庞萌调动，庞萌包围桃城，他去救，如果庞萌在他的来路上埋伏，那就是围点打援，刘秀很容易吃亏。所以，刘秀要用最快的速度行军，不能让庞萌得到消息。这就是为什么在亢父他不停下来，要拼尽最后一口气再跑十里到任城，因为任城是关键点，他要在任城守城，然后召吴汉等人来。

刘秀进了任城，庞萌要来，那又得攻城了，他本来攻一座桃城都攻不下来，现在攻两座城，他更没有那么大力量。他说刘秀"坚坐任城，致人城下"，就是这个意思，"真不可往也"，他也不能管刘秀，还是回来专心攻桃城。

刘秀如果不停在任城，而是直接冲到桃城去救援，那庞萌是以逸待劳，刘秀是"百里而争利，其法十一至"，这我们前面讲过，那就要被庞萌吃掉了。所以他离桃城六十里停下来，留六十里路给庞萌跑一跑，变成了刘秀以逸待劳。

兵法之妙，存乎一心，前面的战例，刘秀说邓隆、朱浮两营相距百里，无法相互救援，必败。现在他怎么又离六十里停下来呢？六十里也无法相互救援啊？因为前面是两座军营，这里是两座城池，条件不一样。刘秀根本不是来打仗的，他是来给桃城鼓舞士气，坚定斗志的。什么时候打呢？

知战之日，知战之地，则可千里而会战。

作战的时间地点，刘秀心中早就计划好了，庞萌只能被动接受。刘秀等待吴汉等大军会合，再全军出战，那就是以石击卵，先胜后战，毫无悬念，所以他自己也亲自上阵搏战，享受战斗，轻松如打猎一样的娱乐活动了。

秋，七月初四，刘秀抵达沛县，接着到湖陵。董宪与刘纡聚集全部兵力数万人，屯驻在昌虑。董宪又招诱五校余众，据守建阳。刘秀抵达蕃县，距董宪一百余里，诸将请求进攻，刘秀不听，知道五校缺乏军粮，自己会退走，下令诸将坚壁自守，以待其敝。不久，五校果然退走。刘秀于是亲率大军，四面攻打董宪。三日后，大破之。佼强率其部众投降。苏茂逃走投奔张步，董宪及庞萌撤退到郯城防守。刘秀抵达郯城，留吴汉攻城，车驾转战彭城、下邳。吴汉攻克郯城。董宪、庞萌再退到朐县。刘纡茫然不知道该往哪儿去，手下军士高扈斩刘纡，投降。吴汉进军包围朐县。

16 冬，十月，刘秀抵达鲁县。

17 张步听说耿弇将至，派手下大将军费邑在历下设防，又令一军驻扎在祝阿，并分别在泰山、钟城列营数十座，严阵以待。耿弇渡过黄河，先攻打祝阿，日出时分开始攻城，没到中午就攻克了。故意把包围圈留一个缺口，让败兵能逃奔钟城。钟城驻军听说祝阿已溃，大为恐惧，空营而逃。

费邑分兵一支给弟弟费敢，镇守巨里。耿弇进兵先威胁巨里，下令军中制造攻城战具，宣布三天后全军攻打巨里城。又故意松懈对俘虏的看守，让他们逃回去，把日期告诉费邑。费邑在三天之后，果然亲自率精兵三万余人来救。耿弇大喜，对诸将说："我下令制造攻城战具，就是为了引诱费邑来。现在有精锐部队不打，还攻什么城呢！"于是分三千人监视巨里，亲自率精兵登上山冈高坡，居高临下，与费邑合战，大破之，临阵斩费邑。将费邑人头拿到巨里城下展示，城中凶惧，费敢全军逃亡，投奔张步。耿弇缴获全部粮草辎重，再派兵攻打那些未归附的营寨，荡平四十余营，于是济南平定。

当时张步定都在剧县，派他的弟弟张蓝率精兵二万驻守西安（齐郡西安县，不是现在的西安），诸郡太守合军一万余人守临菑，两军相距四十里。耿弇进军到画中，居于二城之间。耿弇见西安城小而坚，张蓝兵又都是精锐，而临菑城虽然大，实际上却容易攻取，于是下令诸将，五日后会战，攻打西安。张蓝收到情报，日夜警戒守卫。到了那天，耿弇下令诸将半夜就吃了饭出发，天明时分，已抵达临菑城。护军荀梁等人力争不可，说："攻临菑，西安军一定来救援；而攻西安，临菑军不能救，不如攻西安。"耿弇说："不对！西安听说我们要攻打它，日夜戒备，自顾不暇，哪里还能去救别处！临菑没想到我们会来，一定惊扰，我们攻打它，一天就能拿下。临菑陷落，西安就成了孤城，与剧县隔绝，一定自己就弃城逃跑了。这就是击一而得二之计。如果先攻西安，不能迅速拿下，屯兵于坚城之下，死伤必多，就算能拿下，张蓝还可以引兵回临菑，并兵合势，再看我们的虚实。我们深入敌境，没有后勤运输，十天半月之内，咱们就不战而自困了。"于是攻临菑城，半天就攻克。张蓝听说耿弇占了临菑，恐惧，率领部众弃城撤退回剧县。

耿弇传令军中不许掳掠，说等张步来了一起收拾，以激怒张步。张步听说后，大笑，说："以尤来、大彤十余万之众，我也在他们营垒之前，将他们击破。如今大耿（耿弇是耿况的大儿子，所以叫他大耿）的兵，比尤来、大彤少多了，又是疲劳之师，我还怕他吗？"于是与三个弟弟张蓝、张弘、张寿，以及之前大彤军将领重异等，率军号称二十万，到临菑大城东，准备攻打耿弇。耿弇上书给刘秀说："臣据守临菑，深沟高垒，张步从剧县来攻，疲劳饥渴。他如果前进，我就诱而攻之；他如果后退，我就跟踪追击。臣依营而战，精锐百倍，以逸待劳，以实击虚，十天之内，可以取下张步人头！"于是耿弇先出城，在菑水河畔，与重异遭遇，突骑想要纵兵攻击，耿弇怕挫了重异锐气，张步不敢前来了。于是故意示弱，撤退到小城，陈兵于内，派都尉刘歆、泰山太守陈俊分别在城下列阵。张步气盛，直攻耿弇军营，与刘歆等人合战。耿弇登上故齐王宫残留的高台瞭望，看见刘歆等人已经与张步交锋，于是亲自率精兵在临菑东城下拦腰横击张步阵营，大破之。战斗中，流箭射中耿弇大腿，耿弇以佩刀砍断箭柄，左右的人都不知道他受伤。两军大战到日暮，各自收兵。第二天，耿弇又勒兵复出。

当时刘秀在鲁县，听说耿弇被张步攻击，亲自带兵来救援。刘秀尚未赶到，陈俊对耿弇说："张步兵势强盛，可以闭营休息，等皇上兵到。"耿弇说："皇上乘舆将到，做臣子的应该杀牛备酒，招待百官，难道把反虏留给君父来收拾吗？"于是出兵大战，从天明战到天黑，再次大破张步军。杀伤无数，沟壑都被尸体填满。耿弇知道张步战败，将要撤退，预先安排左右两翼布下埋伏。黄昏时分，张步果然退走，伏兵起而纵击，一路追杀到钜昧河上，前后八九十里，死尸互相连接，耿弇缴获辎重车两千余辆。张步逃回剧县，兄弟各自分兵散去。

过了数日，刘秀车驾到临菑，亲自劳军，君臣大会。刘秀对耿弇说："当年韩信攻破历下，开创了他的基业。如今将军您攻下祝阿发迹，这两地，都是齐国西边边界，你和韩信功劳相当。而韩信是偷袭已经投降的齐国，将军是攻拔死战的劲敌，所以，将军的功勋又超过韩信了。还有一件事，当初田横烹杀了郦生。田横投降之后，高祖下诏给郦生的弟弟，让他不可记私仇。如今张步也曾杀了伏隆。如果张步来投降，我也将下诏给大司徒（伏湛），让他冰释旧怨，这也是相似的历史。将军之前在南阳，自告奋勇，制定了平定齐地的大战略，当时觉得规模太大，难以实现，今天看来，有志者，事竟成！"

刘秀抵达剧县。

耿弇继续追击张步。张步逃到平寿。苏茂等人率领万余人来救。苏茂责备张步说："之前以南阳之兵精，延岑之善战，尚且为耿弇所败。大王您怎么轻率就攻他大营呢？既然招呼我，就不能多等一等？"张步说："万般惭愧，我还有什么话说！"刘秀派人分别告诉张步、苏茂，如果能斩杀对方来投降的，封侯。张步于是斩苏茂，到耿弇军营前，肉袒请降。耿弇将张步送到刘秀行在，自己率兵进入平寿城，树立十二郡旗鼓，让张步军士卒各自到自己家乡郡旗之下。张步部众尚有十余万人，辎重七千余辆车，都解散复员回乡。张步三个弟弟各自到所在县邑监狱报到，刘秀下诏都予以赦免，封张步为安丘侯，与妻子儿女居住在洛阳。

这时候琅琊郡尚未平定，刘秀任命陈俊为琅琊太守。陈俊刚一进入琅琊境内，盗贼们都作鸟兽散了。

耿弇又引兵到城阳，五校余党投降，齐地全部平定，耿弇振旅回师洛阳。耿弇为将，前后平定四十六个郡，屠城三百，从未打过败仗。

18 开始兴建太学（相当于中央大学），刘秀车驾回宫，到太学视察，一切依照古代典仪，修明礼乐，文化及物件焕然可观。

19 十一月，刘秀免去大司徒伏湛的职务，任命侯霸为大司徒。侯霸听闻太原人闵仲叔的名声，召请他来。闵仲叔到了，侯霸接见谈话，毫不涉及政事，只是慰问劳苦而已。闵仲叔不满地说："刚开始听说要召见我，又喜又惧，如今见到明公，喜惧都消失了。如果认为我不值得咨询政事，就不应该召我来。把我召来了，又一句话都不问，那就是失去人才了。"于是辞别而出，上奏弹劾自己，返回故乡。

20 当初，五原人李兴、随昱，朔方人田飒、代郡人石鲔、闵堪各自起兵称将军。匈奴单于遣使与李兴等人和亲，想要把卢芳送回中原称帝。李兴等人带兵到单于王庭迎接卢芳。十二月，李兴与卢芳一起入塞，定都在九原县，占据五原、朔方、云中、定襄、雁门五个郡，设置郡守、县令，与匈奴军队一起不断侵扰、掠夺边塞地区。

21 冯邑治理关中，出入三年，人们归附之多，上林苑都成为都市。有人上书说："冯邑威权太重，百姓人心都归附他，号称他为咸阳王。"刘秀把奏章给冯邑看。冯邑惊惶恐惧，上书认罪。刘秀下诏回复说："将军之于国家，义为君臣，恩为父子，何嫌何疑，而有惧意！"

22 隗嚣自以为聪明才智，高人一等，每每自比为西伯（周文王的称号），与诸将商议要称王。郑兴说："当初文王三分天下而有其二，尚且服事殷朝。周武王观兵孟津，有八百个诸侯没有如期而至，武王就放弃攻打纣王的计划，撤退回师，以待天时。高帝征伐累年，仍以沛公为号。如今明公您恩德虽明，但并没有周武王那样累世家族的传承；威略虽然名震一方，但还没有高祖当年那么大的战功。在这种情况下，如果去举那不该举、不可举之事，只是招祸而已，不可以啊！”隗嚣于是停止。

后来，隗嚣又广设高级官员，以抬高自己。郑兴说：“中郎将、太中大夫、使持节官，这些都是王者的官属，不是人臣应该设置的，无益于实，有损于名，也不是尊奉皇上的意思。”隗嚣听了很不爽，但还是停止了这种做法。

当时关中将帅数次上书说西蜀的公孙述可以攻打。刘秀把书信给隗嚣看，并以此命他攻打公孙述。隗嚣上书，反复强调三辅单弱，又有刘文伯在边境，不宜谋蜀。刘秀知道隗嚣欲持两端，不愿天下一统，于是就稍稍降低了对他的礼遇规格，以正君臣之义。刘秀因为隗嚣与马援、来歙相善，数次派马援、来歙奉使往来，劝隗嚣入朝，许以重爵。隗嚣则不断派使节到洛阳，深持谦卑之辞，说自己没有功德，须等四方平定，再退休乡里。刘秀于是再派来歙游说隗嚣派儿子到宫中入侍（做人质）。隗嚣听说刘永、彭宠都已破灭，于是派长子隗恂跟着来歙到洛阳宫中报到。刘秀任命隗恂为胡骑校尉，封镌羌侯。

郑兴趁着隗恂到洛阳的机会，请求一起东归，回去安葬父母。隗嚣不同意，只是给郑兴换一所大房子，增加他的俸禄，提高对他的礼遇。郑兴入见说：“我因为父母未葬，想要辞官回乡。如果增加俸禄，换了大房子，又留下来，那就是以父母为饵来求富贵了，无理之甚，将军何必要这么做呢？我宁愿留下妻子儿女在这儿，独自回家安葬父母，将军不必猜疑我！”

隗嚣于是让郑兴和家属都一起东归。马援也带着家属，跟随隗恂到洛阳，因为随从宾客太多，申请在上林苑屯田耕种，刘秀批准。

隗嚣手下部将王元，认为天下成败未知，不愿意专心侍奉洛阳，对隗嚣说：“当初更始帝在长安建都，四方响应，天下喁喁，以为太平了，而一旦败坏，将军几乎没有立足之地。如今南有公孙述，北有刘文伯，江湖山海之间，称王者还有十几人，而我们却相信儒生们的游说，放弃自己千乘之国的基业，羁旅危国以求万全，这是重蹈当初跟从更始帝的覆辙。如今天水完整富饶，兵马最强，王元请明公给我一颗泥丸，我用它向东为大王封了函谷关，这就是万世一时的机会。就算做不到这一步，咱们蓄养士马，据守险隘，旷日持久，以待四方之变，就算称不了王，也足以称霸一方。总之，鱼儿不能脱离它的深潭，神龙失去了它的凭借，就和蚯蚓相同！”

隗嚣心中赞同王元之计，虽然把儿子派去洛阳为人质，心中仍想倚仗其险要地势，专制一方。

申屠刚进谏说：“我听说，人心归附他的，上天就会让他兴起；人心离判他的，上天也会把他抛弃。本朝（指光武帝）诚然是上天所福佑的，非人力可为。如今皇上数次送到玺书，委托国事，明示大信，要与将军共同吉凶。布衣百姓之间结交，尚且有终身不负的承诺，何况万乘之君！但是不知您害怕什么，又贪图什么，以至于如此久疑不决！当事情还没发生时，预言它一定会发生，往往被认为是虚幻。而事情真正发生的时候，就悔之莫及了。所以忠言至谏，希望能得到您的采纳，请您再三考虑我的话！”

隗嚣不采纳，于是投奔他的游士长者们逐渐离他而去。

23 王莽末年，交趾诸郡闭境自守。岑彭一向与交趾牧邓让友谊深厚，送信给邓让，陈述国家威德，又派遣偏将军屈充移檄江南，班行诏命。于是邓让与江夏太守侯登、武陵太守王堂、长沙国相韩福、桂阳太守张隆、零陵太守田翕、苍梧太守杜穆、交趾太守锡光等，相继派使者到洛阳进贡。刘秀将他们全部封侯。锡光是汉中人，在交趾，教夷民礼仪。刘秀又任命宛县人任延为九真太守。任延教百姓耕种嫁娶。所以岭南华风始于这两位太守。

24 这一年，刘秀征召隐士、太原人周党、会稽人严光等人到京师。周党入见，伏而不谒，仅仅是伏在地上，但不禀告姓名，不行君臣之礼，只说自己的心愿是回乡继续隐居，奉守自己的志向。博士范升上奏说："谨见太原人周党、东海人王良、山阳人王成等人，蒙受厚恩，使者三次去聘请，才勉强肯上车。到了宫廷陛见，周党连行礼都觉得委屈，伏而不谒，掩盖着他们的骄悍，同时离去。周党等人，文不能演绎大义，武不能为君而死，沽名钓誉，竟然几乎获得三公之高位。臣愿坐于云台（皇家图书及博物馆）之下，考试他们治国之道。如果他们说的还不如我，就治他们虚妄之罪！而竟敢私窃虚名，向上夸大以求高位，那是大不敬之罪！"

范升的奏书递上去，刘秀下诏说："自古明王、圣主，必有不愿屈就之士。伯夷、叔齐不吃周朝的粮食，太原周党不接受我的禄位，也都是人各有志。赏给他们丝绸四十匹，让他们回家吧。"

刘秀少年时与严光同学，即位之后，派人查访寻找他，后来在齐国找到。征召很多次，他才勉强肯来。拜为谏议大夫，又不肯接受，还是回去，耕作钓鱼于富春山中。

王良后来历任沛郡太守、大司徒司直，在位恭俭，睡觉用布被，吃饭用瓦器，妻子儿女从来不进官府一步。后来因为生病请假回家，一年后又蒙征召，到了荥阳，病重不能再前进。拜访当地友人，友人不肯见，说："没有什么忠言奇谋，却取得高位，何必来来往往，不厌其烦呢？"于是拒绝见他。王良羞惭，从此不管怎么征召他，他也不去了，在家里得以寿终。

【华杉讲透】

刘秀对不宾之士、不召之臣的态度，不是"标准答案"，虽然清朝康熙皇帝也有类似的事，但总体来说，范升的意见更有代表性。明代冯梦龙编著了一本书，叫《智囊》，专讲"中国智慧"，第一篇就讲姜太公杀华士：

> 太公望封于齐。齐有华士者，义不臣天子，不友诸侯，人称其贤。太公使人召之三，不至；命诛之。周公曰："此人齐之

高士，奈何诛之？”太公曰：“夫不臣天子，不友诸侯，望犹得臣而友之乎？望不得臣而友之，是弃民也；召之三不至，是逆民也。而旌之以为教首，使一国效之，望谁与为君乎？”

周朝建国，姜太公封在齐国。齐国有个人，叫华士，立下志向，“不臣天子，不友诸侯”，自己过自己日子。大家都说他贤德。姜太公派人去召他，召了三次都不来，于是太公下令将他诛杀。周公说：“这是齐国高士，为什么要杀他呢？”太公说：“他不臣天子，不友诸侯，那他既不能做我的臣子，也不能做我的朋友。不是臣也不是友，那就是没用的弃民。召他三次都不来，就是逆民。这样的叛逆之民，如果还表彰他是高士，那一国的人都效仿他，我还做谁的国君呢？”

冯梦龙评论说，华士虚名而无用。一般的奸佞之人，明主都知道应该诛杀；像华士这样的闻人高士，不是大圣人是认识不到他该杀的。

华士不臣不友，相当于自行宣布不接受姜子牙的统治，但是他耕种的土地，已经在姜子牙封国之内，不属于他了。他没有意识到这一层。而齐国只是周武王在地图上一画，分给姜子牙的，姜子牙是一个外来的统治者。如果都像华士那样，想要不臣不友，自由自在的人就多了，姜子牙做谁的国君去呢？而如果华士因此还获得了名誉，有了拥趸，那更是成了“与组织争夺群众”，所以姜子牙非杀他不可。

25 元帝的时候，莎车王延曾经在汉朝做过人质，羡慕喜爱中原。到了王莽之乱，匈奴再度控制西域，唯有延不肯归附，曾经告诫诸位儿子说：“应当世代事奉汉家，不可辜负。”延死后，子康继位。康率领旁边邻国一起抵御匈奴，保护之前汉朝的西域都护吏士及家属一千余口。送檄书到河西，问中原情况。窦融于是代表皇帝，根据旧制立康为汉莎车建功怀德王、西域大都尉，五十五国都归莎车统领。

卷第四十二 汉纪三十四

（公元30年—公元35年，共6年）

主要历史事件

主要学习点

世祖光武皇帝中之上

建武六年（庚寅，公元30年）

1 春，正月十六日，刘秀将舂陵乡改为章陵县，比照刘邦故乡丰县、沛县，世代免除徭役赋税。

2 吴汉攻陷朐县，斩董宪、庞萌，长江、淮河、嶓山以东地区，全部平定。诸将回到京师，刘秀置酒赏赐。刘秀对战争感到厌倦了，认为隗嚣已经派儿子来做人质，公孙述又远在边陲，对诸将说："这两个人先不考虑了，放一边吧！"于是让诸将在洛阳休养，又数次移书给隗嚣、公孙述，向他们告示祸福（希望能政治解决）。

公孙述屡次致书中原，自称有当皇帝的符命，意图迷惑大众。刘秀写信给公孙述说："图谶上说的公孙，是指宣帝（前面有记载，公元前78年春，泰山有一块大石头自己立起来，上林苑有一棵已经枯死的柳树复生，有虫吃那柳树的叶子，吃出一行字来，说："公孙病已立。"后来的汉宣帝刘询，开始时名字叫病已，汉武帝的曾孙，在位二十五年）又有图谶说代汉者姓当涂，名高，你是当涂高吗？你又说你手掌上的掌纹写着‘公孙帝’，种种自称符命的行为，都是仿效王莽而已。王莽值得你仿效吗？你也不是乱臣贼子，只是赶上乱世，仓促之间，人人都想当皇帝罢了。你年纪已老，而妻子儿女还很弱小，应当为他们早做打算。天下的君权，不可以人力争取，望你三思！”信封上还写着“公孙皇帝”。公孙述也不答复。

公孙述的骑都尉、平陵人荆邯游说公孙述说：“当初汉高祖起兵于普通士卒行阵之中，兵困身破的灾难，不知道遇上多少回！但是，军败又复合，创愈再征战，为什么呢？因为前进而死，能得到成功，退却而屈就，反而会灭亡！隗嚣得到时代给他的机遇，割有雍州，兵强士附，威名加于崤山以东。遇到更始政乱，复失天下，百姓伸长脖子不知道该跟谁走，四方瓦解之时，隗嚣不在这个时候推危乘胜，以争天命，而退却欲效仿西伯之事，做西方霸主，尊奉那些寻章摘句的儒生为师，广设宾客，偃武息戈，卑辞事奉汉朝，喟然自以为是周文王再世。让汉帝没有关中陇西后顾之忧，专精东伐，四分天下有其三。又屡次派出间谍使者（如来歙、马援等），招揽隗嚣身边有二心的人士（如王遵、郑兴、杜林、牛邯等人相继归顺光武），使西州豪杰，都倾心于山东，则五分天下有其四。如果汉帝举兵天水，隗嚣必定溃散，天水平定，汉帝就九分天下有其八。陛下以梁州之地，对内要供奉皇室，对外要给养三军，百姓愁困，不堪重负，将有王莽自溃之变！臣之愚计，应该趁现在天下豪杰的愿望还未断绝，豪杰尚可招诱，在此时征发国内精兵，令田戎占据江陵，控制长江上游，依靠巫山天险，筑垒坚守，然后传檄吴、楚，长沙以南，一定望风而降。再令延岑出汉中，平定三辅，则天水、陇西拱手自服。如此，海内震摇，就能有争天下的大利！”

公孙述将荆邯的计划交给群臣讨论，博士吴柱说：“武王伐殷，八百个诸侯不约而同地表示赞同，异口同声要跟武王讨伐商纣王。但是，武王见殷商已有戒备，认为时机还不成熟，仍然还师以待天命。没有左右邻国的帮助，而欲出师于千里之外的，还真没听说过！”

荆邯说："如今的光武帝，当初没有一尺土地的权柄，驱使乌合之众，跨上战马，冲锋陷阵，所向披靡。我们不乘时兴起以分其功，而坐谈武王之说，这是仿效隗嚣要做西伯了。"

公孙述同意荆邯的意见，想要全部征发北军部队以及山东（崤山以东）籍的客兵，派延岑、田戎分出两道，与汉中诸将合兵并势。可是本地官员和公孙述的弟弟公孙光，都认为不能以空国之力，用兵争于千里之外，决成败于一举，坚决反对。公孙述就放弃了这个计划。延岑、田戎数次请兵立功，公孙述始终犹疑不定，因为只有公孙家族的人，才能掌握实际兵权。

公孙述更改币制，废除铜钱，改用铁钱。货币没法流通，百姓苦不堪言。公孙述又为政苛刻细致，大事小事都亲自过问，还是他当清水县令时的习惯。又喜欢改郡县官名，公孙述在哀帝时期，曾经做过宫廷郎官，对汉朝的礼仪制度非常熟悉，也就效仿起来，出入一定要乘法驾，前面有鸾旗旄骑开道。又立了两个儿子为王，分别以犍为、广汉各数县为食邑。有人进谏说："成败还未可知，军士们还在前方征战而无封赏，却先封了两个儿子为王，这是没有大志啊！"公孙述不听。由此大臣们心中都有了怨气。

【华杉讲透】

以公孙述的地盘和地理形势，北有难于上青天的蜀道之险，东有长江三峡，可以说，闭关自守保三代富贵，是有机会的。如果确定这个战略目标，就要修道保法，把自己国家搞好，搞得比刘秀的日子还好，以巴蜀之富庶，这也是有条件的。全国百姓个个都满意，众志成城，那刘秀也只能望蜀兴叹，把这事放在一边。

但是，公孙述既无志向，也无情怀，只有情调，他的情调，就是过皇帝法驾排场的瘾，改改郡县官名，还要改币制发新钱，都是满足个人偏好，这就把一场皇帝梦，做成了一个"旅游体验项目"，体验结束了，项目时间也就到了。公孙述共当了十二年皇帝，就要用整个家族的全部人头来买单了。

这个单贵不贵呢？当初，李熊劝公孙述称帝之时，公孙述曾梦见有人对他说："八厶子系，十二为期。"醒来后对妻子说："虽然贵极但祚短，如何？"妻说："早晨听到了大道，晚上死了都可以，何况十二呢！"可见，他们不仅认为不贵，而且认为很便宜！

3 冯异从长安入朝，刘秀对公卿们说："这是我起兵时的主簿（相当于秘书长），为我披荆斩棘，平定关中。"散朝后，赐给冯异珍宝、钱帛，下诏说："想当初仓促逃亡之时，芜蒌亭的豆粥、滹沱河的麦饭，你的厚谊我还一直没有报答啊！"冯异叩头答谢说："臣听说管仲对齐桓公说：'希望君王不要忘记射钩之事，臣不要忘记槛车之时。'（齐僖公死后，公子们争位，管仲本来是跟公子纠的，曾一箭射中齐桓公衣服带钩。公子纠死后，鲁国用槛车将管仲引渡给齐桓公，齐桓公拜他为相。冯异不是刘秀嫡系，是从新朝归顺的，所以以此自比），齐国的安危，就仰赖这君臣之间的信任。臣今天希望国家不要忘记河北之难，小臣我也不敢忘记在巾车乡的恩德（冯异在巾车乡被汉兵俘虏，他承诺说，不要杀他，放他回去，带五座城来降。刘秀信任他，释放他，他果然带了五座城来降）。"冯异在洛阳停留十余日，刘秀令他可以带家属回到西边任上。

4 申屠刚、杜林从隗嚣处来投奔，两人皆拜为侍御史。又任命郑兴为太中大夫。

5 三月，公孙述派田戎出江关，招其旧部，想要攻取荆州，未能攻克。

刘秀于是下诏给隗嚣，要他从天水伐蜀。隗嚣上书说："白水县有险要关隘，栈道败绝。公孙述性格严酷，上下相患，应该等他罪恶更加昭彰的时候再攻打他，那时候，我们大呼一声，也有内应。"刘秀知道隗嚣始终不为自己所用，于是准备征讨隗嚣。

6 夏，四月初八，刘秀抵达长安，拜谒园陵，派耿弇、盖延等七位将军取道陇西伐蜀，先使中郎将来歙奉玺书赐给隗嚣，告谕旨意。隗嚣还是提出很多疑虑和问题，久久犹疑不决。来歙就愤而质问隗嚣说："国家认为先生您明辨是非，洞察祸福，所以皇上总是亲笔手书给你，畅谈其意。您既然推诚置腹，已经将儿子隗伯春送去做人质，难道反而又要用那些妄佞迷惑之言，走上全族被屠灭的道路吗？"于是拔剑就要冲上去刺杀隗嚣。隗嚣起身避入内室。隗嚣召集兵将要杀来歙。来歙从容地持着天子符节登车而去。隗嚣派牛邯率兵包围来歙。隗嚣部将王遵劝谏说："来歙虽然单车远来，但他是皇上的表兄，杀了他一个，对汉朝没什么损失，对我们来说，却是族灭之罪。当初宋国扣押并杀害了楚国的使臣，结果被楚军包围邯郸，以至于城中易子而食。小国尚且不可辱，何况万乘之君，还有咱们隗伯春在他们手里呢！"

来歙为人有信义，言行一致，所有往来游说，没有一句假话虚话，全都可以验证，所以西州的士大夫们都敬重信任他，都为他说话，于是得以免罪东归。

五月二十一日，刘秀车驾到长安。

隗嚣发兵造反，派王元据守陇坻，砍伐木材，堵塞道路。诸将与隗嚣作战，大败，各自引兵逃离。隗嚣急追，马武派精锐骑兵断后，杀数千人，大军才得以逃回。

【华杉讲透】

来歙大智大勇，挺剑刺隗嚣，正是《孙子兵法》"上兵伐谋，其次伐交"之计，伐什么谋？就是要伐掉隗嚣首鼠两端之谋，不给他进退余地，你要么做臣子，要么做敌人！如果刺杀成功，他持天子符节，隗嚣部群龙无首，而想要降汉的人很多，他可能当场就把他们全部收服了。刺杀不成功，他们名义上是君臣，他是天子特使，拿着符节，是"老子教训儿子"，隗嚣也不敢轻易杀他。如果能镇住隗嚣，让他彻底服从，也是有可能的。刘秀对隗嚣很客气很客气，来歙可没有一点客气。

日本战国时期，德川家康有过类似案例。关原之战，是德川家康和石田三成的决战，两军合战，杀得难解难分，而且战局对家康不利。这时候，小早川秀秋带着所部兵马在旁边山坡上观战，他两边都答应了加盟，但是始终不作决断，到底是加入德川家康，还是加入石田三成。军情紧急，两边不停地派使者去催他入伙，他就是不动，一定要等胜负已分，再加入胜利一方。这时候，德川家康下令，火枪队向小早川秀秋射击，意思是说你不用选了，你就做我的敌人吧！我连你一块儿灭！小早川秀秋在德川家康的气势震慑下，当场决断，率军冲下山坡，进击石田三成。战局瞬间逆转，德川家康大获全胜。这是德川家康伐掉了小早川秀秋首鼠两端之谋，也伐掉了石田三成和他的外交。

7 六月二十四日，刘秀下诏说："设置官吏，本来是为了百姓。如今百姓遭难，户口减少，而县官吏职，设置还是繁多。现在，令司隶（指洛阳京畿地区）、各地州牧在自己所属郡县核查户籍人口，减少官吏，各县或封国，没有足够人口来设置县令的，就合并。"于是合并减少了四百多个县，官吏裁减，十个才留任一个。

8 九月三十日，发生日食。执金吾朱浮上书说："以古代尧、舜之盛，还有每三年考核地方官吏一次的制度。大汉兴起，治功也靠时间积累，官吏在职时间都很长，甚至子孙相继。当时的官吏，难道是把地方政务方方面面都做得很好吗？抨击议论之徒，不是一样喧哗吗？但是天地之功，不可仓促而成，艰难之业，全靠时间积累。而本朝呢，郡守县宰不断撤换，辞旧迎新，疲劳于道路。刚刚上任没多久，还没有熟悉情况，上级的严厉督促和要求就来了。人人自危，害怕被弹劾，担心被讥议，所以争相弄虚作假，欺诈掩饰，建立虚伪的声誉。这就是发生日食的原因。快速暴长的生物，一定夭折；仓促建立的功绩，一定崩坏。如果官吏们都不踏踏实实积累长久的功业，而是争相侥幸去建速成之功，那不是陛下之福。希望陛下能'游意于经年之外，望治于一世之后'，看官吏的政绩，能多看几年，甚至能看到一世之后（三十年后）实现大治的愿景，则天下有幸！"刘秀采纳了他的意见，从此州牧、郡守替换的次数就减少了很多。

【华杉讲透】

三年考绩，出自《尚书·舜典》：

三载考绩。三考，黜陟幽明。

三年有成，所以每三年考核一次他的政绩。三考，就是三次考绩，就是九年，九年则能分辨那人的幽明，是幽暗不明，还是聪明睿达。然后黜退其幽者，升进其明者。

孔子也说过三年有成：

子曰："苟有用我者，期月而已可也，三年有成。"

期月，是周一年之月，一周年。孔子说，如果有人给我机会，让我治理国家，只需一年，就可初见成效，三年一定会有大成就。

"望治于一世之后"，出自《论语》。

子曰："如有王者，必世而后仁。"

王者，是圣人受命而兴，以君主天下者。三十年为一世。孔子说："如果有圣君，那三十年一定可以仁政有成。"

成仁政的标准是什么呢，《汉书·平当传》引用过这一段，解读说：

三十年间，道德和洽，制礼作乐，灾害不生，祸乱不作。

《汉书·食货志》有更详细解读：三年耕种，能有一年的余粮，衣食足而知荣辱，廉让兴而争讼息，所以叫三年考绩。对统治者，或对地方官，是三年一考核。孔子前面说的三年有成，这是"成"的标准。

三个三年，九年都达到这标准，有三年余粮，叫“登”，五谷丰登，就是粮仓里有三年余粮的意思。

两个九年，还这么好，有六年余粮，叫“平”。

三个九年，二十七年，还能可持续发展，有九年余粮，叫“太平”。德化流洽，礼乐成焉，这就是太平盛世了。差不多三十年能实现理想社会，咱们今天也是三十年建立太平盛世，改革开放，就是三十年改变中国。

朱浮的奏疏非常重要，就是你看问题的时间长度。国家如此，个人也是如此，一个人做自己的人生计划，也要以三年、三十年为时间单位，不要急于求成，要滴水穿石。

企业经营也是一样，一个评估周期到底多少时间？一般我们一年是一个会计年度，但是，一年一个循环是农业生产春种秋收的周期而已，不是工业社会的周期。到了上市公司，有年报、半年报、季报，考绩周期更短了，那“三个报表”——资产负债表、损益表、现金流量表——就是朱浮说的“争饰诈伪以希虚誉”。所以越是上市公司，越容易重视短期行为，再弄出一个词，所谓“市值管理”，更是短期到极致，为了看得见的利益，付出看不见的代价，收购定时炸弹，积累到爆炸的时候，再“洗个澡”，打回原形重来。

孟子说“拔苗助长”的故事，哀叹说：“世之不揠苗助长者稀也！”这就是人性。

基业长青，都是滴水穿石；千年人性，无非拔苗助长。

9 十二月二十七日，大司空宋弘被免职。

10 十二月二十八日，刘秀下诏说：“之前战争尚未停止，国家用度不足，所以收取十分之一的税收。如今储粮渐多，从现在起，收取三十分之一的税，恢复景帝旧制。”

11 诸将在陇坻败退之后，刘秀下诏，命耿弇驻扎在漆县附近，冯异驻扎在栒邑附近，祭遵驻扎在汧县附近，吴汉等人返回驻守长安。隗嚣乘胜派王元、行巡二人率二万余人下陇，分遣行巡取栒邑。冯异想要驰兵先拿下栒邑，诸将说："虏兵乘胜而来，士气旺盛，不可与之争锋，应该找合适的地方扎营，再慢慢思考方略。"冯异说："虏兵刚刚到我们的境内，又刚打了胜仗，想要再来一回，所以深入挺进。如果让他们得了栒邑，那三辅地区都动摇了。《孙子兵法》说：'攻则不足，守则有余。'如今我们先占据城池，正是以逸待劳，不是和他们争锋。"于是秘密潜入栒邑，偃旗息鼓。行巡不知道汉兵已经进城，奔驰而来。冯异乘其不备，出其不意，突然击鼓建旗而出。行巡军惊乱奔走，冯异追击，大破之。祭遵也在汧县击破王元。于是北地郡诸土豪地方势力耿定等人，全部背叛隗嚣，降汉。刘秀下诏，命冯异等人进军义渠，击破卢芳（自称刘文伯，匈奴所立汉帝）部将贾览、匈奴奥鞬日逐王，北地郡、上郡、安定郡全部降汉。

【华杉讲透】

就冯异破行巡一战，用《孙子兵法》讲解一下。

隗嚣之前在陇坻击败汉军，他是主场作战，先伐木阻塞道路，摆下战场，等汉军来攻。这次王元、行巡二人挥师前来，是离开了自己的老巢，进入敌境，这在兵法上，叫"轻地"。《孙子兵法》说：

> 入人之地不深者，为轻地……轻地则无止。

进入敌境，但还不够深入，这就叫轻地。轻地的军事原则，是不要停止，快速深入。为什么呢？因为在轻地，士兵们都有退路，一作战不利，转头就逃跑回家了，所以战斗意志不坚定，主将要率领他们快速挺进，深入敌境，不要再惦记退路。

往哪儿挺进呢？地图上有一座栒邑城，这叫"争地"。《孙子兵法》说：

我得亦利，彼得亦利者，为争地……争地则无攻。

谁先占了谁有利，就是争地，就是我们熟悉的那句话，兵家必争之地。争地的军事行动原则，就是抢先占据，别人先占了，你就不要去硬攻。因为“攻则不足，守则有余”，防御是更有利的作战形势，如果他要攻城，“十则围之”，需要十倍于我的兵力，他哪有那么多兵呢？所以，决定战局的决胜点，就是占领栒邑。

冯异手下诸将在新败之后，心中胆怯，有畏敌情绪，说“不可与之争锋”，冯异就说，这根本不是争锋的事，是先占了城池就能以逸待劳的事，现在的问题是行军速度，不是交战。

以上都是军事常识了。冯异最高超的天才之举，是进城之后，偃旗息鼓，让行巡以为这是一座空城，毫无防备地来，被他突击得手。

在一个战局中，有很多纷繁复杂的情况，主将要善于把复杂的战局，浓缩为几个主要的战略重心——最好是一个，这一个战略重心，就是决胜点。然后，把所有的军事行动，浓缩为几个主要的行动——最好是一个，决定胜败的，就在其中一个行动，找到那个行动，然后将全部资源，压倒性投入在这个主要行动、这个决胜点上。

企业经营也是一样，每一年开春，想想你这一年的年度目标、战略重心、决胜点、关键动作、时间节点。然后，减少动作，集中资源，把战略重心解决了，其他的自然迎刃而解。目标不能太多，最好只有一个，就是决胜点。我把“年度目标、战略重心、决胜点、关键动作、时间节点”这几个词，贴在公司“作战室”的墙上，是我们讨论每一个项目的原则大纲。

12 窦融又派他的弟弟窦友上书说：“臣等幸得为先皇后微末家属的后裔（孝文帝窦皇后的亲属），几代人都担任二千石级别官员，臣又被授予符节，位列将帅，镇守一方，所以之前派刘钧前来，向皇上口头汇报，披肝沥胆，将我的情况全部向陛下交底，没有一丝一毫的隐瞒。而皇上的玺书，却盛称蜀、汉二主三分鼎足之权，又提到任嚣、尉佗之谋，这真是让我的心感到伤痛！臣窦融，虽然无知无识，但在这利害之际，顺逆之分，岂能背叛真正的旧主，去事奉奸伪之人！岂能废弃忠贞的气节，去做那倾覆之事！岂能抛弃已经成就的基业，去求那根本没有希望的利益。这三条，就是问一个狂夫，他也懂得该何去何从，更何况臣，怎么可能别有用心呢？所以再派遣我的弟弟窦友来，向陛下亲口陈述我的至诚之心。”

窦友到了高平，赶上隗嚣造反，道路不通，于是派司马（军政官）席封从小道送信到洛阳。刘秀又派遣席封送信给窦融、窦友，恳切地慰藉他们。

窦融于是写信给隗嚣说：“将军在当初遭受种种挫折，国家危难之际，能守节不回，承事本朝。窦融等人之所以欣服先生的高义，愿意跟从而为将军所驱使，就是因为这个原因。而将军在一朝愤怒之间，改变气节，重新图谋，放弃已经获得的成功，要开创难以实现的事业，百年基业，一朝毁之，岂不痛惜！这想来也不是您的本意，而是您手下那些贪图更大富贵的谋士，怂恿出这样的计谋。当今西州地势局促紧迫，民兵离散，用以辅佐他人，倒还容易，想要自己建国，那就太难了。如果还不迷途知返，再懵懵懂懂走下去，到时候不是南投公孙述，就是北依刘文伯。倚仗这两边虚幻的所谓交情，却以强汉为敌人；仗恃着远方的所谓救兵，而轻视眼前的强敌，我看不见有什么利益！自从战争爆发以来，城郭皆为废墟，生民死于沟壑，幸得天运轮回，现在稍稍平息，而将军却重新挑起战事，使得旧创不得痊愈，幼孤再度流离，说起来都让心伤痛酸鼻，庸人况且于心不忍，更何况仁者！我听说，做一个忠心耿耿的朋友很容易，但是一言一行要把握好分寸却很难！对朋友担忧太过，反而被人怨恨，我知道我这些话在你那里，也可能成为我的罪状啊！”隗嚣不听。

窦融于是与五郡太守一起动员（武威郡、酒泉郡、张掖郡、敦煌郡、金城郡），上书洛阳，请示出兵日期。刘秀深深地嘉奖赞美他们。窦融于是与诸郡守率兵入金城，攻击隗嚣所属先零羌族部落酋长封何等，大破之，抵达黄河岸边，耀武扬威，准备侍奉刘秀车驾。当时汉军大兵未进，窦融于是引兵撤退。

刘秀认为窦融已经鲜明地站稳立场，更加嘉许，派人修理窦融父亲坟墓，用太牢祭祀，有数次派出使者，给窦融送去四方珍馐。

武威郡长梁统担心手下人心志还不够坚定，于是派人刺杀隗嚣使者张玄，与隗嚣正式决裂，并解下隗嚣所颁发的将军印绶。

13 之前，马援听说隗嚣对汉朝有二心，数次写信规劝责备，隗嚣收到信，更加愤怒。等到隗嚣发兵造反，马援就上书说："臣与隗嚣本是知交至友，当初隗嚣遣臣东来，对臣说：'我想归附汉朝，你去考察一下情况，如果你觉得合意，我就专心事奉汉朝。'等到臣回到陇西，向他报以赤心，实在是要引导他向善，不要让他陷于不义。没想到隗嚣自挟奸心，像强盗憎恨主人一样，把他的怨毒之情，都归在我身上。臣如果不说话，就不能让陛下了解情况，愿到陛下行在之所，聆听陛下的指示，并向陛下陈述灭隗嚣的计策。"

刘秀召见马援，马援就具体汇报了他的战略谋划。

刘秀于是派马援率骑兵突击队五千人，往来游说隗嚣部将高峻、任禹等人，一直到下面的羌族酋长，向他们陈述祸福，以离间隗嚣党羽。马援又写信给隗嚣部将杨广，让他劝谕隗嚣说：

"我看见四海已定，兆民同心，而隗嚣突然关闭边境，起兵反叛，成为天下众矢之的。我担心海内对隗嚣切齿痛恨，争相要把他屠裂，所以写信给他，仁至义尽，都是我对他的一番恻隐之心。如今听说隗嚣反而把怨恨归罪于我，而采纳王元谄邪之说，自以为函谷关以西，举足可定。那么如今看来，形势如何呢？

"我之前到河内郡，探望隗恂（隗嚣在汉朝做人质的儿子，现在囚禁在河内），正遇上隗恂的奴仆吉从西方回来，说隗恂的小弟隗仲舒看见吉，想要问他的哥哥是否无恙，竟说不出话来，日夜号哭，又说起他家中悲愁之状，不可言也。怨仇之事，可以批评抨击，不可以毁灭手段报复。我听到这些情况，也不由得流下眼泪。我知道隗嚣一向是个大孝子，就算是拿曾子、闵子骞来比，也不过如此。那孝敬父母之人，岂能不慈爱子女吗？能让儿子身上戴上刑具，而自己还想分一杯儿子的肉羹吗（指当初项羽要烹杀刘太公，刘邦说，咱俩是结义兄弟，我爹就是你爹，你要把咱爹烹了，也分我一杯肉羹）？

“隗嚣一向说，他之所以拥兵自重，只是为了保护父母之国和祖先坟墓，又说，只要是对士大夫们有利的，他都愿意去做。如今呢，本来想要保全的，却要将他破亡；本来想要完整的，却要将他伤毁；本来想要亲厚的，却要让他薄命。隗嚣曾经羞辱过公孙述，拒绝他的爵位，如今又扭扭捏捏要去依附他，这还有什么脸面呢？如果公孙述也找他要人质，他从哪儿再找一个嫡长子给公孙述送去呢？当初公孙述要封你王爵，你拒绝。如今年纪已老，难道还投奔过去，低头与年轻人在一个马槽里抢食吗？和他们肩并着肩，在仇家的朝堂上争宠吗？

“如今国家待隗嚣，一直是深情厚谊，应该让牛邯等一众前辈尊长，一起去说说隗嚣，如果他还是不听，你们也真可以自己离去了。我曾披览地图，看见天下有一百零六个郡国，隗嚣难道能以陇西、天水两个郡的资源，和一百零二个郡为敌吗？你事奉隗嚣，外有君臣之义，内有朋友之道，就君臣关系而言，你应该谏争；就朋友之道而论，你应该为他切磋分析。岂能明明知道他成不了事，还懦弱畏缩，咬紧牙关，让他裹挟着自己，一起走向灭族大祸呢？现在时间还来得及，过了今天，就完全不同。况且来歙是天下有名的信义之士，朝廷尊重他，他对隗嚣感情深厚，一向替西州说话，我度量朝廷的态度，也很喜欢在此事上建立信义，只要隗嚣来归，朝廷一定不会背叛盟约。我在此不能久留，希望您即刻给我回复。”

杨广竟不做回复。

诸将每有疑义，都向马援请教，对马援十分敬重。

【华杉讲透】

性格决定命运，隗嚣又是一例，他的毛病就是拖延症，他总是决断不了！无论作出什么决定，他都觉得这不是“最优解”，觉得还有更好的方案，无论得到多少，他总是不甘心；无论别人多了不起，他总是不服气；无论你给他多大关爱和厚待，你也把他“养不家”，他不跟你做一家人。要自己做老板，他本事不够。谁要做了他老板呢，也不知道他到底要什么，不知道把他往哪儿放。

这样的性格，他就拖延着，拖延着，你给他哪条道，他也不走，结果就只能为情绪所驱使，进行“情绪漫游”，到最后，路越走越窄，就走投无路；走投无路之后，就慌不择路；慌不择路之后，就走向绝路。

14 隗嚣上书谢罪说：“吏民听说大兵突至，惊恐自救，臣不能禁止。我军虽然获得胜利，但是我不敢废臣子之节，亲自去把军队追回来。当初舜侍奉父亲，大杖则走，小杖则受。臣虽然愚钝，也不敢忘了君臣父子的大义！如今臣的事，在于朝廷决定，要赐死就死，要加刑就受刑，如果能给我洗心革面的机会，我死后，连骨骼也感谢朝廷！”

有司认为，隗嚣的话态度傲慢，请示诛杀他的儿子。刘秀于心不忍，又派来歙出使隗嚣，到了汧县，赐书给隗嚣说：“高帝的时候，柴武给韩王信书信说：‘陛下宽仁，诸侯虽有亡叛，但只要回头，仍然恢复他的位号，不会诛杀他。’如果你能投降，并派隗恂的弟弟来朝廷报到，则爵禄双全，有浩大之福！我已经是奔四十的人了，在军中度过了十年，厌恶浮语虚辞。你如果没有归降的意愿，不必回复！”

隗嚣知道刘秀看穿了他的欺诈，于是派使者称臣于公孙述。

【华杉讲透】

隗嚣在兵败之后被迫“认怂”，但他是怎么认的呢？绝口不提兵败，反而大谈陇坻之战，他之前获胜的那一战，说他亲自去把乘胜追击的军队追回来，这是他的忠心，仿佛如果他不追回来的话，说不定王元等人已经把汉军灭了。所以有司认为他态度倨傲，要杀他做人质的儿子。

这就是他的毛病，没有获胜的实力和本事，却永远放不下一颗“胜心”，不服气。不服气又如何呢，他转头又向公孙述称臣，因为他心里是跟刘秀较劲。做公孙述的臣子，虽然远远不如跟刘秀，但是他反而没有心理障碍。再说投降公孙述，也不是真投降，也是继续拖延而已。

这种毛病啊，现在很多人都有，读者可以深思并引以为戒。

隗嚣信中“大杖则走，小杖则受”，是孔子对曾子讲孝道的话，如果老子要打儿子，儿子应该怎么办？如果拿大棍子打，就赶紧跑，因为父亲一时激愤，但真把儿子打坏了，父亲会后悔，所以这时如果不跑，那就是不孝。拿小棍子打呢，就乖乖地接受。隗嚣引用这个典故，既不符合陇坻之战和之后的情况，也不符合他之后“要赐死就赐死，要加刑就加刑”的态度。所以他就是满嘴浮语虚辞。

15 匈奴与卢芳（匈奴支持的汉帝刘文伯）为寇不息，刘秀令归德侯刘飒出使匈奴，以修旧好。单于态度倨傲，虽然遣使报聘，但寇暴如故。

建武七年（辛卯，公元31年）

1 春，三月，刘秀下令各郡国轻车、骑士、材官等部队复员（轻车、骑士是战车和骑兵，材官是步兵）。

2 公孙述立隗嚣为朔宁王，派兵往来，作为支援。

3 三月三十日，发生日食。刘秀下诏令文武百官呈上亲启密奏，命上书的人不得称圣。太中大夫郑兴上书说：“国家没有善政，就会出现日食月食。关键在于体察人心，用人恰当。如今很多公卿大夫都举荐渔阳太守郭伋可以做大司空，但陛下一直不肯决定，道路上传言，都说：‘朝廷要用功臣。’如果说任用功臣，那就不能保障他的才干一定能胜任。希望陛下能屈己从众，以成就群臣举贤让善的功德。近年日食大多发生在月底三十日，太阳和月亮提前重合，都是月亮运转得太快的缘故。太阳象征君王，月亮象征臣子，君王性急，而臣下促迫，所以月亮运转就过快了。如今陛下高明，所以臣下总是惶惶不安，事事紧促。希望陛下能慢下来，柔和下来，留意《尚书·洪范》的治国之法。”

当时刘秀躬勤政事，往往过于严格和急迫，所以郑兴上奏特别强调。

【华杉讲透】

用人以才，论功行赏。功劳应得到奖励，而不是升职。如果因为功劳而得到职位，恐怕他并不能胜任。在组织中，晋升机制也是一个问题，一个人往往因为特别胜任一个职位，有了功劳，而被提拔到他一个不能胜任的职位。这样，两个职位都废了。

4 夏，四月十九日，大赦。

5 五月初六，任命前将军李通为大司空。

6 大司农江冯上书说："建议令司隶校尉督察三公。"司空掾陈元上书说："臣听说把臣子当作老师的，是帝王；把臣子当作宾客的，是霸主。所以周武王以姜太公为师，齐桓公以管仲为仲父。近代的例子，高帝对萧何的优厚礼遇（萧何剑履上殿），孝文帝授宰相大权（指文帝允许申屠嘉传唤惩治邓通）。到了王莽，遇上汉朝中衰，专操国柄以偷天下。篡权之后，因为从自己身上吸取教训，不信任群臣，夺取公辅的职权，损减宰相的声威，以检举揭发为明，以激烈攻讦为直，以至于部属告发长官，奴婢告发主人，弟弟告发哥哥，儿子告发父亲。法网密集而严峻，大臣们手都不知道该放在哪儿。但就是这样，仍然不能防范董忠的叛变，王莽也最终被诛戮。方今四方尚未平定，天下还没统一，百姓们竖起耳朵，睁大眼睛，对朝廷听其言，观其行，陛下应该重修文王、武王的盛典，继承祖宗的遗德，劳心下士，屈节待贤，不应该让有司有监察大臣的名声。"

刘秀听从了陈元的建议。

7 酒泉太守竺曾，因为他的弟弟报仇杀人，自己引咎辞职。窦融代表皇帝下诏，拜竺曾为武锋将军，任命辛彤为酒泉太守。

8 秋，隗嚣率领步骑三万入侵安定，抵达阴槃，冯异率诸将迎敌。隗嚣又令其他将领沿陇山而下，攻祭遵于汧县。两路兵马，都没占到什么便宜。

刘秀亲征隗嚣，先与窦融约定会师日期，后来遇到大雨，道路中断，而且隗嚣已经撤退，于是刘秀也撤军。

刘秀令来歙写信招降隗嚣部将王遵。王遵来降，拜为太中大夫，封向义侯。

9 冬，卢芳因事诛杀五原太守李兴兄弟。其朔方太守田飒、云中太守乔扈皆举郡来降，刘秀令他们仍领旧职。

10 刘秀喜好图谶，与郑兴讨论郊祀之事，说："我想以图谶来决定，如何？"郑兴回答说："臣不用图谶！"刘秀怒道："你不用图谶，是认为它不对，是不是？"郑兴惶恐说："我对谶书没有学习过，不懂，不是否定谶书。"刘秀的怒气才消。

【华杉讲透】

《河图赤伏符》辞曰："刘秀发兵捕不道，四夷云集龙斗野，四七之际火为主。"刘秀一向认为自己应验了图谶，这也是支撑他的精神力量，所以郑兴不信图谶，他非常愤怒。而儒家学者，历来对图谶之类神神鬼鬼的预言深恶痛绝，认为是"以惑下愚"的惑众妖言。

11 南阳太守杜诗，政治清平，兴利除害，百姓都拥戴他。他又修治水库，广拓田土，郡内家家富足，时人都将他比作召信臣（元帝时期的南阳太守），民间歌谣说："前有召父，后有杜母。"

建武八年（壬辰，公元32年）

1 春，来歙率二千余人伐山开道，从番须、回中出击，突袭略阳，斩隗嚣守将金梁。隗嚣大惊说："何其神也！"刘秀听说得了略阳，非常高兴，说："略阳是隗嚣的重要屏障，如今他心腹已坏，要制伏他的肢体就容易了。"

吴汉等诸将听说来歙占了略阳，争相奔驰赶过去。刘秀认为隗嚣失去了他所倚仗的屏障，丢掉了重要城池，一定会集中全部精锐来攻城，等他旷日久围，而城不能攻下，士卒疲惫，才可以乘危而进，所以派人把吴汉等人都追回来。

隗嚣果然派王元据守陇坻，行巡据守番须口，王孟据守鸡头道，牛邯据守瓦亭。隗嚣自己亲率大军数万人包围略阳。公孙述遣将李育、田弇助之，挖山筑堤，引水灌城。来歙与将士固死坚守，箭射完了，拆房子、砍树木，用作兵器。隗嚣尽其精锐攻打，几个月也不能攻下。

夏，闰四月，刘秀决定亲征隗嚣。光禄勋、汝南人郭宪进谏说："东方初定，车驾未可远征。"并且挡在刘秀车前，拔刀砍断束在马胸前的革带。刘秀不听，西行到了漆县。诸将也大多认为王师之重，不宜远入险阻，计议犹豫未决，刘秀召马援，问他意见。马援说，隗嚣将帅有土崩瓦解之势，汉兵进击有必胜之状，又在刘秀面前，用米堆成山谷地形，指划形势，开示众军行军路线，往来分析，一目了然。刘秀说："敌人已经在我眼中了！"第二天，继续进军，抵达高平县第一城。

窦融率领五郡太守以及羌人小月氏等步骑数万，辎重五千余辆，与大军会师。当时军旅草创，诸将朝会礼容多不整肃。窦融先派从事来问会见礼仪。刘秀听说，非常欣赏，宣告百官，于是置酒高会，以殊礼隆重接待窦融。

于是联军共同进军，分兵数道上陇山。刘秀派王遵写信招降牛邯。牛邯投降，拜为太中大夫。于是隗嚣大将十三人，属下十六个县，部众十余万全部投降。隗嚣带着妻子儿女奔往西城，投奔杨广。田弇、李育退保上邽。略阳解围。刘秀慰劳赏赐来歙，酒宴的时候，在诸将之上单独设座，并赐给来歙的妻子绸缎一千匹。

刘秀抵达上邽，下诏给隗嚣说：“如果束手来降，可以保证让你父子相见，不会有其他处罚。如果你想要学黥布（自己当皇帝），那也随便你。”

隗嚣始终不投降，于是刘秀诛杀了他的儿子隗恂，派吴汉、岑彭包围西城，耿弇、盖延包围上邽。

刘秀以四个县封给窦融为安丰侯，弟弟窦友为显亲侯，以及五郡太守，全部封侯，派他们回到自己任所。窦融因为长期专擅一方，心中恐惧，不能自安，数次上书，请求朝廷派人来替换他。刘秀下诏回复他说：“我与将军，情同手足，你数次执意谦退，为什么不了解我的诚意？请你勉励安抚官吏百姓，不要擅自离开你的部属！”

颍川盗贼群起，一连攻下数个县城，驻防河东郡的部队也叛变，京师骚动。刘秀听闻后说：“我后悔没有听郭宪的劝谏！”秋，八月，刘秀从上邽日夜东驰，赐书给岑彭等人说：“两城如果攻下，便可率兵南击蜀虏。人苦于不知足，既得陇，复望蜀（‘得陇望蜀’成语的由来），每次一发兵，头发胡须都为之发白！”

九月初一，车驾还宫。刘秀对执金吾寇恂说：“颍川迫近京师，应当及时平定，我想来想去，只有你最合适。你从九卿位置复出，再次为国分忧吧！”寇恂说：“颍川听说陛下有事于陇、蜀，狂狡之徒趁机作乱，彼此欺误罢了，如果听说乘舆向南，贼众一定惶怖归降，臣愿持锐为陛下前驱！”刘秀同意。初六，车驾南征，颍川盗贼全部投降。但刘秀却没有拜寇恂为郡守。百姓们挡住刘秀的车驾请求：“愿陛下将寇君借给我们一年（寇恂之前是颍川太守）！”于是命寇恂留在长社县，镇抚吏民，受纳余降。

东郡、济阴盗贼亦起，刘秀派李通、王常讨伐。因为东光侯耿纯曾经做过东郡太守，在当地威信卓著。刘秀派使臣拜耿纯为太中大夫，让他与大军在东郡会合。东郡人听说耿纯入界，盗贼九千余人都到耿纯处投降，大兵不战而还。刘秀下诏，重新任命耿纯为东郡太守。

九月二十四日，车驾自颍川返回洛阳。

【华杉讲透】

窦融知道自己要什么，也知道皇上要什么。两人要的，都是安全。窦融归顺，要的是家族平安，不是要成为一方势力，所以他交出权力，换一个地方做官就好。刘秀呢，当然很满意窦融的态度，但天下未定，还需要窦融镇抚当地。窦融如果走了，这块地盘说不定还丢了。

2 安丘侯张步带着妻子儿女逃奔临淮，与弟弟张弘、张蓝想要重招旧部，乘船入海。琅琊太守陈俊追讨，将他们斩首。

3 冬，十月二十二日，刘秀抵达怀县。十一月十二日，回到洛阳。

4 杨广死，隗嚣穷困，其大将王捷在戎丘，登上城墙，对汉军呼喊说："为隗王守城者，皆必死，无二心，希望你们自己撤退。我用自杀证明。"于是自刎而死。

当初，刘秀嘱咐吴汉说："各郡派来的地方部队，只是徒费粮食，如果有逃亡，反而动摇军心，应该早点打发他们回去。"吴汉等人贪图兵多，可以兵力攻打隗嚣，所以没有遣返，而粮食越来越少，吏士疲惫，逃亡者多。岑彭阻断河水，引水灌西城，城墙淹没还不到一丈高，正赶上王元、行巡、周宗带着蜀兵五千余人前来救援，从高处突然出现，鼓噪大呼："百万大军赶到！"汉军大惊，还没来得及列阵，王元等冲破包围圈，殊死奋战，竟突围进城，迎接隗嚣，又冲杀出来，回到冀县。吴汉大军粮食已尽，于是烧毁辎重，引兵下陇，盖延、耿弇也相随而退。隗嚣出兵跟踪追击，岑彭断后，诸将得以全军东归。唯有祭遵屯驻汧县不退。吴汉等屯驻长安，岑彭还归津乡。于是安定、北地、天水、陇西诸郡又反叛，归顺隗嚣。

校尉、太原人温序被隗嚣部将苟宇俘虏。苟宇晓谕四次，希望他投降。温序大怒，呵斥苟宇说："虏何敢迫胁汉将！"于是以符节击杀数人。苟宇手下争相要杀他。苟宇制止说："此义士，以死保全名节，可以给他一把剑。"温序接剑，把胡须含在口中，环顾左右说："既然为贼所杀，不要让泥土弄脏了我的胡须！”于是伏剑而死。从事王忠将他的尸体运回洛阳。刘秀下诏，赐给墓地，拜他的三个儿子为郎官。

5 十二月，高句丽王遣使朝贺，刘秀恢复他的王号（之前王莽贬高句丽为侯）。

6 这一年发了大水。

建武九年（癸巳，公元33年）

1 春，正月，颍阳成侯祭遵薨逝在军营中。刘秀下诏，命冯异合并接管祭遵的部队。祭遵为人，廉洁简约，小心谨慎，克己奉公，赏赐全都分给士卒，约束严整，所驻扎之处，百姓都不知道有军队。录用人才，都用儒家思想，对酒设乐，一定吟唱雅歌，并举行传统的投壶游戏（用一个长颈花瓶，里面装上黄豆，以木制坚实而且比较重的柘木做成像箭矢一样的小棍，跟咱们现在套圈一样，往壶里投掷，以溅出来的黄豆多少分胜负），临终，遗嘱薄葬。身边的人问他对家里的事有什么安排，则始终什么话也没说。

刘秀对祭遵之死，愍悼尤甚，祭遵的棺木运到河南，刘秀车驾素服亲临，望哭哀恸。回宫时经过城门，又看着丧车，涕泣不能自已。丧礼完成之后，又亲自以太牢祭祀，下诏大长秋（皇后宫主管宦官）、谒者、河南尹联合主持丧事，由大司农负担费用。到了下葬的时候，刘秀车驾亲临出席。葬毕，又来探视坟墓，慰问祭遵的夫人和其他家人。其后朝会，刘秀经常叹息说：“安得忧国奉公如征虏将军祭遵者乎！”卫尉铫期说：“陛下至仁，哀念祭遵不已，群臣各怀惭愧恐惧。”刘秀这才停止。

【华杉讲透】

能打胜仗的名将，都是能分钱的。士兵们出生入死，就是希望得到赏赐，分配战利品和赏赐的时候，论功行赏。如何做到公平呢？每个人都有“不公平幻觉”，总觉得自己拿少了，无论你怎么分，都有人觉得不公平，这就容易闹意见，生矛盾。但是，主将如果自己一分不留，全部分给大家，那就谁也没话说了。有的主将，能做到战利品全部分给大家，自己只要皇上赏赐。祭遵做到连赏赐都全部分给士卒，这部队的凝聚力、战斗力，就更强了。

反过来，如果认为自己是主将，理所应当拿大头，士卒们并非不同意，但是激发了每个人都要去算自己该比谁拿得多，这部队的人心就散了，队伍不好带了。一个部队人人都想多拿钱，就难免抢劫百姓。祭遵作为主将不要钱，他的军纪也就好，甚至做到周围百姓都不知道有军队驻扎在附近，这都是连锁反应。

修身、齐家、治国、平天下，祭遵的行为是典型的克己复礼，修身齐军，所以刘秀深为缅怀。

2 隗嚣又病又饿，只能吃到黄豆掺杂稻米煮成的干饭，悲愤而死。王元、周宗立隗嚣的小儿子隗纯为王，继续据守冀县。公孙述派遣将领赵匡、田弇前来助阵。刘秀派冯异攻打。

3 公孙述派遣翼江王田戎、大司徒任满、南郡太守程汎率数万人从江关而下，击破冯骏等军，攻下巫县、夷道、夷陵（之前岑彭留冯骏驻军江州，分屯夷道、夷陵），于是占据荆门、虎牙，横贯长江修建浮桥、阁楼，江中立起木柱以绝水道，又跨山结营以阻塞陆路，抵御汉兵。

4 夏，六月初六，刘秀抵达缑氏县，登上轘辕山。

5 吴汉率王常等四位将军，领兵五万余人，攻打卢芳将领贾览、闵堪于高柳，匈奴派兵援救，汉兵不利。于是匈奴军势转盛，劫掠暴行越来越多。刘秀下诏，命朱祜屯驻常山，王常屯驻涿郡，破奸将军侯进屯驻渔阳，任命讨虏将军王霸为上谷太守，以防备匈奴。

6 刘秀派来歙全权监护屯驻在长安的诸将，太中大夫马援做他的副手。来歙上书说："公孙述以陇西、天水为屏障，所以得以苟延残喘。如今二郡平荡，则公孙述技穷矣。应该增选兵马，储备粮食物资。如今西州地区刚刚被打败，士兵百姓都疲敝饥馑，如果用金钱粮食招募他们，很容易组建新军。我也知道国家用钱的地方很多，用度不足，但这也是不得已之计。"刘秀同意。于是下诏征调汧县储备粮食六万斛。

秋，八月，来歙率冯异等五位将军征讨隗纯于天水。

7 骠骑将军杜茂与贾览战于繁畤，杜茂战败。

8 羌族各部落自王莽末年开始移居塞内，金城县很多地方都被他们占据。隗嚣无力征讨，就顺势慰抚接纳，在他们当中征兵和汉军作战。司徒掾班彪上书说："如今凉州各部都有降羌，羌族人披头散发，衣襟向左，而与汉人杂居，习俗不同，语言不通，经常被小官小吏及奸猾刁民侵夺，穷困愤恨，所以反叛。大概蛮夷寇乱，都是这种情况。以前的制度，益州设置蛮夷骑都尉，幽州设置乌桓校尉，凉州设置护羌校尉，都持天子符节，管理当地少数民族事务，治理他们的怨结，每年巡察各地，慰问疾苦，又数次派遣翻译，通报动静，让塞外羌人能成为官府耳目，有什么事变，州郡也可提前警备。今天应该恢复旧制，彰明朝廷的威权，防止变乱。"

刘秀听从他的意见，任命牛邯为护羌校尉。

9 盗贼杀阴贵人母亲邓氏及弟弟阴䜣。刘秀非常悲伤，封阴贵人的弟弟阴就为宣恩侯，又召见阴就的哥哥、侍中阴兴，要给他加封，印绶就摆在面前，阴兴坚决辞让，说："臣没有冲锋陷阵，或者率先登城的功劳，而一家数人，都得到爵位和封地，让天下人抱怨，这是我所不愿意看到的。”刘秀嘉许他，不再勉强。阴贵人问阴兴什么缘故。阴兴说：“外戚人家，最怕不知谦退，嫁女想要配侯王，娶妇又惦记公主，我实在是心中不安。富贵总有个限度，人应该知足，如果奢侈夸耀，就会被舆论讥刺。”阴贵人被他的话感动，自己也深深地克制，从此不再为亲属要求官爵。

【华杉讲透】

盗贼杀阴贵人母弟一案，《资治通鉴》没有说明。经查证，是一个绑架案。《三国志·魏书·夏侯淳传》记载，曹操与群臣讨论一个绑架案以及关于绑架案处置的立法时，孙盛引用了这个案例：

> 案光武纪，建武九年（公元33年），盗劫阴贵人母弟，吏以不得拘质，迫盗，盗遂杀之也。然则合击者，乃古制也。

不得拘质，就是当时处理绑架案的原则，是不保护人质而强攻。现场处置的官吏强攻，绑匪就把皇贵妃的母亲和弟弟都撕票了。曹操听到这个案例后说：“此可为万世法。”

这样不顾人质的做法，是让绑匪绝了绑架的念想，从而杜绝绑架案。对人质来说很残酷，但是也有他的道理。在阴贵人母弟这一案中，连皇贵妃的母弟被劫持都不能交换财物，那绑架确实不可为了。

10 刘秀将寇恂召回，任命渔阳太守郭伋为颍川太守。郭伋招降山贼赵宏、召吴等数百人，都遣返回乡务农。然后上书弹劾自己擅自处置。刘秀没有问罪。后来赵宏、召吴的党羽们听闻郭伋威信，远自江南，或从幽州、冀州，不约而同，前来投降，络绎不绝。

11 莎车王康卒，弟弟贤继位，贤攻杀拘弥、西夜王，派康的两个儿子分别担任两国国王。

建武十年（甲午，公元34年）

1 春，正月，吴汉率领捕虏将军王霸等四将军六万人出高柳攻打贾览，匈奴数千骑兵前来救援，双方在平城连战数阵，匈奴败走。

2 夏阳节侯冯邑等，与赵匡、田弇作战一年，斩杀二将。隗纯仍在抵抗，诸将都想还师休兵，冯异坚持继续行动，于是又一起攻打落门，未能攻克。夏，冯异在军中薨逝。

3 秋，八月二十五日，刘秀抵达长安。

4 当初，隗嚣部将、安定人高峻拥兵据守高平第一城，建威大将军耿弇等人包围攻城，过了一年还未攻下。刘秀将要亲征，寇恂进谏说："长安在洛阳到高平道路中间，两边应接都方便，陛下在此，足以震慑安定、陇西，这正是从容之处，可以威制四方。如今士马疲倦，再亲履险阻，不是万乘之固。前年颍川之变，正是警诫。"刘秀不听，进军到汧县。高峻仍然坚守，刘秀派寇恂前往招降。寇恂拿着玺书到了第一城，高峻派军师皇甫文出城谒见，言辞傲慢不屈。寇恂怒，要诛杀他。诸将进谏说："高峻精兵万人，又多强弩，正堵住陇西要道，所以连年不能攻下，如今我们希望招降他，却斩了他的来使，恐怕适得其反吧！"寇恂不予理睬，下令将皇甫文斩首，派他的副使回去传话："军师无礼，已经斩首！要降，就赶快投降，不愿投降，你就固守吧！"高峻惶恐，即日开城门出降。诸将皆祝贺寇恂，又问："敢问杀其使而降其城，是什么缘故呢？"寇恂说："皇甫文，是高峻的腹心，为他设谋定计的人。如今他来，辞意不屈，必无降心。放他回去，他就已经定好了计谋回去跟高峻商量。把他杀了，高峻就丢了他的胆，所以就投降了。"诸将都说："将军之谋，不是我们赶得上的！"

【华杉讲透】

在宋本《十一家注孙子》里，将这一战例作为《孙子兵法》“上兵伐谋”的解释。上兵伐谋，往往被误解为用兵以谋略为上，实际意思是以伐掉对方的谋略为上，要么是打消他的念头，要么是杀掉他的主谋人。皇甫文就是高峻的主谋，高峻派他来，或者他自告奋勇来，就是来观察刺探，回去商量定计。高峻等他带消息回去，也等他带主意回去。寇恂直接把皇甫文杀了，高峻就没了主意，又吓破了胆，于是就投降了。这就是寇恂说的：“全之则文得其计，杀之亡其胆。”

5 冬，十月，来歙与诸将攻破落门，周宗、行巡、苟宇、赵恢等人献出隗纯投降，王元逃奔蜀。刘秀将隗氏家族迁徙到洛阳以东安置。后来隗纯与宾客向匈奴逃亡，走到武威，被捕诛杀。

6 先零羌族部落与其他诸部落侵犯金城、陇西，来歙率盖延等痛击，大破之，斩首数千人。于是开仓放粮赈饥，陇西安定下来，也打通了通向凉州的道路。

7 十月十七日，刘秀车驾回洛阳。

建武十一年（乙未，公元35年）

1 春，三月初九，刘秀抵达南阳，之后，又到章陵（刘秀祖先坟墓），三十日，车驾还宫。

2 岑彭屯驻津乡，数次攻打田戎等，不能攻克。刘秀派吴汉率诛虏将军刘隆等三位将领，征发荆州兵六万余人、战马五千匹，与岑彭在荆门会师。岑彭装备战船数千艘。吴汉认为诸郡水手只会消耗粮食，想把他们裁撤。岑彭认为蜀兵军势壮盛，不可裁撤水军，上书向刘秀陈述情况。刘秀回复说："大司马习惯于用步骑，不熟悉水战，荆门之事，一切由你做主。"

闰三月，岑彭在军中招募勇士攻打浮桥，先登桥者受上赏。于是偏将军鲁奇应募而前，当时东风狂急，鲁奇战船逆流而上，直冲浮桥，而桥柱上布满反把钩，钩住鲁奇战船，既不能进，也不能退，鲁奇等乘势殊死作战，将火炬抛上浮桥，风怒火盛，桥楼烧塌。岑彭全军乘风并进，所向无敌，蜀兵大乱，溺死者数千人，斩任满，生擒程汎，田戎逃走，退保江州。

岑彭奏请任命刘隆为南郡太守，自率辅威将军臧宫、骁骑将军刘歆长驱入江关，传令军中不得掳掠，所过百姓都奉牛肉酒食迎接劳军，岑彭推辞不受，百姓大喜，争相开城门投降。刘秀下诏，任命岑彭为益州牧，攻下郡县，则兼任该郡郡守，如果继续进军，则以太守职务交接给后面来的将领，益州官府高级官员，可由岑彭在自己官属中遴选。

岑彭到了江州，因为江州城固粮多，一时难以攻下，命冯骏留守监视，自己率军乘胜直指垫江，攻破平曲，缴获米数十万石。吴汉在夷陵，乘坐露桡船继续前进（露桡，船桨露在外面，划桨手隐蔽在船中）。

3 夏，先零羌部落进攻临洮，来歙举荐马援为陇西太守，马援攻击先零羌，大破之。

4 公孙述任命王元为将军，与领军环安据守河池。六月，来歙与盖延等人进攻王元、环安，大破之，攻克下辨，乘胜前进。蜀人大惧，派刺客刺杀来歙，来歙中刀未死，派人飞驰召盖延。盖延入见，悲哀不能仰视，来歙呵斥盖延说："虎牙将军何至于此！如今我被刺，无以报国，所以召你来，托付以军事，你反而像女子一样哭哭啼啼吗？是看我身上有刀，不能斩你吗？"盖延收起眼泪，起身接受来歙嘱咐安排。来歙手书上表说："臣在夜深人静之后，不知道被什么人刺杀，击中我的要害。臣不敢怜惜自己，只恨奉职却未能称职，让朝廷蒙羞。治理国家，以得贤才为本，太中大夫段襄，正直能担当，愿陛下裁察。还有，臣兄弟不肖，恐怕以后获罪，望陛下哀怜，教导监督他们。”书毕，扔掉毛笔，抽出刀刃，气绝身亡。刘秀听闻，大惊，读着奏书，泪流满面，以扬武将军马成代理中郎将，替代来歙。来歙丧车回洛阳，刘秀乘舆缟素迎接吊丧，并送葬。

5 赵王刘良跟着皇帝为来歙送葬回来，从夏门进城，与中郎将张邯争道，呵斥张邯把车转开，又强令门侯（城门官），让他在前走了数十步开道。司隶校尉（监察京畿地区的监察官）鲍永上奏弹劾刘良：“无藩臣礼，大不敬。”刘良贵戚贵重（刘秀幼年丧父，兄妹都由刘良抚养长大，刘良相当于是刘秀养父），而鲍永直接弹劾他，朝廷肃然。鲍永征召扶风人鲍恢为都官从事（司隶校尉下属十二个从事，都官从事负责纠察百官犯法者），鲍恢也刚直不阿，不避强权显贵。刘秀经常说：“贵戚们都收敛一点，以避二鲍。”

鲍永巡行地方各县，到了霸陵，路过更始帝墓，下拜，哭泣尽哀而去。西至扶风，又用一头牛祭祀苟谏墓（苟谏曾经保护过鲍永，救了他的命）。刘秀听说，心中不爽，问公卿们说：“奉使出差，却做这些事，这算什么？”太中大夫张湛回答说：“仁，是行为的宗旨；忠，是义的主旨。仁者不忘旧，忠者不忘君，这是高尚的行为。”刘秀这才释然。

6 刘秀亲征公孙述，秋，七月，抵达长安。

7 公孙述派他的将领延岑、吕鲔、王元、公孙恢，动员全部兵力，分别在广汉及资中布防，又派将领侯丹率军二万余人驻守黄石。岑彭派臧宫率降卒五万，逆涪水而上，抵达平曲，与延岑相拒，自己分兵浮江而下，回到江州，再逆都江而上，袭击侯丹，大破之。然后日夜倍道兼行二千余里，攻陷武阳。然后派精锐骑兵飞驰突袭广都，离成都只有数十里。汉军势若风雨，所到之处，公孙述军队都溃散奔逃。当初，公孙述听说汉军在平曲，所以派大军防御，等岑彭到了武阳，绕到了延岑军队后面，蜀地震骇。公孙述大惊，用手杖击打地面说：“是何神也！”

延岑大军驻扎于沅水，臧宫人多粮少，后勤运输又上不来，士兵都是降卒，都想逃回所属郡县，屯聚堡垒，观望成败，臧宫想要撤退，又怕一撤退就失控。正赶上刘秀派谒者率兵前往岑彭处，有马七百匹，臧宫矫诏取马自用，日夜进兵，多张旗鼓，登山鼓噪，右边步兵，左边骑兵，江上还有战船，呼喊声震动山谷。延岑没想到汉军突然杀到，登山瞭望，大为震恐。臧宫纵兵进击，大破之，斩首溺死者一万余人，江水为之浑浊。延岑奔逃回成都，其部众全部投降，臧宫缴获全部兵器马匹和珍宝，然后乘胜追击，降者以十万数。臧宫军到阳乡，王元率部众投降。

刘秀写信给公孙述，分析祸福，再提出誓约和保证。公孙述览书叹息，把信给他身边的亲信看。太常常少、光禄勋张隆等人都劝公孙述投降。公孙述说：“兴废是命运注定，岂有投降的天子？”身边的人不敢再说话，常少、张隆都忧虑而死。

8 刘秀从长安返回洛阳。

9 冬，十月，公孙述派刺客谎称是逃亡的奴仆，投降岑彭。奴仆在夜里刺杀了岑彭。太中大夫、监军郑兴接管大军，等待吴汉到来，再将军权移交给他。岑彭持军整齐，秋毫无犯。公孙述所封的邛谷王任贵，听闻岑彭威信，数千里遣使投降，而岑彭遇害。刘秀将任贵送献的礼物，全部赏赐给岑彭妻子。蜀人为岑彭立庙祭祀他。

【华杉讲透】

来歙、岑彭，汉军两员主将，先后被公孙述的刺客刺杀于军中，这也是战争史上相当罕见的，太不应该了。

10 马成击破河池，于是平定武都叛乱。先零等羌族部落数万人，屯聚寇盗，据守浩亹隘。马成与马援深入讨击，大破之，将投降的羌人安置在天水、陇西、扶风。

当时，朝廷议论，认为金城郡破羌县以西，道路遥远，寇盗又多，想要将之抛弃。马援上书说：“破羌以西，城池大多很坚固，容易据守，土地肥沃，灌溉系统完备，如果让羌人住在湟中，那将为害不休。所以，不可抛弃。”刘秀听从。百姓陆续回归的有三千余人，马援为他们设置官长，修缮城郭，建起坞堡亭障，开挖沟渠，劝勉农牧，郡中都能安居乐业，又招募塞外氐族、羌族，都来降附，马援奏请恢复加封他们的侯王君长，刘秀全部依从。于是，马成军队全部班师回朝。

11 十二月，吴汉从夷陵率三万人逆长江而上，伐公孙述。

12 郭伋为并州牧，过京师，刘秀问他国家政治得失，郭伋说：“选补官职，应该遴选天下贤俊，不宜专用南阳人。”当时官员在职的多是刘秀同乡故旧，所以郭伋这么说。

读客®

激发个人成长

多年以来，千千万万有经验的读者，都会定期查看熊猫君家的最新书目，挑选满足自己成长需求的新书。

读客图书以“激发个人成长”为使命，在以下三个方面为您精选优质图书：

1. 精神成长

熊猫君家精彩绝伦的小说文库和人文类图书，帮助你成为永远充满梦想、勇气和爱的人！

2. 知识结构成长

熊猫君家的历史类、社科类图书，帮助你了解从宇宙诞生、文明演变直至今日世界之形成的方方面面。

3. 工作技能成长

熊猫君家的经管类、家教类图书，指引你更好地工作、更有效率地生活，减少人生中的烦恼。

每一本读客图书都轻松好读，精彩绝伦，充满无穷阅读乐趣！

认准读客熊猫

读客所有图书，在书脊、腰封、封底和前后勒口都有“**读客熊猫**”标志。

两步帮你快速找到读客图书

1. 找读客熊猫

2. 找黑白格子

华与华文库

华与华战略营销品牌序列

《超级符号就是超级创意》

席卷中国市场20年的华与华战略营销创意方法

《超级符号原理》

只要人类还有眼睛和耳朵，还使用语言，
《超级符号原理》就能教你如何影响人的购买行为

《华与华使用说明书》

不投标！不比稿！
100%精力服务现有客户，长期坚持就会客如云来

《华与华正道》

走正道，很轻松，一生坚持必成功

《华与华方法》

企业经营少走弯路、少犯错误的九大原理

《华与华百万大奖赛案例集》

翻开本书，看华与华用14个传奇案例讲透好创意的标准，
手把手教你做出好创意！

《华与华超级符号案例集》

同一个创意套路诞生上百个经典案例，
19年来不断颠覆中国各个行业

《华与华超级符号案例集2》

同一个创意套路又诞生上百个经典案例，
20年来不断创新推动中国各个行业

《华与华文库之设计的目的》

品牌设计、门头设计、包装设计、广告设计、海报设计
都服务于同一目的，就是卖货！立刻卖！持续卖！一直卖！
这需要目标明确的系统性设计解决方案！

华杉讲透国学智慧序列

《华杉讲透〈孙子兵法〉》

通俗通透解读经典战例，
逐字逐句讲透兵法原意！

《华杉讲透〈论语〉》

逐字逐句讲透《论语》原意，带你重返孔子讲学现场！

《华杉讲透〈孟子〉》

逐字逐句讲透《孟子》原意，无需半点古文基础，
直抵2500年儒学源头！

《华杉讲透〈大学〉〈中庸〉》

不读《大学》，就摸不到儒学的大门；
不读《中庸》，就到不了儒学的高峰！
逐字逐句讲透《大学》《中庸》，由浅入深领悟儒家智慧！

《华杉讲透王阳明〈传习录〉》

逐字逐句讲透《传习录》，无需半点古文基础，
从源头读懂阳明心学。

《华杉讲透〈资治通鉴〉》（已出1-14册）

通篇大白话，拿起来你就放不下；
古人真智慧，说不定你一看就会。

《2022国学智慧日历》

每日一句国学智慧，通晓中国人的处世哲学。
精选6本国学名著、365条国学名句，
白话讲透蕴含其中的古人智慧

《牢记〈孙子兵法〉口诀》

牢记99句《孙子兵法》口诀，你就能立人生于不败之地！